中等职业教育规划教材
供中等卫生职业教育各专业使用

病原生物与免疫学基础

（第2版）

主　编　杨　岸　潘运珍
副主编　韩日新　许潘健　王红梅
编　者　（按姓氏汉语拼音排序）
陈应国（毕节医学高等专科学校）
高玉龙（呼伦贝尔市卫生学校）
韩日新（鞍山师范学院附属卫生学校）
贾淑平（廊坊市卫生职业学院）
聂　斌（贵阳市第二人民医院）
潘晓军（石河子卫生学校）
潘运珍（广东省连州卫生学校）
王　利（汕头市卫生学校）
王红梅（桂林市卫生学校）
谢会平（天水市卫生学校）
许潘健（玉林市卫生学校）
杨　岸（毕节医学高等专科学校）

科学出版社
北　京

内 容 简 介

本教材是中等卫生职业院校规划教材之一，由国内多位医学院校长期在病原生物及免疫学教学一线的专业教师，根据多年的教学经验，结合国内医学相关专业的发展状况编写而成。本书共设置 9 章及实验指导，涵盖了医学免疫学、医学微生物学、人体寄生虫学的全部内容。本书根据我国中职学生的实际情况，严格把握繁简取舍及新知识的适度介绍，有利于教师的“教”和学生的“学”。各章节图文并茂，巧妙构思，设计了“情境案例”“情境案例临床分析”“链接”“考点”“思考”“小结”及“自测题”。编写充分体现中等职业教育“以能力为本”的特色，集知识性、趣味性、实用性为一体，并配套 PPT 课件及教学大纲，供学生学习和教师教学参考使用。

本教材可供中等卫生职业教育各专业学生使用。

图书在版编目（CIP）数据

病原生物与免疫学基础 / 杨岸，潘运珍主编．—2 版．—北京：科学出版社，2016. 1

中等职业教育规划教材

ISBN 978-7-03-046630-3

Ⅰ. 病…　Ⅱ. ①杨…　②潘…　Ⅲ. ①病原微生物-中等专业学校-教材　②医药学-免疫学-中等专业学校-教材　Ⅳ. ①R37②R392

中国版本图书馆 CIP 数据核字（2015）第 297532 号

责任编辑：丁海燕 / 责任校对：张凤琴
责任印制：赵　博 / 封面设计：金舵手世纪

科学出版社 出版
北京东黄城根北街 16 号
邮政编码：100717
http://www.sciencep.com

北京汇瑞嘉合文化发展有限公司 印刷
科学出版社发行　各地新华书店经销
*
2011 年 4 月第　一　版　　开本：787×1092　1/16
2016 年 1 月第　二　版　　印张：12
2021 年 8 月第十七次印刷　　字数：285 000

定价：49.00 元

（如有印装质量问题，我社负责调换）

前　　言

病原生物与免疫学基础是医学院校学生必修的一门基础课。为了适应卫生事业发展的需要，编者在编写过程中，借鉴国内外编写教材的经验，根据教学规律在编写内容和形式等方面均做了较大改革，使其成为更适合医学院校各专业中职学生使用的教材。

本教材共设置9章及实验指导。在编写过程中，遵循“以服务为宗旨、以就业为导向”的基本原则，理论知识强调“科学”“启发”“适用”“实用”的原则，编写力求做到严谨求实、概念准确、通俗易懂、深入浅出、图文并茂，注重对学生基本知识、基本理论和基本技能的培养，强化“以学生为中心”的编写理念。本教材的“引言”部分引入本章节将要学习的内容；以“情境案例”“情境案例临床分析”的形式增加一些临床常见的病原微生物、人体寄生虫和免疫临床实例，使理论教学紧密联系临床实践，解决了医学基础理论教学与临床接轨的问题，激发学生对医学的学习兴趣；以“链接”的方式增加拓展内容，启发学生以探索性思维掌握知识；以“考点”“思考”“小结”及“自测题”等帮助学生复习巩固及进行阶段性评价；“实验指导”部分为师生上好实验课提供了可参考的资料；在编写中特别充实了有关埃博拉病毒等内容；“链接”中介绍了新出现的微生物，突出“以预防为主”的方针，增强人们的防范意识，力求突出科学性、先进性与启发性、实用性的统一，使教材内容更加贴近当前学生现状、贴近当前社会需要、贴近职业岗位需求。

本教材在编写过程中，韩日新老师负责“病毒”部分的引言、链接、PPT及审稿的工作，许潘健老师负责“其他微生物”“人体寄生虫”部分的“引言”“情境案例”“情境案例临床分析”“思考”、PPT及审稿的工作，王红梅老师负责“微生物概述”“常见病原菌”部分的链接及审稿工作。毕节医学高等专科学校、广东省连州卫生学校、鞍山师范学院附属卫生学校、玉林市卫生学校、桂林市卫生学校、贵阳市第二人民医院、呼伦贝尔市卫生学校、天水市卫生学校、廊坊市卫生职业学院、汕头市卫生学校、石河子卫生学校领导对本教材的编写给予了大力的支持。在编审书稿的过程中，作者也广泛地征求了各编委所在院校专业同行的意见，在此，对各位专家的辛勤劳动及各位同仁的关心表示衷心的感谢！

本教材是对病原生物学与医学免疫学课程教材改革的一次新尝试，由于医学发展迅速，编写内容难免存在疏漏之处，望读者和同行批评指正，以利于今后的完善与提高。

杨　岸

2015年2月

目　录

链接:青霉素的发现

青霉素的发现者是英国细菌学家弗莱明。1928 年的一天,弗莱明在实验室里研究导致人体发热的葡萄球菌,由于盖子没有盖好,他发觉培养细菌用的琼脂上附了一层青霉菌,使弗莱明感到惊讶的是,在青霉菌的近旁,葡萄球菌忽然不见了。这个偶然的发现深深吸引了他,他设法培养这种霉菌进行多次试验,证明青霉素可以在几小时内将葡萄球菌全部杀死。弗莱明据此发明了葡萄球菌的克星——青霉素。青霉素的发现对医药界是一个划时代的发现,后来大量的抗生素从放线菌等的代谢产物中筛选出来。抗生素的使用在第二次世界大战中挽救了无数人的生命。

如山,绿色植物“挨饿”死去,动物随之灭绝,一切生命活动将终止。

四、微生物学的发展简史

古代人类虽未观察到微生物,但早已将微生物学知识用于工农业生产和疾病防治中。长期以来民间常用的盐腌、糖渍、烟熏、风干等保存食物的方法,实际上正是通过抑制微生物的生长而防止食物的腐烂变质。

在 11 世纪初时,我国北宋末年刘真人就提出肺痨由虫引起。奥地利 Plenciz(1705~1786)认为传染病的病因是活的物体,每种传染病由独特的活物体所引起。18 世纪清代乾隆年间,我国师道南在《天愚集》鼠死行篇中生动地描述了当时鼠疫流行的凄惨景况,并正确地指出了鼠疫与鼠的关系。大量古书证明,我国在明代隆庆年间(1567~1572)就已广泛应用人痘来预防天花,并先后传至俄国、朝鲜、日本、土耳其、英国等国家,这是我国对预防医学的一大贡献。

图 1-1　世界上第一架显微镜

首先观察到微生物的是荷兰人列文虎克(Leeuwenhoek)。他于 1676 年用自磨镜片制造了世界上第一架显微镜(图 1-1)(放大 40~270 倍),检查了污水、齿垢、粪便等,发现许多肉眼不能直接看见的微小生物,并正确地描述了微生物的形态有球形、杆状和螺旋状等,为微生物的存在提供了有力证据,亦为微生物形态学的建立奠定了基础。

法国科学家巴斯德(Louis Pasteur,1822~1895)首先实验证明有机物质的发酵与腐败是由微生物所引起的。德国学者郭霍(Robert Koch,1843~1910)创用固体培养基,可将细菌从环境或病人排泄物等标本中分离成单一菌落,便于对各种细菌分别研究,同时又创用了染色方法和实验性动物感染,为发现各种传染病的病原体提供了有利条件。俄国学者伊凡诺夫斯基(Dmitrii Ivanowski)于 1892 年发现了第一种病毒,即烟草花叶病病毒等。

五、医学微生物学的概念及其学习目的

微生物学是生物学的一个分支,是研究微生物的形态、结构、生命活动规律,以及与自然界、人类、动植物间相互关系的科学。微生物学又有许多分支学科,如普通微生物学、工业微生物学、农业微生物学、医学微生物学等。

医学微生物学主要是研究与医学有关的病原微生物的生物学特性、致病性与免疫性、特异性诊断和防治措施的一门科学。其目的是控制和消灭感染性疾病以及与之有关的免疫性疾病。医学微生物学的基础理论、基本知识及基本技能不仅是学习其他医学基础课程和临床各学科的感染性疾病、超敏反应性疾病的基础,更重要地是通过学习树立无菌观念,会进行正确的无菌操作,从而预防和控制感染性疾病以及与之有关的免疫性疾病的发生,保障和提高人类健康水平。学习医学微生物学也为学习其他医学课程奠定了基础。

考点：微生物的概念；微生物的分类；医学微生物的概念

思考：1. 怎样才能看到微生物？
2. 最小的微生物是哪一种？
3. 微生物都可以致病吗？
4. 你生活周边有微生物吗？

小结

在自然界广泛存在着一群肉眼不能直接看见、必须借助显微镜才能观察到的微小生物，即微生物。它们个体微小、结构简单、繁殖快、分布广、种类多、易变异。根据微生物的细胞结构、分化程度和化学组成等特点，可将其分为原核细胞型微生物、真核细胞型微生物和非细胞型微生物三大类。它们与人类关系密切，绝大部分对人类是有益的，甚至是必需的，仅有少部分是有害的。因此，将具有致病作用的微生物称之为病原微生物。

自 测 题

一、名词解释

1. 微生物　2. 医学微生物学

二、选择题

1. 属于真核细胞型微生物的是
   A. 病毒　B. 细菌
   C. 真菌　D. 螺旋体
   E. 衣原体
2. 不属于原核细胞型微生物的是
   A. 细菌　B. 病毒
   C. 支原体　D. 衣原体
   E. 放线菌
3. 有关原核细胞型微生物错误的描述是
   A. 细胞核分化程度高
   B. 无核膜和核仁
   C. 缺乏完整的细胞器
   D. 仅有原始核
   E. 包括螺旋体
4. 有关非细胞型微生物正确的描述是
   A. 有核膜、核仁和染色体
   B. 细胞核分化程度高
   C. 胞质内有内质网
   D. 胞质内有核糖体及线粒体
   E. 在活的易感细胞内增殖

（杨　岸）

第2章 细　菌

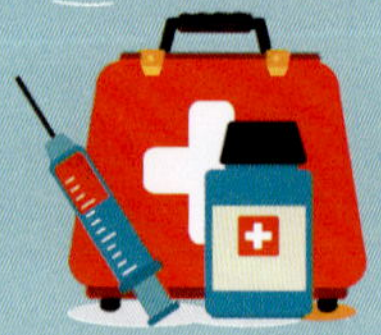

引言：细菌是一种单细胞原核微生物。谈起细菌，人们容易和疾病联系在一起，其实使人患病的细菌只是细菌家族中很少的一部分，在细菌的微观世界中还生活着形态各异的成员，它们通过各自不同的生物学特性在自然界展现不同的本领，有许多细菌还与人类终身相伴，造福于人类。

第一节　细菌的形态与结构

一、细菌的大小与形态

（一）细菌的大小

细菌个体微小，通常以微米（μm）作为测量单位（1μm = 1/1000mm）。

多数球菌体直径在1μm左右；中等大小的杆菌长2～3μm，宽0.3～0.5μm；螺形菌一般长2～20μm，宽0.4～2μm。

（二）细菌的基本形态

细菌的基本形态有球形、杆形和螺形，据此将细菌分为球菌、杆菌和螺形菌（图2-1）。

1. 球菌　菌体呈球形或近似球形。根据其分裂平面、分裂后菌体之间黏附的松紧度及排列方式不同，可分为双球菌、链球菌、四联球菌、八叠球菌和葡萄球菌等。

2. 杆菌　菌体多呈直杆状，且两端钝圆，少数形态变化。如菌体两端膨大呈棒状的白喉棒状杆菌；两端齐平的炭疽芽孢杆菌；呈分枝状的结核分枝杆菌等。杆菌多分散排列。

3. 螺形菌　菌体弯曲呈螺旋状，又可细分为以下两类。

（1）弧菌：菌体只有一个弯曲，呈弧形或逗点状，如霍乱弧菌。

（2）螺菌：菌体有多个弯曲，如鼠咬热螺菌。

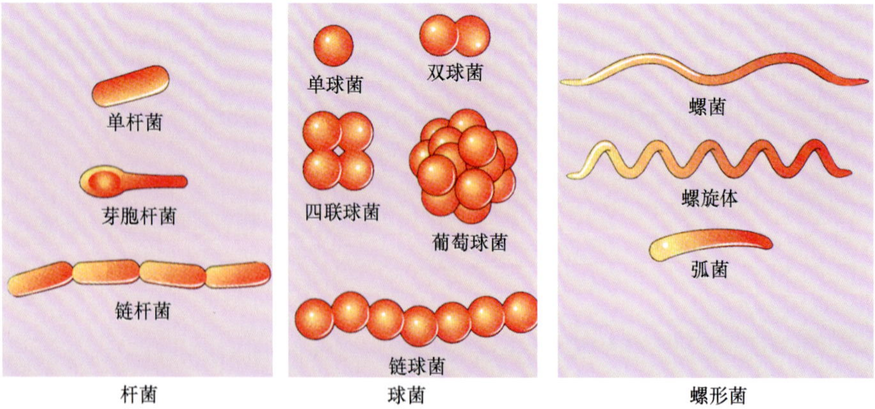

图2-1　细菌的基本形态

二、细菌的结构

细菌的结构分为基本结构和特殊结构(图 2-2)。

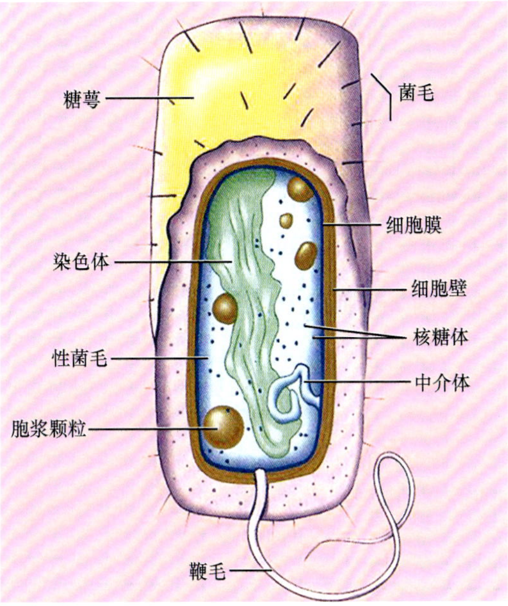

图 2-2　细菌的结构示意图

(一) 基本结构

细菌的基本结构包括细胞壁、细胞膜、细胞质、核质,是各类细菌均具有的结构。

1. 细胞壁　是位于菌体最外层的一层坚韧而富有弹性的膜状结构。用革兰染色,将细菌分为革兰阳性菌(G^+)和革兰阴性菌(G^-)两大类,这两类细菌细胞壁的化学成分和结构有差异(图 2-3)。

革兰阳性菌:

(1) 肽聚糖:又称黏肽,是 G^+ 菌与 G^- 菌共有成分。G^+ 菌的肽聚糖占细胞壁干重的 50%～80%,由 N-乙酰葡萄糖胺(G)和 N-乙酰胞壁酸(M)通过化学键交替间隔连接形成聚糖骨架,再与四肽链和五肽桥连接成三维立体的网络结构,故细胞壁坚韧、致密。肽聚糖是 G^+ 菌细胞壁最主要的化学成分,凡是能抑制肽聚糖合成的物质(如青霉素、溶菌酶等),可使 G^+ 菌的细胞壁缺损而导致细菌的死亡。

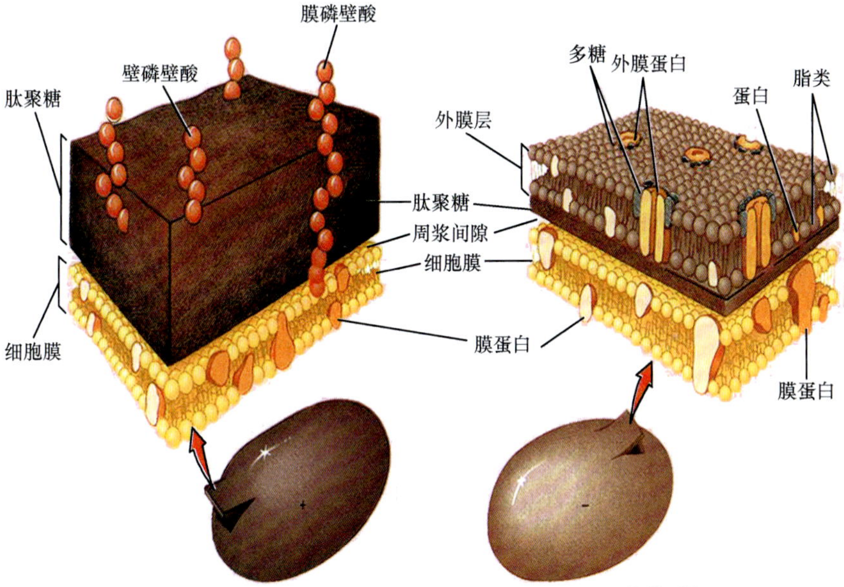

图 2-3　细菌细胞壁的结构示意图

(2) 磷壁酸:是 G^+ 菌特有的化学成分,是其主要表面抗原,某些细菌的磷壁酸具有黏附作用,与致病性有关。

革兰阴性菌:

(1) 肽聚糖:含量少,仅占细胞壁干重的 5%～20%,它由聚糖骨架(与 G^+ 菌相同)和四肽链构成,无五肽桥,故细胞壁疏松。

(2) 外膜：G^-菌的特有成分，位于肽聚糖层外，由内向外依次是脂蛋白、脂质双层、脂多糖(G^-菌的内毒素)。这种多层结构具有屏障作用，故青霉素、溶菌酶对G^-菌无明显作用(表 2-1)。

情境案例 2-1

患者，男性，12 岁。咽痛伴发热 2 天入院。查体：T 39.5℃，P 95 次/分，R 22 次/分，BP 110/70mmHg；WBC 13.5×10^9/L；咽喉分泌物微生物学检查：G^+菌，球形，葡萄串状排列；扁桃体Ⅱ度肿大，可见白色脓点。初步诊断：急性化脓性扁桃体炎。入院后予以青霉素抗炎治疗。为什么青霉素对G^+菌比对G^-菌的杀菌效果好？

情境案例 2-1 临床分析

咽痛伴发热 2 天入院；T 39.5℃；WBC 13.5×10^9/L；咽喉分泌物微生物学检查：G^+菌，球形，葡萄串状排列；扁桃体Ⅱ度肿大，可见白色脓点。诊断明确：化脓性扁桃体炎。积极予以抗生素——青霉素治疗。因为革兰阳性菌(G^+)和革兰阴性菌(G^-)细胞壁化学成分不一样：G^+含大量的肽聚糖，只含磷壁酸，不含脂多糖；G^-含极少量的肽聚糖，只含脂多糖。青霉素杀菌的原理，是通过干扰肽聚糖中多糖链之间的肽交联桥的形成，从而使得G^+的肽聚糖不能正常合成，从而阻碍细胞壁合成而发挥杀菌作用。

表 2-1 G^+菌与G^-菌细胞壁比较

细胞壁	革兰阳性菌	革兰阴性菌
肽聚糖层数	多达 50 层	1～2 层
肽聚糖含量	占细胞壁干重的 50%～80%	占细胞壁干重的 5%～20%
磷壁酸	有	无
外膜	无	有

细胞壁的功能：① 维持细菌固有形态。②保护细菌抵抗低渗外环境。③参与细胞内外的物质交换。④与细菌的致病性、抗原性、染色性及药物敏感性有关。

2. 细胞膜　是位于细胞壁内侧，紧包细胞质的一层富有弹性的半透明生物膜，由脂质双层构成，其内镶嵌有特殊功能的载体蛋白和酶蛋白。细胞膜的功能：①具有选择性渗透与物质转运作用。②呼吸作用：细胞膜上有多种呼吸酶，可转运电子，参与细胞呼吸过程，与能量的产生、储存和利用有关。③生物合成：细胞膜上含有合成多种物质的酶类，菌体的多种成分如肽聚糖、脂多糖等均在细胞膜上合成。④形成中介体：细胞膜向细胞质内凹陷形成的囊状小体，称为中介体，参与细菌呼吸、生物合成及分裂繁殖。

3. 细胞质　为细胞膜包裹的无色透明胶状物质。基本成分是水、蛋白质、核酸、脂类及少量的糖和无机盐，其中含有多种重要的亚细胞结构。

(1) 核糖体：又称核蛋白体，是游离于细胞质中的微小颗粒，每个菌体中可含数万个，其化学成分为 RNA 和蛋白质。核糖体是细菌合成蛋白的重要场所，因此是多种抗菌药物选择作用的靶位，如红霉素、链霉素可与核糖体结合，干扰细菌蛋白质的合成，导致细菌死亡。而真核生物(包括人类)的核糖体与细菌不同，故红霉素、链霉素对人体细胞无影响。

(2) 质粒：是细菌染色体外的遗传物质，为双股闭合环状 DNA。质粒非细菌生命所必需的结构，但它赋予细菌某些特定的遗传性状(如菌毛、耐药性等)。医学上重要的质粒有 R 质粒(耐药性质粒)、F 质粒(致育质粒)等。

(3) 胞质颗粒：是胞质内数量不等的圆形颗粒，多为营养储藏物。较常见的胞质颗粒是异染颗粒，其有较强的嗜碱性，用特殊染色法可染成与菌体其他部分不同的颜色，故名异染颗粒。某些细菌的异染颗粒，如白喉棒状杆菌(图 2-4)可作为鉴别细菌的依据。

4. 核质　即细菌的染色体，是由一条双链 DNA 分子反复盘绕而成，无核膜包裹，无形地散布在细胞质中,因此称为核质。它携带细菌大量的遗传信息,控制着细菌生长、繁殖、遗传、变异等。

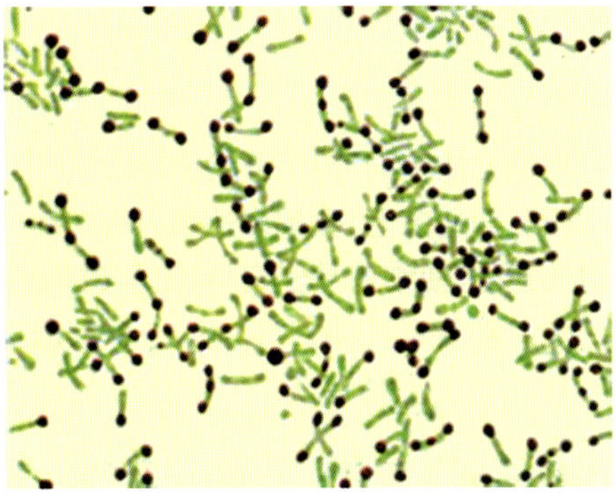

图 2-4　白喉杆菌异染颗粒图

（二）特殊结构

细菌的特殊结构包括荚膜、鞭毛、菌毛和芽孢。

1. 荚膜　是包绕在某些细菌细胞壁外的一层黏液性物质,其化学成分因菌种而异。可为多糖、多肽或透明质酸等,以多糖居多(图 2-5)。

荚膜的形成受遗传的控制和环境条件的影响,一般在动物体内或营养丰富的培养基中容易形成。

荚膜的功能:①抗吞噬作用:抵抗吞噬细胞对细菌的吞噬、消化,增强细菌的毒力。②抗损伤作用:使细菌耐受多种抗菌因素对它的损伤(如溶菌酶、补体、抗体等)。③黏附作用:利于细菌彼此粘连,定植于易感组织细胞的表面,是构成细菌致病力的重要因素。

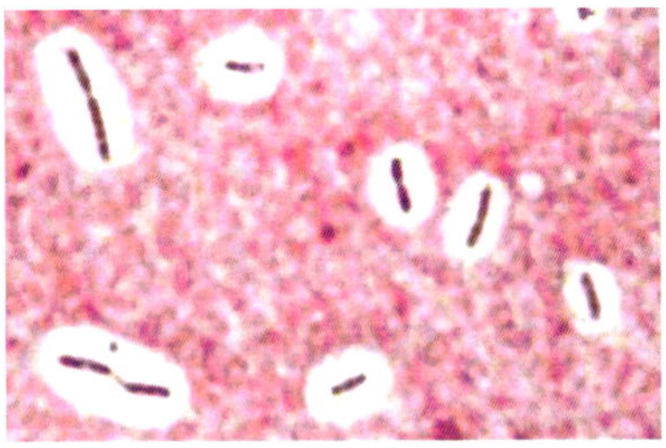

荚膜染色光镜图

荚膜电镜图

图 2-5　细菌的荚膜

2. 鞭毛　是附着于某些菌体上细长、弯曲呈波浪状的丝状物。长 3 ~ 20μm,直径 10 ~ 20nm,按鞭毛的数目、位置和排列方式不同可将鞭毛菌分为 4 种(图 2-6)。

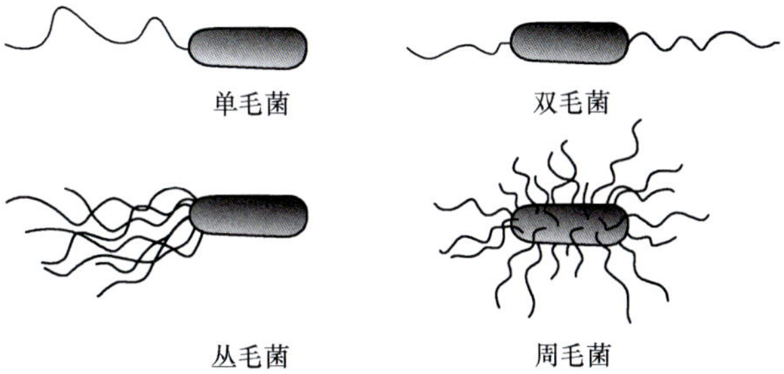

图 2-6　细菌的鞭毛

(1) 单毛菌:菌体一端有一根鞭毛,如霍乱弧菌。

(2) 双毛菌:菌体内两端各有一根鞭毛,如空肠弯曲菌。

(3) 丛毛菌:菌体一端或两端有一束鞭毛,如铜绿假单胞菌。

(4) 周毛菌:菌体周身遍布都有,如伤寒沙门菌。

鞭毛的功能:①运动作用:鞭毛是细菌的运动器官,可助细菌向营养物质处前进,避开不利因素对它的损伤。②鉴别作用:根据鞭毛的数量、位置及抗原性不同,可进行细菌的鉴别、分类。③致病性:某些细菌的鞭毛与致病有关(如霍乱弧菌),通过鞭毛运动穿透小肠黏膜表面的黏液层,黏附于肠黏

在低氧分压(5%~6%)的环境中生长最好,如幽门螺杆菌。③专性厌氧菌:必须在无氧的条件下才能生长繁殖的细菌,如破伤风梭菌。④兼性厌氧菌:在有氧或无氧的条件下均能生长,但在有氧时生长较好,如伤寒沙门菌。

二、细菌个体繁殖的方式与速度

1. 繁殖方式　细菌以无性二分裂方式进行繁殖,即1个分裂为2个,2个分裂为4个,以此类推。

2. 繁殖速度　在适宜的条件下,多数细菌20~30分钟分裂1次(即1代),个别细菌如结核分枝杆菌18~24小时分裂1次,由于环境中营养物质有限、代谢产物的堆积,细菌的繁殖速度逐渐趋于停滞以至衰退死亡。

链接

细菌繁殖速度之快是惊人的。大肠埃希菌的传代时间为20分钟,以此计算,在最佳条件下8小时后,1个细胞可繁殖到200万个以上,10小时后可超过10亿个,24小时后,细菌繁殖的数量可庞大到难以计数的程度。从上述例子中,你认为大肠埃希菌的数目能无限制地以每隔20分钟的速度倍增一次吗?为什么?其实由于细菌繁殖中营养物质的消耗,毒性产物的积聚及环境pH的改变,细菌绝不可能始终保持原速度无限增殖,经过一定时间后,细菌活跃增殖的速度逐渐减慢,死亡细菌逐增,活菌率逐减。

三、细菌的人工培养

1. 培养基及其种类　以人工的方法配制而成的供细菌生长繁殖所需的营养基质,称为培养基。培养基的种类见表2-2。

2. 细菌的群体生长现象　将一定量的细菌接种于适宜的培养基内培养,定时检测细菌的数量,然后以培养时间为横坐标,以单位体积细菌数的对数为纵坐标,绘制出了一条曲线,称为生长曲线。依据生长规律,细菌的生长繁殖可分为四期:迟缓期、对数期、稳定期和衰亡期(图2-8)。

表2-2　培养基的种类

分类依据	种类
物理性状	液体培养基、固体培养基、半固体培养基
组成成分	天然培养基、半合成培养基、合成培养基
用途	基础培养基、选择培养基、鉴别培养基、厌氧培养基、营养培养基

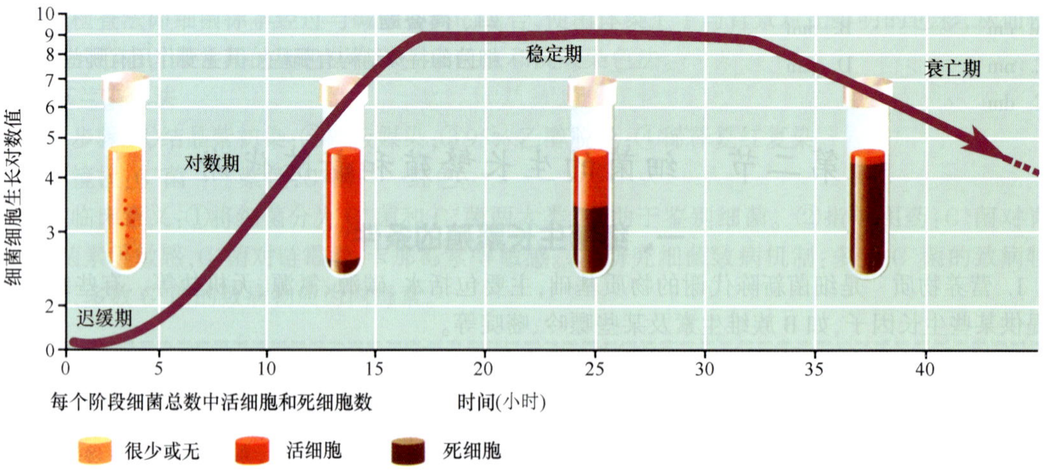

图2-8　细菌的生长曲线

3. 人工培养细菌的实际意义

(1) 传染性疾病的诊治:采患者的标本,分离培养出病原菌,并对其进行鉴定和药敏试验,是诊断传染性疾病的可靠依据,同时也可指导临床用药。

(2) 细菌的研究:培养出细菌是体外研究细菌的先决条件,同时在培养细菌的过程中也为人类发现未知病原菌提供了可能性。

(3) 生物制品的制备:利用分离培养出的纯种细菌可制备成各种生物制品,如诊断菌液、疫苗、类毒素、抗毒素等分别用于传染病的诊断、预防和治疗。

(4) 在基因工程中的应用:细菌易培养、繁殖快,在基因工程中常选作受体细胞,如将带有目的基因的重组 DNA 导入受体菌,可使其在受体菌内高度获得表达(如干扰素、胰岛素等的制备)。这样既利用基因产物的提取纯化,又可大大降低生产成本。

四、细菌的新陈代谢

细菌的新陈代谢包括合成代谢和分解代谢。这两类代谢过程中均生成多种中间代谢产物,其中一些代谢产物在医学上有重要意义。

(一) 合成代谢产物

1. 与致病有关的合成代谢产物

(1) 毒素:分为内毒素和外毒素两大类(详见本章第五节)。

(2) 侵袭性酶:某些细菌产生的、与毒力有关的酶。它有促进细菌在机体内扩散、生长、繁殖的作用,是细菌致病的物质基础。如链球菌产生的透明质酸酶、链道酶,金黄色葡萄球菌产生的血浆凝固酶等。

(3) 热原质:多为 G^- 菌菌体中的脂多糖。热有两层含义:①其注入机体或动物体内能引起发热,故名热原质。②其耐受高温,不被高压蒸汽灭菌法(121℃,30 分钟)所破坏,需加热(180℃,4 小时)或采用蒸馏法才能破坏、去除,故在制备、使用注射药品等时,应严格无菌操作,防止热原质污染。

2. 与鉴别有关的合成代谢产物

(1) 色素:是细菌产生的有颜色的物质。因颜色不同,可鉴别不同细菌。色素可分为两类:①水溶性色素:能弥散至培养基或周围组织,如铜绿假单胞菌产生的色素;②脂溶性色素:不溶于水,仅局限于菌落内,如金黄色葡萄球菌产生的色素。

(2) 细菌素:某些细菌产生的具有杀菌或抑菌作用的蛋白质,其作用范围窄,仅对同种近缘菌株具有拮抗作用。可用于细菌分型和流行病学调查。

3. 与治疗有关的合成代谢产物

(1) 抗生素:某些微生物代谢过程中产生的具有抑制或杀灭其他微生物的化学物质称为抗生素。多由放线菌和真菌产生,用于感染性疾病的治疗。

(2) 维生素:某些细菌能合成维生素,除供自身所需外,还可分必到菌体外,供人体吸收利用,如人体肠道内的大肠埃希菌能合成维生素 B_6、维生素 B_{12}、维生素 K_2 等。

(二) 分解代谢产物与细菌的生化反应

各类细菌所具有的酶不同,分解营养物质所产生的代谢产物各异,利用此差异,通过生化试验来检测和观察这些代谢产物,从而鉴别细菌,称之为细菌的生化反应。

1. 糖分解代谢产物　细菌分解糖所产生的代谢产物各异,用于鉴别的生化试验如糖发酵试验等。

2. 蛋白质分解代谢产物　细菌分解蛋白质与氨基酸的能力和产生的代谢产物均不同,用于鉴别的生化试验如靛基质试验(吲哚试验)等。

考点:细菌生长繁殖的条件;细菌的繁殖方式;细菌产生的代谢产物在医学中的重要意义

思考:1. 细菌生长繁殖需要哪些条件?

2. 细菌产生的与致病有关的合成代谢产物有哪些？
3. 人工培养细菌有何实际意义？

小结

细菌生长繁殖需要一定的条件，即营养物质、酸碱度、温度、气体。在条件适宜的情况下，以无性二分裂方式增殖。

细菌在体外要用培养基进行人工培养，其生长的规律和特点我们可以用生长曲线来体现，分为四个时期，即迟缓期、对数期、稳定期、衰亡期。

细菌在生长繁殖的同时会产生一些代谢产物，在医学上有不同的实际意义。有的与致病有关（毒素、侵袭性酶、热原质）；有的与治疗有关（维生素、抗生素）；有的与鉴别有关（色素、细菌素及糖、蛋白质的分解产物）。

自测题

一、名词解释

1. 培养基　2. 生长曲线　3. 热原质

二、填空

1. 细菌以________繁殖。
2. 根据生长曲线规律，细菌的生长繁殖可分为______ __________、________、________和衰亡期四个时期。

三、选择题

1. 供研究之用所选取的细菌应处于
A. 迟缓期　B. 对数期
C. 稳定期　D. 衰亡期
E. 死亡期

（2～6 题共用选项）
A. 维生素　B. 色素
C. 抗生素　D. 热原质
E. 侵袭性酶

2. 对人体有利的是
3. 利于细菌扩散繁殖的是
4. 用于治疗的代谢产物是
5. 不能用蒸馏法去除的代谢产物是
6. 与鉴别有关的代谢产物是

四、简答题

细菌合成代谢产物的重要意义是什么？

第三节　细菌的遗传与变异

遗传与变异是细菌的生命特征之一。在一定条件下，细菌子代与亲代之间生物学性状相似的现象称为遗传。遗传保证了细菌物种性状的相对稳定。细菌子代与亲代之间生物学性状的差异称为变异。变异推动了细菌种属的进化。

一、遗传变异的物质基础

1. 细菌染色体　即细菌的核质，仅由一条裸露的环状双链 DNA 分子反复盘绕而成。携带并控制细菌的各种遗传性状和生命活动。

2. 质粒　是独立于细菌染色体外的遗传物质，由一条环状双链的 DNA 分子构成。质粒为非细菌生命所必需的结构，但却赋予了细菌某些特定的遗传性状。质粒可通过接合等方式在细菌间转移，使细菌消失或获得某些生物学特性（如耐药性、致病性等）。因此，质粒与细菌的遗传变异有关。

3. 噬菌体　是一类侵袭细菌、真菌等微生物的病毒。主要由蛋白质衣壳和核酸构成，多为蝌蚪形，由头部和尾部组成。根据感染宿主菌后的不同结局可分为两种类型：①毒性噬菌体：能在宿主菌内复制、增殖并使之裂解。②温和噬菌体：感染宿主菌后不增殖，而是将其基因组整合在宿主菌的基因组中，随宿主菌的基因组复制而复制，并随宿主菌的分裂将其基因组分配至子代细菌的基因组中。带有噬菌体基因组的细菌称为溶原性细菌。整合在细菌染色体上的噬菌体基因组称为前噬菌体。某些前噬菌体可赋予细菌一些新的遗传性状，称为溶原性转换。例如，白喉棒状杆菌感染 β-棒状杆菌噬菌体后，可产生白喉毒素，就是因为前噬菌体带有编码毒素蛋白的结构基因。

二、细菌的变异现象

1. 形态结构变异 在某些因素的影响下，细菌的形态、结构可发生变异。

(1) 形态变异：将鼠疫杆菌接种在含 3%～6% NaCl 的培养基中，可呈现丝形、哑铃形等多种形态。

(2) 结构变异：细菌的基本结构和特殊结构均可变异，在培养基中加入青霉素，G^+菌细胞壁合成受阻，细胞壁缺损；肺炎链球菌在体外培养多次传代可丢失荚膜。

2. 菌落变异 细菌的菌落有两种类型，即光滑型(S)与粗糙型(R)。用从患者体内新分离的菌株做培养，一般菌落表面光滑、湿润，边缘整齐，称为 S 型菌落。经人工连续培养多次，菌落表面粗糙、干燥，且边缘不整齐，称为 R 型菌落。这种菌落变异称为 S-R 变异。常见于肠道杆菌。

3. 毒力变异 细菌的毒力变异有增强和减弱两种形式。

(1) 毒力减弱：通过人工诱异，可将细菌的毒力降低但仍保留免疫原性来制备疫苗预防疾病。例如，卡介苗(BCG)就是将有毒的牛型结核杆菌接种在含有甘油、胆汁、马铃薯的培养基中，经过 13 年 230 代培养获得的减毒活疫苗用于结核病的预防。

(2) 毒力增强：产肠毒素性的大肠埃希菌通过获得质粒而产生编码毒素、黏附因子等致病物质的能力，称毒力增强。

4. 耐药性变异 是细菌对某一抗菌药物由敏感变为耐受。细菌耐药性形成有两方面原因：①抗生素应用不合理，如剂量不足、疗程不够及联合用药不当等；②细菌本身的变异性。

5. 抗原变异 细菌原有的抗原丢失或形成新抗原的变异现象称为抗原变异。

链接：抗生素滥用滋生超级细菌

2010 年，一种称为 NDM-1 的超级细菌引起了全球的关注。其实 NDM-1 并不是一种细菌，而是一种超强耐药性基因，如果其他细菌捕获了 NDM-1 就获得了超强耐药性。

自弗莱明发明青霉素以来，细菌一直在与抗生素进行着博弈。人们为了对付各种病原菌开发研制了新型抗生素，而细菌为了生存也在千方百计地通过变异来对抗药物环境，滥用抗生素更加剧了细菌的变异，催生出了超级细菌。世界卫生组织推荐的抗生素院内使用率为 30%，而我国住院患者的抗生素使用率高达 80%。然而，这 80% 的人群中真正需要使用抗生素的病人人数不到 20%。所以合理正确地使用抗生素，是杜绝产生超级细菌的根本。

三、遗传变异在医学上的应用

1. 诊断疾病 在一定条件下，细菌的生物学性状可发生改变，如菌体形态、染色性、抗原性和毒力等，甚至出现变种和新种。因此，要了解细菌的变异规律，才能做出正确的诊断。

2. 治疗疾病 滥用抗生素，致使耐药菌株日趋增多，如金黄色葡萄球菌经青霉素诱导产生降解青霉素的 β-内酰胺酶，形成耐药。故可通过药敏试验，筛选敏感药物，合理使用，提高疗效。

3. 预防疾病 细菌的毒力在一定条件下可通过人工诱变明显减弱或消失，细菌成为仍具有免疫原性的减毒株或无毒株，可制备成预防疾病的各种疫苗。如将有毒的牛型结核分枝杆菌培养在含有胆汁、甘油、马铃薯的培养基中，经过 13 年 230 次转种，即获得已经失去毒力但仍然保留免疫原性的结核分枝杆菌变异株，即卡介苗(BCG)，用于预防结核病。

4. 基因工程应用 利用细菌遗传变异原理，人工将目的基因重组于载体(质粒、噬菌体)上，然后导入受体菌，从而获得目的基因表达出的基因产物。如通过基因工程，获得干扰素、脑啡肽、胰岛素、乙型肝炎疫苗等生物制品。

考点：细菌遗传变异的物质基础；细菌的变异现象

思考：细菌的变异现象在临床上有何意义？

小结

遗传与变异是细菌的基本特性之一。其遗传与变异需要的物质基础是细菌的染色体、质粒等。细菌的变异现象分为形态结构变异、菌落变异、毒力变异和耐药性变异四种。细菌的变异在对疾病的预防、诊断、治疗及在基因工程方面均具有重要意义。

自测题

一、名词解释

1. 变异　2. 噬菌体

二、填空

1. 细菌遗传变异的物质基础是________、________和________。
2. 细菌的两种菌落类型是________和________。

三、选择题

1. BCG 是应用细菌的哪种变异制备的
   A. 菌落变异　B. 形态变异
   C. 毒力变异　D. 耐药性变异
   E. 结构变异
2. S-R 变异属于
   A. 菌落变异　B. 毒力变异
   C. 鞭毛变异　D. 耐药性变异
   E. 芽孢变异

(3～5 题共用选项)

A. 质粒　B. 核质
C. 噬菌体　D. mRNA
E. 核糖体

3. 细菌核外的遗传物质是指
4. 细菌的染色体是指
5. 侵染细菌的病毒是指

四、简答题

细菌的变异有哪些类型?

(王　利)

第四节　细菌与外界环境

一、细菌的分布

(一) 细菌在自然界的分布与医学意义

细菌广泛分布于土壤、水、空气中,与人类关系密切,这对保护环境、重视公共卫生、加强无菌观念、进行无菌操作、控制传染病等有重要意义。

1. 土壤中的细菌　土壤具备细菌生长的良好条件。在土壤中细菌种类多且数量大,它们大部分对人有利,参与自然界的物质循环,但也有不少致病菌来源于人和动物的排泄物以及死于传染病的人、畜尸体,其中能形成芽孢的细菌(如破伤风梭菌)可长期存活并通过伤口使人感染。

2. 水中的细菌　不同水源中细菌的种类及数量不同。地下水比地面水含菌少,流动水比静止水含菌少。水若被含有伤寒沙门菌、痢疾志贺菌等致病菌的排泄物污染,就能引起多种消化道传染病的传播。除细菌外,水被污染时也可含有甲型肝炎病毒、钩端螺旋体等病原微生物。

3. 空气中的细菌　空气中缺乏细菌生长所需的营养物质和水分,并受日光照射,细菌数量较少。但由于人群和动物不断排出细菌,土壤中的细菌随尘土飞扬在空气中,因此空气中存在不同种类的细菌。空气中的病原菌主要引起呼吸道传染病或伤口感染,非病原菌是污染培养基、药物制剂、生物制品的重要来源。为了避免感染与污染的发生,手术室、病房、制剂室等都要经常进行空气消毒。

(二) 细菌在正常人体的分布及医学意义

1. 正常菌群　由于人类与自然环境接触密切,所以在人体的体表及与外界相通的腔道中(如口腔、鼻咽腔、肠道、泌尿生殖道),存在不同种类和一定数量的微生物群,正常情况下对人体无害,称为正常菌群。微生态学研究证明,正常菌群对于机体具有生理作用、免疫作用和生物屏障作用。人体各部位的正常菌群分布见表 2-3。

表 2-3　人体常见的正常菌群

部位	主要菌类
皮肤	葡萄球菌、类白喉棒状杆菌、铜绿假单胞菌、非致病性分枝杆菌、痤疮丙酸杆菌、白假丝酵母菌
口腔	葡萄球菌、甲型链球菌、丙型链球菌、肺炎链球菌、奈瑟菌、乳杆菌、类白喉棒状杆菌、梭菌、螺旋体、白假丝酵母菌、放线菌
鼻咽腔	葡萄球菌、甲型链球菌、丙型链球菌、肺炎链球菌、奈瑟菌、类杆菌
外耳道	葡萄球菌、类白喉棒状杆菌、铜绿假单胞菌、非致病性分枝杆菌
眼结膜	葡萄球菌、干燥棒状杆菌
胃	一般无菌
肠道	大肠埃希菌、产气肠杆菌、变形杆菌、铜绿假单胞菌、葡萄球菌、肠球菌、类杆菌、产气荚膜梭菌、破伤风梭菌、双歧杆菌、乳杆菌、白假丝酵母菌
尿道	葡萄球菌、类白喉棒状杆菌、非致病性分枝杆菌
阴道	乳杆菌、大肠埃希菌、类白喉棒状杆菌、白假丝酵母菌

情境案例 2-2

患者，女性，25 岁。白带多，外阴、阴道瘙痒有灼烧感，伴有尿频、尿痛来院就诊。查体：外阴地图样红斑，阴道黏膜红肿，有大量豆腐渣样分泌物；子宫颈水肿、充血，子宫颈糜烂，有触痛，有白色豆腐渣样分泌物。实验室检查：子宫颈分泌物涂片镜检见革兰阳性、椭圆形、着色不均匀菌体；培养：类酵母型菌落，有芽生孢子及假菌丝。

情境案例 2-2 临床分析

病人外阴及阴道瘙痒并有灼烧感，白带多，伴有尿道刺激征。查体：外阴有地图样红斑，白带呈豆腐渣样。实验室检查：革兰阳性菌，椭圆形，着色不均匀。根据病史、症状、体征和微生物检验结果，病人诊断为念珠菌性阴道炎。

2. 正常菌群的生理作用

(1) 生物拮抗作用：正常菌群通过争夺营养或产生细菌素等方式对入侵的病原菌具有明显的生物拮抗作用。例如，大肠埃希菌产生的大肠菌素对痢疾杆菌的抑制作用。

(2) 营养作用：如大肠埃希菌合成的维生素 B、维生素 K 等，可供人体吸收利用，具有营养作用。

(3) 免疫作用：正常菌群能促进机体免疫器官的发育和成熟，也可刺激免疫系统发生免疫应答，产生的免疫效应物质对具有交叉抗原的病原菌有抑制作用和杀灭作用。

3. 条件致病菌　在特定条件下，正常菌群与人体间的平衡关系被打破，原来不致病的正常菌群也能引起疾病。因此，把这些细菌称为条件致病菌。其特定条件有以下几种。

(1) 寄居部位的改变：例如，大肠埃希菌从原寄居的肠道进入泌尿道，引起泌尿道感染，或因外伤、手术等进入腹腔、血液时，可引起腹膜炎或败血症等。

(2) 免疫功能低下：应用大剂量皮质激素、抗肿瘤药物和放射治疗的病人，机体的免疫功能降低，正常菌群中的某些细菌可引起自身感染而出现各种疾病，严重的可导致败血症而死亡。

(3) 菌群失调与菌群失调症：由于某些因素的影响，正常菌群中细菌的种类和数量发生较大的变化，称为菌群失调。严重的菌群失调使机体表现出一系列临床症状，称菌群失调症，临床上又称为二重感染。

链接：应该高度重视医院感染

美国的医院感染率约为5%，每年约有77万人死于医院感染，因医院感染而额外支出的医疗费用约40亿美元。我国的医院感染率平均为84%，全国每年发生感染病例约500万人次，损失约2000万个病床日，多支出医疗费用10亿元人民币。世界卫生组织(WHO)提出，有效控制医院感染的关键措施包括：①清洁、消毒、灭菌、无菌技术；②隔离；③合理使用抗生素；④监测及其效果评价。

(三) 医院获得性感染

1. 医院获得性感染的概念　指各类人群(包括患者、探视者及医护人员等)在医院内所获得的感染。

2. 医院获得性感染的特点

(1) 感染的对象：为一切在医院内活动的人群，主要是住院患者。

(2) 感染的地点及发生的时间界限：在医院内，包括住院期间发生的感染和在医院内获得而在出院后发病的感染，不包括入院前已开始或者入院时已处在潜伏期的感染。

(3) 感染的病原体：主要为条件致病菌。

(4) 感染的来源：以内源性感染为主。

(5) 传播途径：以接触为主，如侵入性诊疗技术。

(6) 病原体：较难确定，且易产生耐药性，治疗较为困难。

3. 医院获得性感染的危险因素

(1) 主观因素：①医院布局不合理；②医务人员对其危害性认识不足；③不能严格地执行无菌技术和消毒隔离制度；④缺乏对消毒灭菌效果的监测，不能有效地控制医院感染的发生等。

(2) 客观因素：①易感对象是医院感染的重要因素，主要是免疫功能低下的易感人群；②诊疗技术及侵入性检查与治疗因素：诊疗技术中易引起医院感染的主要有器官移植、血液透析和腹膜透析；侵入性检查与治疗操作；③损害免疫系统因素：放射治疗、化学治疗及免疫抑制剂的应用；④抗生素使用不当：长期大量使用抗生素或滥用抗生素；⑤环境污染严重。

4. 医院获得性感染的预防和控制　加强宣传工作，提高病人和医护人员对医院内感染的认识。严格执行医院清洁、消毒灭菌和隔离制度。合理使用抗生素。

二、消毒与灭菌

(一) 相关的基本概念

1. 消毒　杀灭物体上病原微生物的方法，不一定能杀死含芽孢的细菌或非病原微生物。消毒的药品称为消毒剂，如用75%乙醇消毒皮肤，只可杀死病原菌的繁殖体。

2. 灭菌　杀灭物体上所有微生物的方法。包括杀灭病原微生物、非病原微生物、细菌的繁殖体和芽孢。如用高压蒸汽灭菌法进行手术器械和敷料的灭菌。

3. 防腐　防止或抑制微生物生长繁殖的方法，细菌一般不死亡。使用同一种化学药品，在高浓度时为消毒剂，低浓度时为防腐剂。

4. 无菌　指不存在活的微生物。防止微生物进入机体或物体的操作技术，称为无菌操作。如进行外科手术时需防止细菌进入创口，微生物实验过程中要注意防止微生物的污染。

(二) 物理消毒灭菌法

1. 热力灭菌法　高温可使菌体蛋白变性、凝固，对细菌有明显的致死作用，因此最常用于灭菌。热力灭菌法分干热灭菌法和湿热灭菌法两大类。同一温度下，湿热灭菌法的杀菌效果比干热灭菌法好。

(1) 湿热灭菌法：常用的湿热灭菌法有煮沸法、间歇蒸汽灭菌法、高压蒸汽灭菌法和巴氏消毒法，其中高压蒸汽灭菌法为最常用、最有效的方法。

(2) 干热灭菌法:常用的干热灭菌法有干烤法、焚烧法和烧灼法(表2-4)。

表2-4 常用热力灭菌法

方法	温度与时间	作用
湿热法	—	—
煮沸法	100℃,5~10分钟	注射器、食具、饮水消毒
间歇蒸汽灭菌法	流通蒸汽灭菌15~30分钟,移入	含糖类、血清、蛋黄的培养基灭菌,37℃温箱过夜,如此连续3次
高压蒸汽灭菌法	用高压蒸汽灭菌器,压力1.05kg/cm² 或103kPa,达121.3℃维持15~20分钟	耐高温物品,如敷料、手术衣、手术器械、注射器、生理盐水、普通培养基等的灭菌
巴氏消毒法	61.1~62.8℃,30分钟或71.7℃,15~30秒	牛奶、酒类的消毒
干热法	—	—
焚烧法	用焚烧炉燃烧	废弃的污染物品、人和动物的尸体等的灭菌
烧灼法	用火焰烧灼	接种环、试管口、瓶口等的灭菌
干烤法	用干烤箱160~170℃,2小时	玻璃器皿、凡士林、某些粉剂药物等的灭菌

2. 辐射灭菌法　主要包括紫外线和电离辐射。

(1) 日光与紫外线:日光的杀菌作用主要来自紫外线。紫外线有效杀菌波长为200~300nm,其中以265~266nm的杀菌力最强。照射的时间为30~60分钟。紫外线的杀菌原理,主要是改变DNA的分子构型,干扰DNA的复制,导致细菌的变异或死亡。紫外线穿透力弱,普通玻璃、纸、布、水蒸气、尘埃等均能阻挡紫外线,故一般用于手术室、婴儿室、无菌制剂室、无菌实验室的空气消毒,或用于不耐热物品的表面消毒。杀菌波长的紫外线对人体皮肤、眼睛有损伤作用,使用时应注意保护。

(2) 电离辐射:包括高速电子、X射线和γ射线。这些射线在足够剂量时,对各种细菌均有致死作用。电离辐射杀菌机制是破坏细菌的DNA。由于电离辐射穿透力强,照射时不使物品升温,故主要用于大量一次性不耐热的医用塑料注射器和导管等的消毒,亦可用于食品的消毒而不破坏其营养成分。

3. 滤过除菌法　使用滤菌器滤过除菌法,是用物理阻留的方法将液体或空气中的细菌除去,主要用于不耐高温的血清、抗生素、药液等物品及空气的除菌。

(三) 化学消毒灭菌法

化学消毒剂对细菌和人体细胞都有毒性,故只能外用或用于环境的消毒。如用于人体体表(皮肤、黏膜、伤口等)、医疗器械、病人的排泄物和分泌物及周围环境(饮水、空气、病区环境等)的消毒。

1. 常用消毒剂的种类与用途(表2-5)

表2-5 常用消毒剂的种类、浓度及用途

名称	常用浓度	用途	备注
1. 重金属盐类			
红汞	2%	皮肤黏膜、小创口消毒	
硫柳汞	0.01%	生物制品防腐	
	0.1%	皮肤、手术部位消毒	毒性小,杀菌力大
硝酸银	1%	新生儿滴眼,预防淋病、奈瑟菌感染	
2. 氧化剂			
高锰酸钾	0.1%	皮肤黏膜、水果、蔬菜、食具等的消毒	
过氧化氢	3%	皮肤创伤、化脓性炎症、厌氧菌感染消毒	

续表

名称	常用浓度	用途	备注
过氧乙酸	0.2%~0.5%	塑料、玻璃、人造纤维消毒，皮肤消毒（洗手）	
3. 卤素及其他化合物			
氯	每100万份水用	饮水和游泳池水的消毒（氯气0.2~0.5份）	
含氯石灰	10%~20%（每升水5~10mg）	排泄物、地面、厕所消毒	不能用于衣服、有色金属的消毒
漂粉精	0.5%~1.5%	地面、家具、饮水消毒	
碘酒	2.5%	皮肤消毒	因刺激大，涂后须用乙醇拭净，不能与红汞同用
4. 酚类			
苯酚	3%~5%	器械、排泄物消毒	
甲酚皂	2%	器械、排泄物、家具、地面消毒	
5. 醇类			
乙醇	70%~75%	皮肤、温度计消毒	不用于伤口、黏膜
6. 醛类			
甲醛	10%	浸泡、物品表面消毒、空气消毒（10%溶液加等量水蒸发、密闭房间6~24小时）	
7. 表面活性剂			
新洁尔灭	0.1%	手术器械消毒、外科手术洗手、皮肤黏膜消毒	
消毒净	0.1%	手术器械消毒、外科手术洗手	
8. 烷基化合物			
环氧乙烷	50mg/L	医学仪器、生物制品、衣服、皮革、羊毛、人造丝、尼龙、橡胶类消毒	有毒、密闭塑料袋消毒
9. 酸类			
乙酸	5~10ml/m³ 加等量水蒸发	房间的空气消毒	
10. 碱类			
生石灰	1∶4或1∶8加水配成糊状	消毒排泄物、地面	
11. 染料			
甲紫	2%~4%	皮肤黏膜、浅表创面消毒	

2. 影响消毒效果的因素　消毒效果受环境、微生物种类及消毒剂本身和使用方法等多种因素的影响。

（1）消毒剂的性质、浓度和作用时间：各种消毒剂的理化性质不同，对微生物作用大小也不同。同一种消毒剂的浓度不同，其消毒效果也不同。绝大多数消毒剂在高浓度时杀菌作用大，当浓度降到一定程度时只有抑菌作用。但醇类则例外，70%~75%的乙醇消毒效果最好，高于此浓度的乙醇可以使菌体表面蛋白迅速凝固，影响乙醇继续渗入菌体内而降低杀菌作用。消毒剂在一定浓度下，对细菌的作用时间越长，消毒效果越好。

（2）细菌的种类、状态和数量：不同种类的细菌对消毒剂的敏感性不同，不同状态的细菌对消毒剂的抵抗力也存在差异。细菌的芽孢比繁殖体抵抗力强，幼龄菌比老龄菌敏感，需要根据消毒对象选择合适的消毒剂。细菌的数量越多，所需消毒时间越长。

（3）环境中有机物的存在：环境中的有机物不仅对细菌有保护作用，还能与消毒剂发生化学反应，降低消毒剂的浓度及其杀菌效果。

此外，影响消毒效果的因素还有温度、酸碱度等。

考点：正常菌群的医学意义；消毒与灭菌的概念；医院感染的危险因素；影响化学消毒剂效果的具体因素

思考：1. 微生物分布于正常人体的哪些部位？
2. 正常菌群有何作用？
3. 如何控制医院获得性感染？

小结

微生物广泛分布于自然界。土壤中的微生物可通过创伤引起感染；水被污染可以导致消化道传染病的发生；空气中的病原菌主要引起呼吸道传染病或伤口感染。正常人体体表与外界相通的腔道经常存在着对人体无害的微生物群，称为正常菌群。正常菌群在特定条件下可以转为条件致病菌使人体发病。

建立无菌观念，正确进行灭菌、消毒、防腐，无菌与无菌操作对防止环境污染、控制感染性疾病的发生具有重要意义。

自 测 题

一、名词解释

1. 正常菌群 2. 灭菌 3. 无菌操作

二、选择题

1. 对特殊感染而无保留价值的物品，最彻底的灭菌方法是
   A. 煮沸消毒灭菌法 B. 高压蒸汽灭菌法
   C. 焚烧法 D. 紫外线法
   E. 过氧乙酸浸泡法
2. 消毒的含义
   A. 消除物品上的一切污秽
   B. 消灭除细菌芽孢外的各种病原微生物
   C. 杀灭物品上所有的微生物
   D. 杀灭物品上的芽孢
   E. 消灭包括细菌芽孢在内的各种病原微生物
3. 紫外线灯做空气消毒时，照射时间不少于
   A. 15分钟 B. 20分钟 C. 25分钟
   D. 30分钟 E. 35分钟
4. 杀灭芽孢最有效的方法是
   A. 煮沸消毒灭菌法 B. 高压蒸汽灭菌法
   C. 干烤法 D. 间歇灭菌法
   E. 巴氏消毒法

（5、6题共用选项）
   A. 高压蒸汽灭菌法 B. 燃烧法
   C. 煮沸消毒灭菌法 D. 紫外线法
   E. 干烤法
5. 不属于热力消毒灭菌法的是
6. 热力消毒灭菌法中医疗机构最常用的是

三、简答题

1. 影响化学消毒剂作用的因素主要有哪些？
2. 正常菌群在何种情况下变为条件致病菌？

第五节 细菌的致病性

一、病原菌的致病因素

细菌能引起疾病的能力，称为细菌的致病性。具有致病性的细菌，称为病原菌或致病菌。不同的病原菌有不同的致病性，可引起不同的疾病。病原菌能否引起疾病，取决于病原菌的致病因素、机体的防御功能，并与环境因素（自然因素与社会因素）的影响有一定的关系。细菌的致病因素是由细菌的毒力、侵入数量和侵入门户决定的。

（一）细菌的毒力

病原菌致病能力的强弱程度称为毒力。各种病原菌的毒力不同，同种细菌的毒力也因型和株的不同存在着一定的差异。构成细菌毒力的物质基础是侵袭力和毒素。

1. 侵袭力 指病原菌突破机体的某些防御功能，在机体内定居、生长繁殖和扩散的能力。

（1）荚膜及类荚膜物质：如肺炎链球菌的荚膜和化脓性链球菌的M蛋白、伤寒沙门菌的Vi抗原、某些大肠埃希菌的K抗原等类似荚膜的物质均有抗吞噬细胞吞噬、消化和抗杀菌物质的作用。

（2）菌毛：普通菌毛可使细菌黏附于黏膜上皮细胞表面，有利于侵入机体。

（3）侵袭性物质：某些病原菌能产生侵袭素，使这些细菌能侵入上皮细胞，如志贺菌等。致病性葡萄球菌产生凝固酶，能使血浆中的纤维蛋白原变成纤维蛋白围绕在细菌表面，保护细菌不被吞噬细胞吞噬。A 群链球菌产生的透明质酸酶，能水解细胞间质透明质酸，而有利于细菌在组织中扩散，此外还有链激酶、链道酶等。侵袭性物质本身不具有毒性，但在感染过程中可助病原菌抵抗吞噬或有利于病原菌向四周扩散。

情境案例 2-3

患儿，男性，6 岁。因发热伴头痛，皮肤黏膜有出血点，呕吐 3 天而入院。查体：T 39℃，呕吐 4 次，呈喷射状，颈硬，在上肢、胸前皮肤有出血点，神志尚清。实验室检查：脑脊液外观混浊，离心沉淀后涂片染色镜检见白细胞内外有革兰阴性、肾形、成双排列的球菌。培养：在巧克力平板上有圆形、凸起、光滑、无色透明似露滴状的细小菌落。

情境案例 2-3 临床分析

病人有头痛、呕吐、颈硬等脑膜刺激症状和体征，体温升高；脑脊液标本进行微生物检验：外观混浊，白细胞内外有革兰阴性双球菌；查体：胸前、上肢皮肤有出血点；根据病史、症状、体征和实验室检验结果，病人诊断为脑膜炎球菌感染，主要是其内毒素致病的结果。

2. 毒素　有外毒素和内毒素两种。

（1）外毒素：是某些细菌在生长繁殖过程中合成的，并能分泌或释放到菌体外的毒性蛋白质。产生外毒素的细菌主要是革兰阳性菌，如破伤风梭菌、金黄色葡萄球菌、A 群链球菌等。少数革兰阴性菌也能产生外毒素，如痢疾志贺菌、霍乱弧菌等。外毒素的主要特点：①化学成分是蛋白质，性质不稳定，可被蛋白酶分解，不耐热（葡萄球菌肠毒素例外，能耐受 100℃、30 分钟）和酸碱。②外毒素具有较强的免疫原性。外毒素经甲醛处理后可脱去毒性，但仍保留免疫原性，称为类毒素。类毒素可诱导机体产生相应的抗毒素。类毒素和抗毒素是临床防治工作中常用的生物制品。③毒性强。如 1mg 纯化结晶的肉毒毒素可杀死 2 亿只小白鼠。④不同细菌产生的外毒素对人体组织器官有选择性的毒害作用，引起不同的临床症状。如白喉毒素，对心肌、肾上腺和周围神经末梢有亲和力，干扰易感细胞蛋白质的合成，导致心肌炎、肾上腺出血和周围神经麻痹；肉毒毒素作用于神经末梢，阻断胆碱神经末梢释放乙酰胆碱，而引起肌肉麻痹。

（2）内毒素：是存在于革兰阴性菌细胞壁中的脂多糖成分，只有当细菌死亡裂解时才释放出来。内毒素性质稳定，耐热；不能被甲醛处理制成类毒素；毒性及免疫原性较外毒素弱；对人体组织器官的选择性不强，引起的症状基本相同，主要有发热、白细胞升高、内毒素休克和弥散性血管内凝血等。

外毒素与内毒素的主要区别见表 2-6。

表 2-6　外毒素与内毒素的主要区别

特性	外毒素	内毒素
产生毒素的细菌	革兰阳性菌及部分革兰阴性菌	革兰阴性菌
存在部位及释放方式	由活菌分泌或少数菌崩解后释放	是细胞壁成分，菌体裂解后释放
化学成分	蛋白质	脂多糖
耐热性	不耐热，60～80℃、30 分钟被破坏	耐热，160℃、2～4 小时被破坏
毒性作用	强，不同细菌的外毒素对组织器官有选择性的毒害作用，引起特殊临床表现	较弱，各种细菌的内毒素作用大致相同
免疫原性	强，刺激机体产生抗毒素	较弱
甲醛处理	可脱毒成类毒素	不能脱毒成类毒素

（二）侵入数量

具有一定毒力的病原菌侵入机体后，需足够的菌量才引起疾病。菌量与病原菌毒力强弱和机体免疫力高低有关，如几个毒力强的鼠疫耶氏菌进入无特异性免疫的机体中，可引起鼠疫，而毒力较弱的沙门菌，常需食入较大量的细菌才能引起急性胃肠炎。

（三）侵入门户

有了一定毒力和数量的病原菌，如果没有适宜的侵入门户，还是不能使易感者发生感染。不同细菌其侵入门户不同，例如，破伤风芽孢梭菌必须经深而污染的厌氧伤口而感染，引起破伤风；伤寒沙门菌则须经消化道感染，才能引起伤寒。但有的细菌可通过多种途径侵入机体，引起疾病，如结核分枝杆菌，经呼吸道、消化道或皮肤黏膜创伤都能引起感染。

二、感染的发生、发展与结局

链接：提升食品安全的"五大法宝"

世界卫生组织及其成员国积极倡导提升食品安全的五个方面：①干净；②生熟分开；③做熟；④保持食物的安全温度；⑤做饭选净水和安全的原料。这五个方面看似简单，如果都能做到，很多胃肠道感染性疾病就可以避免。

病原菌在一定环境条件下，突破机体的防御功能，侵入机体，与机体相互作用而引起不同程度的病理过程，称为感染。感染常称传染，但感染与传染的含义并不完全相同，感染不一定具有传染性，而传染属于感染范畴。

（一）感染的来源与途径

1. 感染的来源　可分为外源性感染和内源性感染。

（1）外源性感染：感染来源于宿主体外的称外源性感染，如病人、带菌者、病畜或带菌的动物。

（2）内源性感染：感染来源于病人本身的称内源性感染。引起内源性感染的细菌多为正常菌群中的条件致病菌。

2. 感染途径　病原微生物可通过一种或数种途径传播。常见的传播途径有以下五种。

（1）呼吸道感染：肺结核、白喉、百日咳、军团菌等呼吸道传染病，由病人或带菌者通过咳嗽、喷嚏或大声说话将含有病原菌的呼吸道分泌物排出，散布到空气中，被他人吸入而感染。

（2）消化道感染：伤寒、细菌性痢疾、霍乱等消化道传染病，一般都由病人或带菌者的粪便等排泄物污染食物、饮水后，经口进入消化道所引起。苍蝇是消化道传染病的重要媒介。

（3）创伤感染：金黄色葡萄球菌、链球菌等常可侵入皮肤、黏膜的细小裂缝或创伤破损，引起化脓性感染。

（4）接触感染：淋病、梅毒、麻风、炭疽等可通过人与人或人与动物的密切接触而感染。其方式可为直接接触或通过用具等间接接触感染。

（5）节肢动物媒介感染：有些传染病是以节肢动物为媒介而感染，如人类鼠疫是由鼠蚤传播的。

（二）感染的类型

感染的发生、发展和结局，取决于病原菌的致病性与机体的免疫性在一定条件下相互斗争的结果。根据双方斗争的情况，感染类型可出现隐性感染、显性感染和带菌状态等三种主要表现。

1. 隐性感染　当机体抗感染免疫力较强，或侵入的病原菌毒力较弱、数量较少，感染后对机体造成的损伤较轻，不出现或仅出现不明显的临床症状，称隐性感染，或称亚临床感染。如结核分枝杆菌、白喉棒状杆菌、脑膜炎奈瑟菌常可引起隐性感染。

2. 显性感染　当机体的抗感染免疫力较弱，而入侵的病原菌毒力较强，数量较多，对机体造成病理性损害严重并出现明显的临床症状，称显性感染。

显性感染根据病情急缓,可分为急性感染和慢性感染。①急性感染:发病急,病程较短,只有数日至数周,如流行性脑脊髓膜炎、霍乱。②慢性感染:病程慢,病程长,常可维持数月至数年,如结核、麻风。

显性感染按感染部位及性质可分为局部感染和全身感染。

(1)局部感染:病原菌在机体的某一部位生长繁殖,引起局部病变,出现局部症状,称为局部感染。如金黄色葡萄球菌引起的疖、痈等。

(2)全身感染:病原菌或其毒性产物进入血流,向全身扩散,引起全身症状者,称为全身感染。全身感染又可分为以下几种类型。

1)毒血症:病原菌在局部生长繁殖,但不侵入血流,只有其产生的外毒素侵入血流,引起特殊的临床中毒症状,称毒血症。如白喉棒状杆菌和破伤风芽孢梭菌引起的毒血症。

2)菌血症:病原菌在局部生长繁殖,一时性或间断性地侵入血流,但未在血中繁殖,称菌血症。如伤寒早期的菌血症。

3)败血症:病原菌侵入血流,并在其中生长繁殖,产生毒素,引起严重的全身中毒症状,如不规则高热,皮肤黏膜瘀斑,肝、脾肿大等,称败血症,如铜绿假单胞菌引起的败血症。

4)脓毒血症:指化脓性细菌侵入血流,在其中大量繁殖,并可通过血流到达机体其他组织器官,产生新的化脓性病灶。如金黄色葡萄球菌引起的脓毒血症。

3. 带菌状态　在显性或隐性感染后,有时病原菌未及时消失,而在体内继续存在一定时间,与机体免疫力处于相对平衡状态,称为带菌状态。处于带菌状态的人,称为带菌者。带菌者是重要的传染源,及时发现带菌者并对其治疗和隔离,对于控制传染病的流行具有重要意义。

考点:细菌毒力的具体内容;感染的途径;感染的主要类型

思考:1. 病原菌进入机体是否致病取决于哪些因素?

2. 内、外毒素有何区别?

3. 病原菌可通过哪些途径进入机体?

4. 全身感染主要有几种类型?

小结

细菌的致病因素由细菌的毒力、侵入数量以及侵入机体的门户决定。毒力包括细菌的侵袭力和毒素两个方面。在一定的环境条件下,病原菌突破机体的防御功能侵入机体,引起不同程度的病理过程,称传染。根据侵入机体病原菌致病性与机体抵抗力双方力量消长情况,可形成隐性感染、显性感染和带菌状态等三种主要感染类型。全身感染可分为毒血症、菌血症、败血症和脓毒血症等。

自 测 题

一、名词解释

1. 菌血症　2. 传染　3. 败血症

二、选择题

1. 易被忽视的重要传染源是
   A. 急性期病人　B. 恢复期病人
   C. 健康带菌者　D. 带菌动物
   E. 以上都不是
2. 下述哪项不属于全身感染
   A. 带菌状态　B. 菌血症　C. 败血症
   D. 毒血症　E. 脓毒血症
3. 构成细菌侵袭力的结构不包括
   A. M蛋白　B. Vi抗原　C. 菌毛
   D. 热原质　E. 链激酶
4. 病原菌侵入机体能否致病,通常与哪一项无关
   A. 细菌的毒力　B. 细菌侵入部位
   C. 细菌侵入数量　D. 细菌的耐药性
   E. 机体免疫力强弱
5. 有助于细菌在体内扩散的物质是
   A. 菌毛　B. 血浆凝固酶　C. 透明质酸酶
   D. 神经氨酸酶　E. 鞭毛

三、问答题

1. 何谓内毒素、外毒素?两者有何区别?
2. 请举例说明细菌的感染途径有哪些?

(潘运珍)

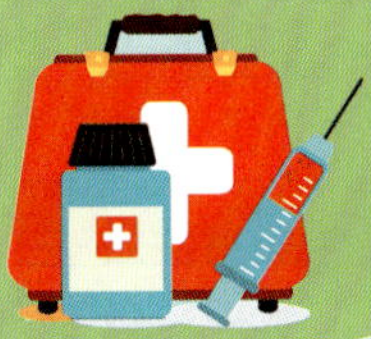

第 3 章 免疫学基础

第一节 概 述

引言：人类生活的环境中存在着大量感染性微生物，如细菌、病毒、真菌、衣原体、螺旋体等八类，大多数微生物在正常个体引起的感染都是短暂的，不会留下长久的损害。人体在新陈代谢的过程中会产生大量的“垃圾”——有毒害作用的代谢产物，但人体自身能通过一系列机制来维持健康状态。这些问题的解决都要归功于人体与有害物质做斗争的免疫功能。

一、免疫的概念

免疫原意为免除瘟疫。数千年前人们发现，患天花后康复的人以后不再患天花，说明其通过接触病原已获得了对天花的抵抗能力，因此，传统的免疫是指机体对病原微生物的抵抗和清除功能。现代免疫的概念指机体的免疫系统识别和排除抗原性异物，维持自身生理平衡和稳定的功能。机体免疫系统识别的抗原性异物包括病原微生物、寄生虫、花粉、某些药物、异体的组织器官、自身的异常组织等。免疫功能在识别和清除病原微生物、寄生虫等有害物质的过程中发挥对机体的保护作用，但免疫功能失调时，对花粉、自身组织等物质的清除也可引起超敏反应、自身免疫性疾病等，因而免疫功能对人体既有有利的一面，也有造成机体组织损伤而致病的一面。

链接：免疫学发展简史

免疫学是一门古老而又新兴的科学，其发展已经历了 4 个时期，即经验免疫学时期、经典免疫学时期、近代免疫学时期和现代免疫学时期。公元 11 世纪中国人接种“牛痘”预防天花已有正式记载，其后英国医生 Jenner 发明牛痘预防天花，到 1980 年世界卫生组织宣布“天花已在全世界被消灭”。时至今日，现代免疫学已涉及现代生物学和临床医学的很多领域，对生物科学和医学的发展产生了深远的影响。随着研究技术的发展，免疫学的进展必将在消灭人类传染病、防治免疫性疾病、解决移植排斥、征服肿瘤等方面不断为人类健康事业作出贡献。

二、免疫的功能

免疫系统通过对各类抗原性异物的识别和应答，发挥以下三种功能。

1. 免疫防御　指机体清除外来抗原（如病原微生物及其代谢产物）的功能，即通常指的抗感染免疫。若此功能低下，会引起免疫缺陷而导致机体反复感染；反之，若此功能过于强烈或持续时间过长，则会导致机体组织损伤和生理功能紊乱而发生超敏反应。

2. 免疫稳定　指机体清除自身衰老、死亡、损伤细胞的功能。若此功能发生异常，则可能使机体对“自己”或“非己”抗原的应答过强或过弱，损伤自身的正常组织而引起自身免疫性疾病。

3. 免疫监视　指机体识别、杀伤与清除体内的突变细胞，防止其发展为肿瘤的功能。若此功能失调，突变细胞可逃避免疫，引起恶性肿瘤或持续感染（表 3-1）。

的特点，也是免疫学诊断与防治的理论依据。决定抗原特异性的物质基础是抗原分子中的抗原决定簇（图 3-1）。

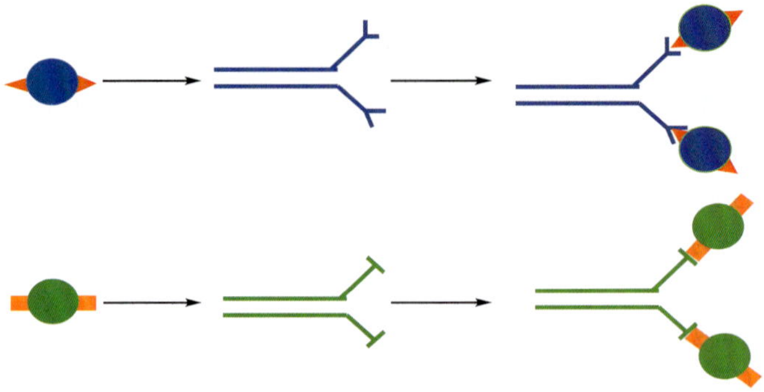

图 3-1　抗原的特异性示意图

（一）抗原决定簇

抗原决定簇（AD）是指存在于抗原分子表面，决定抗原特异性的特殊化学基团，又称表位。抗原决定簇的性质、数目和空间构型决定抗原的特异性。抗原通过抗原决定簇与相应淋巴细胞表面的抗原受体结合，从而激活淋巴细胞，引起免疫应答；抗原也可以通过抗原决定簇与相应抗体或效应淋巴细胞特异性结合发挥免疫效应。因此，抗原决定簇是免疫反应具有特异性的物质基础。一个抗原分子可具有一种或多种不同的抗原决定簇。一种抗原决定簇只能刺激机体产生一种相应的抗体或效应淋巴细胞。

（二）共同抗原与交叉反应

不同的抗原物质具有不同的抗原决定簇，所以特异性各不相同。但大多数天然抗原如细菌、病毒等具有多种不同的抗原决定簇，可刺激机体产生多种抗体。有时在不同的两种抗原间可存在相同或相似的抗原决定簇，称为共同抗原（或称为交叉抗原）。由共同抗原刺激机体产生的抗体可以和两种抗原（共同抗原）结合发生反应，称为交叉反应（图 3-2）。

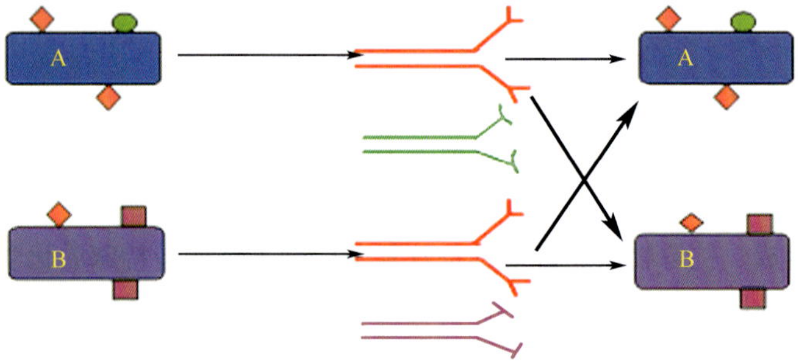

图 3-2　共同抗原与交叉反应示意图

六、医学上重要的抗原

（一）异种抗原

异种抗原指来源于另一物种的抗原物质。通常免疫原性较强，容易引起较强的免疫应答。与医学有关的异种抗原主要有以下几类。

1. 病原生物及其代谢产物　各种病原生物（如细菌、病毒、螺旋体、真菌等）对机体都具有较强的免疫原性。微生物虽然结构简单，但其化学组成相当复杂，是具有多种抗原成分的复合体。如细菌具有表面抗原、鞭毛抗原、菌毛抗原、菌体抗原、荚膜抗原等多种抗原成分，这些抗原均能刺激机体产生相应的抗体。因此，可制备相应疫苗来预防疾病，也可根据相应抗体来诊断、治疗疾病。

细菌的代谢产物多为良好的抗原，如有些细菌在生长繁殖的过程中，能向菌体外分泌具有毒性的蛋白质，称为外毒素。外毒素具有很强的毒性与免疫原性，经甲醛处理后，可制成类毒素。

2. 动物免疫血清　用类毒素免疫动物（如马、羊等）后，动物血清中可含有大量相应的抗毒素，即动物免疫血清。临床上常用于相应疾病的特异性治疗及紧急预防。这种来源于动物血清的抗毒素对人体具有二重性：一方面可作为抗体中和相应外毒素，发挥紧急预防或治疗疾病的作用；另一方面，作为异种蛋白，它对人体又具有免疫原性，可刺激机体产生抗马血清蛋白的抗体，导致某些个体发生超敏反应。因此，在应用前必须做皮肤过敏试验。

（二）同种异型抗原

同种异型抗原指在同一种属的不同个体之间存在的特异性抗原。人类重要的同种异型抗原有血型抗原和组织相容性抗原。

1. 血型抗原

（1）ABO 血型抗原：包括 A、B、AB 和 O 四种类型，其血清中含有 IgM 类天然抗体。若不同血型个体间相互输血，可发生输血反应，所以在输血前必须进行交叉配血试验。

（2）Rh 血型抗原：根据红细胞表面是否存在 Rh 抗原可将人类红细胞分为 Rh 阳性（Rh^+）和 Rh 阴性（Rh^-）两种。人类血清中不含抗 Rh 的天然抗体，只有 Rh 阴性人体在输入 Rh 阳性血后才会刺激机体产生抗 Rh 抗体。

链接：母婴血型不合的危害

孕妇与胎儿间血型不合主要有两种情况：Rh 型和 ABO 型。当母亲血型为 Rh 阴性而胎儿血型为 Rh 阳性时，Rh 抗原在母体内刺激免疫系统产生抗 Rh 抗体，母亲再次妊娠时，该抗体可经胎盘进入胎儿血液而引起胎儿溶血。当母亲为 O 型血而胎儿为 A 型或 B 型血时，母体内抗 A 或抗 B 抗体进入胎儿血液，同样会引起胎儿溶血。临床上 Rh 型溶血往往较 ABO 型溶血更为严重。当溶血严重时会导致胎儿流产或早产，甚至引起新生儿死亡。

2. 主要组织相容性抗原　指存在于有核细胞上的同种异型抗原，其序列多，组成复杂。人类的主要组织相容性抗原首先在白细胞表面发现，故称为人类白细胞抗原（HLA）。它是人体最复杂的同种异型抗原，可分布于不同类型的细胞表面。除单卵双生者外，其他个体间的 HLA 不完全相同，与器官移植时出现不同程度的排斥反应有关。

（三）异嗜性抗原

异嗜性抗原是一类与种属特异性无关，存在于不同种系生物（如人、动物、植物和微生物）之间的共同抗原。现已发现多种具有重要医学意义的异嗜性抗原，如溶血性链球菌与人肾小球基膜及心肌组织间有共同抗原，所以链球菌感染人体可能引起急性肾小球肾炎或风湿性心脏病。

临床工作中也常借助异嗜性抗原对某些疾病作辅助诊断，如用变形杆菌诊断立克次体引起的斑疹伤寒。

（四）自身抗原

正常情况下，自身组织对机体无免疫原性，但在下列情况下可以成为自身抗原。

1. 隐蔽的自身抗原　体内某些组织成分在正常情况下与免疫系统相隔绝，如精子、眼晶体蛋白、甲状腺球蛋白、脑组织等，这些组织从未与免疫细胞接触过，称为隐蔽抗原。当外伤、感染或手术不慎等原因使其进入血液即可成为自身抗原，引起自身免疫病。

2. 修饰的自身抗原　当自身组织成分在感染、烧伤、电离辐射等理化因素或生物因素的作用下，其分子结构发生改变，出现新的抗原表位而成为自身抗原，也可刺激机体引起自身免疫病。

（五）肿瘤抗原

肿瘤抗原是指细胞在癌变过程中出现的新抗原及过度表达的抗原物质的总称，分为肿瘤特异性抗原和肿瘤相关抗原两大类。

1. 肿瘤特异性抗原　只存在于某种肿瘤细胞表面而正常细胞和其他肿瘤细胞不表达的抗原。目前应用单克隆抗体已在人类黑色素瘤、结肠癌、乳腺癌等肿瘤细胞表面检测出此类抗原，应用这种方法可以对这些肿瘤进行特异性诊断。

2. 肿瘤相关抗原　非肿瘤细胞特有，正常细胞也可表达的抗原，在细胞癌变时其含量明显增加。目前研究较清楚的肿瘤相关抗原有癌胚抗原（CEA）和甲胎蛋白（AFP）两种，它们可作为肿瘤标志，通过检测患者血清中 CEA 和 AFP 水平，有助于结肠癌和原发性肝癌的早期诊断。

链接：超抗原与疫苗

White 等在 1989 年首先提出了超抗原的概念，这类抗原多为一些微生物及其代谢产物，如金黄色葡萄球菌肠毒素、葡萄球菌表皮剥脱毒素等。研究发现，这类抗原只需极低浓度即可激活体内大量 T 细胞克隆，产生免疫应答效应，故名超抗原。超抗原可参与多种生理或病理效应，如毒性作用、免疫抑制、自身免疫性疾病等。

考点：抗原的概念；完全抗原与半抗原的区别；医学上重要的抗原种类及临床意义

思考：
1. 要成为抗原，应具备哪些条件？
2. 抗原有哪两大特性？
3. 医学上重要的抗原有几种？
4. 如何理解交叉反应。

小结

抗原是指能刺激机体免疫系统发生免疫应答，产生抗体或效应淋巴细胞，并能与相应抗体或效应淋巴细胞特异性结合的物质。抗原具有免疫原性和免疫反应性两大基本特性，既有免疫原性也有免疫反应性的抗原称为完全抗原，只有免疫反应性而无免疫原性的抗原称为半抗原。

抗原物质具有特异性，这是由抗原分子表面的抗原决定簇决定的。抗原通过抗原决定簇与相应抗体活效应淋巴细胞特异性结合发挥免疫效应。若不同抗原间出现共同抗原，即可引起交叉反应。

医学上重要的抗原主要有异种抗原、同种异型抗原、异嗜性抗原、自身抗原、肿瘤抗原等，与疾病的发生、诊断及治疗密切相关。

自测题

一、名词解释

1. 抗原　2. 完全抗原　3. 半抗原　4. 抗原决定簇
5. 同种异型抗原

二、填空题

1. 抗原的基本特性包括________和________。
2. 抗原的特异性是由________决定的。
3. 人类重要的同种异型抗原有________和________。

三、选择题

1. 抗原的特异性是由下列哪项决定的
   A. 异物性　B. 大分子物质
   C. 化学结构复杂　D. 抗原决定簇
   E. 以上都是
2. 下列哪种物质对人体不是抗原
   A. 病原微生物
   B. 细菌外毒素
   C. 马血清
   D. 血型不相符的红细胞
   E. 自身的血液、组织细胞
3. 对人体既是抗原又是抗体的是
   A. 微生物　B. 外毒素
   C. 动物免疫血清　D. 血型抗原
   E. 以上都是
4. 下列哪项是人的同种异型抗原
   A. 微生物　B. 外毒素
   C. 动物免疫血清　D. 血型抗原
   E. 以上都是
5. 人体内隐蔽的自身抗原不包括
   A. 甲状腺球蛋白　B. 脑组织

C. 精子　　　　　D. 眼晶体蛋白

E. 血液

四、简答题

举例说明医学上重要的抗原及其意义。

第三节　免 疫 系 统

引言：免疫系统如同一支训练有素的精锐部队，不仅能抵御外来细菌、病毒和其他有害物质的侵袭，还能清除体内衰老、死亡、突变的细胞，保卫机体的健康。这些功能正常时，身体便有足够的免疫力对抗疾病；而这些功能衰弱时，各种病原体就会乘虚而入，导致疾病。免疫系统是人体健康的卫士，它时刻保护着我们。

一、概　　述

免疫系统是机体执行免疫功能的一个重要的系统，遍布整个人体，能精确识别自己和非己，对抗外来的有害物质，清除坏死细胞，并毁灭可能致癌的突变细胞，以维持机体生理功能的稳定。免疫系统由免疫器官、免疫细胞和免疫活性物质（免疫分子）三部分构成（图 3-3）。

免疫系统
- 免疫器官
  - 免疫细胞生成、成熟或集中分布的场所
  - （胸腺、骨髓、脾、淋巴结、扁桃体）
- 免疫细胞
  - 淋巴细胞（T 细胞、B 细胞等）
  - 吞噬细胞（巨噬细胞等）
- 免疫活性物质：体液中的各种抗体、淋巴因子、溶菌酶等
  （由免疫细胞或其他细胞产生的发挥免疫作用的物质）

图 3-3　免疫系统的组成

二、免 疫 器 官

免疫器官分为中枢免疫器官和外周免疫器官两大类，两者通过血液循环及淋巴循环互相联系。

1. 中枢免疫器官　是免疫细胞发生、分化、发育和成熟的场所。中枢免疫器官包括骨髓和胸腺（图 3-4）。

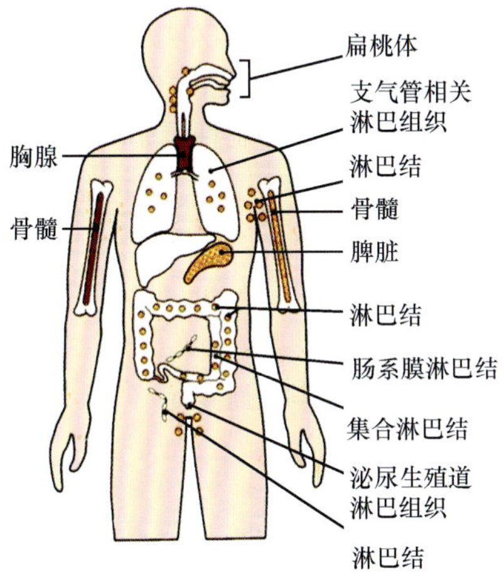

图 3-4　免疫器官示意图

（1）骨髓：是造血器官，各种血细胞都由骨髓中的多能造血干细胞分化而来，也是人体 B 淋巴细胞分化成熟的场所。

由于骨髓是人体极为重要的造血器官和免疫器官，所以骨髓功能缺陷时，不仅会严重损害机体的造血功能，而且将导致严重的免疫功能缺陷。

（2）胸腺：是 T 淋巴细胞分化、发育和成熟的场所。人胸腺的大小和结构随年龄的不同而有明显差异。新生儿期胸腺重 15～20g，以后逐渐增大，至青春期可达 30～40g。青春期以后，胸腺随年龄增长而逐渐萎缩退化，直至老年期胸腺多被脂肪组织所代替，功能衰退，造成免疫力下降，容易发生感染和肿瘤。

来自骨髓的淋巴干细胞，在胸腺微环境的影响下，经过复杂的分化发育过程，最终分化发育成为成熟 T 细胞，离开胸腺后进入血循环，定位于外周免疫器官。由于胸腺是 T 细胞分化、成熟的主要场所，若胸腺发育不全或缺失，可导致 T 细胞缺乏而至细胞免疫功能缺陷。

2. 外周免疫器官　是免疫细胞定居和发生免疫应答的主要场所。外周免疫器官包括淋巴结、脾和黏膜相关淋巴组织等。

（1）淋巴结：人体全身有 500～600 个淋巴结，广泛分布于全身非黏膜部位的淋巴通道上。淋巴结的主要功能是清除侵入机体的病原微生物、毒素或其他有害异物，同时也是淋巴结内 T 细胞、B 细胞接受抗原刺激，活化、增殖、分化，发生免疫应答、产生免疫效应的场所。

（2）脾：是胚胎时期的造血器官，自骨髓开始造血后，脾演变成人体最大的外周免疫器官，也是血液循环的一个滤器。脾的主要功能是清除血液中的病原体、自身衰老损伤的细胞、免疫复合物及其他异物，使血液得到净化；也是机体对血源性抗原产生免疫应答的主要场所。

（3）黏膜相关淋巴组织：亦称黏膜免疫系统，主要指呼吸道、胃肠道及泌尿生殖道黏膜固有层和上皮细胞下散在的无被膜淋巴组织，包括扁桃体、肠系膜淋巴结及阑尾等。黏膜相关淋巴组织是人体重要的防御屏障，又是发生局部特异性免疫应答的主要部位。

三、免疫细胞

免疫细胞是指所有参与免疫应答或与免疫应答有关的细胞及其前体细胞。主要的免疫细胞包括T淋巴细胞、B淋巴细胞、吞噬细胞及抗原提呈细胞等。其中，T淋巴细胞和B淋巴细胞在抗原刺激下能够活化、增殖、分化，发生免疫应答，产生效应T淋巴细胞和抗体，故又称为免疫活性细胞。

1. T淋巴细胞　又称为胸腺依赖性淋巴细胞，简称T细胞。T细胞介导细胞免疫应答，在胸腺依赖性抗原（TD-Ag）诱导的体液免疫应答中亦发挥重要的辅助作用。

（1）T淋巴细胞的表面标志：T淋巴细胞表面具有多种重要的表面标志，它们参与T细胞识别抗原，T细胞的活化、增殖、分化以及效应功能的发挥。有些表面标志是区分T细胞及T细胞亚群的重要标志。①T细胞抗原识别受体（TCR）：是T细胞膜上特异性识别和结合抗原的结构，是所有T细胞表面的特征性标志。T细胞通过TCR与抗原物质特异性结合，构成启动免疫应答的信号。②CD2分子：又称为绵羊红细胞受体或E受体。在一定的实验条件下，CD2能与绵羊红细胞结合形成玫瑰花样的花结，称E花结试验，是T淋巴细胞表面的重要标志。③CD4分子和CD8分子：在成熟T细胞，这两种分子是互相排斥的，只能表达CD4或CD8其中的一种，故可将成熟T细胞分为两类，即$CD4^+$T细胞和$CD8^+$T细胞。其主要功能是辅助TCR识别抗原和参与T细胞活化信号的传导。

（2）T淋巴细胞亚群：按T淋巴细胞表面CD分子的不同分为以下三类。①$CD4^+$辅助性T细胞（Th）：初始$CD4^+$Th细胞可分化为Th1细胞、Th2细胞和Th3细胞，Th1细胞和Th2细胞分别在细胞免疫和体液免疫应答中发挥重要作用（图3-5），Th3细胞参与免疫应答调节。②$CD8^+$T淋巴细胞：细胞毒性T淋巴细胞（CTL或Tc），CTL的主要功能是特异性直接杀伤肿瘤细胞和病毒感染的靶细胞，同时也可分泌细胞因子，参与免疫调节。③调节性T细胞（Tr）：主要功能是通过抑制性调节$CD4^+$T细胞和$CD8^+$T细胞的活化与增殖，在免疫应答中发挥负调节作用。

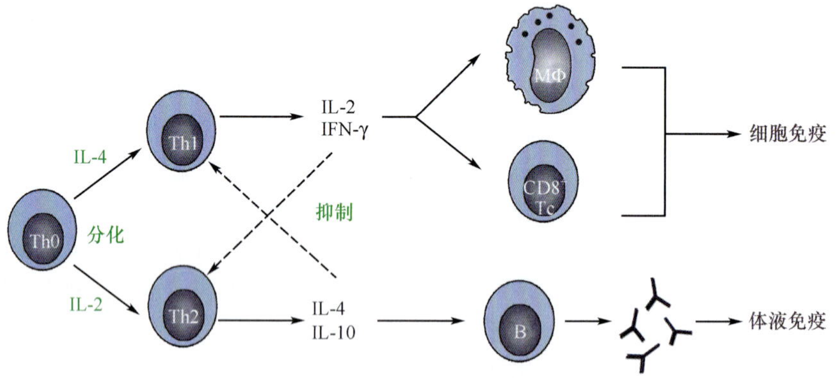

图3-5　Th1细胞和Th2细胞的主要作用

2. B淋巴细胞　是由骨髓中的淋巴干细胞在骨髓的微环境作用下发育成熟的，故称为骨髓依赖性淋巴细胞，简称B细胞。在外周血中，B细胞约占淋巴细胞总数的20%。接受抗原刺激后，在活化$CD4^+$Th细胞辅助下，B细胞活化、增殖，最终分化成浆细胞，由浆细胞合成和分泌抗体，发挥体液免疫效应。

（1）B 细胞的表面标志：B 细胞抗原受体是表达于 B 细胞膜表面的免疫球蛋白，称为膜免疫球蛋白（mIg），是 B 细胞表面特异性识别抗原的受体，也是 B 细胞的特征性表面标志。

（2）B 细胞亚群：根据分布、表面标志和功能特征，可将 B 细胞分为 B1 和 B2 细胞两个亚群，B1 细胞为 T 细胞非依赖性细胞，属非特异性免疫细胞，参与固有免疫；B2 细胞即为通常所指的 B 细胞，为 T 细胞依赖性细胞，是参与特异性体液免疫应答的 B 细胞，参与适应性免疫。

3. 自然杀伤细胞（NK）　来源于骨髓淋巴样干细胞，其分化、发育、成熟依赖于骨髓和胸腺微环境。NK 细胞主要分布于外周血和脾脏，在淋巴结和其他组织中也有少量存在。NK 细胞属非特异性免疫细胞，不表达特异性抗原识别受体，是不同于 T、B 淋巴细胞的一类淋巴细胞。它们无需抗原预先致敏，就可直接杀伤某些肿瘤和病毒感染的细胞。因此，在机体抗肿瘤和早期抗病毒或抗胞内寄生菌感染的免疫过程中起重要作用。在肿瘤或病毒特异性 IgG 抗体存在条件下，NK 细胞也可通过表面 IgGFc 受体介导，识别杀伤与 IgG 抗体特异性结合的肿瘤或病毒感染的靶细胞。此种以 IgG 抗体作为中间桥梁，介导 NK 细胞对靶细胞的杀伤作用，称为抗体依赖性细胞介导的细胞毒作用（ADCC），如图 3-6 所示。NK 细胞在一定条件下，也可合成和分泌 IFN-γ、IL-2 和 TNF 等细胞因子发挥免疫调节作用。

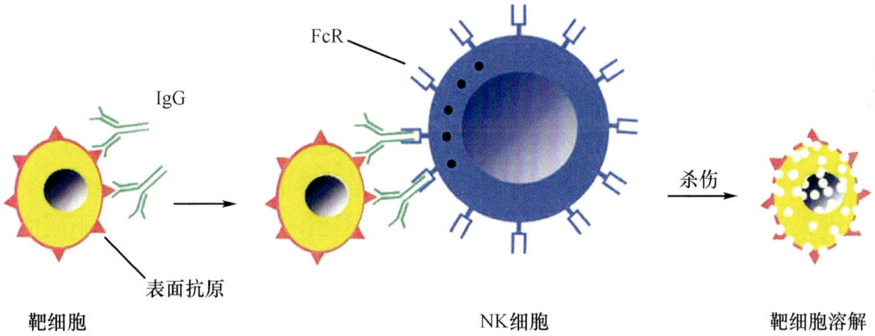

图 3-6　ADCC 作用示意图

4. 抗原提呈细胞（APC）　是指一些能捕捉、加工处理抗原，并将处理后的小分子抗原与其表面的 MHC 分子结合，以抗原肽-MHC 分子复合物形式表达在细胞膜表面，提呈给 T 淋巴细胞的一类细胞，在机体的免疫识别、免疫应答与免疫调节中起重要作用。通常所说的抗原提呈细胞多指的是单核-巨噬细胞、树突状细胞、B 淋巴细胞等能表达 MHC-Ⅱ类分子的细胞，即所谓的专职性的抗原提呈细胞。其他细胞，如内皮细胞、各种上皮及间皮细胞、成纤维细胞等也具有一定的抗原提呈功能，又称这类细胞为非专职性抗原提呈细胞。

5. 其他免疫相关细胞　骨髓造血干细胞、红细胞、中性粒细胞、嗜酸粒细胞、嗜碱粒细胞等，均参与免疫应答过程，故也属于免疫细胞。

链接

1959 年 Burnet 和 Jerne 提出了举世公认的克隆选择学说，合理解释了免疫反应的特异性、免疫记忆、免疫识别和免疫耐受性等免疫学中的核心问题。禽类法氏囊的免疫功能是免疫学在 20 世纪 50 年代的一个重要发现，明确了 T、B 淋巴细胞及各免疫细胞在免疫应答中的作用。20 世纪 70 年代 Jerne 提出了免疫网络学说，又进一步发展了克隆选择学说。近 20 年来对 T、B 淋巴细胞的深入研究，使对免疫应答的研究进入了分子水平。迄今已发现和命名了近 130 种淋巴细胞 CD 抗原分子，并明确了很多 CD 抗原分子在机体免疫应答中的作用。如研究发现，CD4 与 CD8 T 淋巴细胞的比值是一个重要的评估机体免疫状态的依据。在正常情况下此比值应为 2∶1。如偏离此值，则说明机体免疫功能失调。近年来临床上还运用了 T 淋巴细胞斑点实验（TSPOT-TB）检测技术检查患者是否患有结核病。

四、免疫球蛋白

1. 抗体与免疫球蛋白的概念　抗体(Ab)是人和脊椎动物接受抗原刺激后,B细胞增殖分化为浆细胞,由浆细胞产生的一类能与相应抗原特异性结合的球蛋白。免疫球蛋白(Ig)指具有抗体活性或化学结构与抗体相似的球蛋白。抗体都是免疫球蛋白,而免疫球蛋白不一定是抗体。免疫球蛋白可分为分泌型和膜型。前者主要存在于血液、组织液及外分泌液中,后者构成B细胞膜上的抗原受体。抗体是体液免疫应答的主要效应分子。当抗原进入机体后,抗体就会将它找出来。抗体是蛋白质分子,它们的形状像字母"Y"。在"Y"的顶端有一个像爪形的结构,每一个爪形结构去抓住一个特定入侵者,如病毒、细菌、真菌等抗原物质。

链接:谁最先发现了抗体?

1890年德国学者贝林用白喉外毒素给豚鼠注射后,发现豚鼠产生了对白喉毒素的抵抗力。进一步研究后发现,在实验豚鼠的血清中有一种能中和白喉外毒素的物质,称为抗毒素,也就是抗体。1891年他用白喉抗毒素血清治疗白喉患儿成功,这一疗法很快得到推广,使白喉病死亡率大为降低。贝林被称为"儿童的救星"。在1901年,他因创造了血清疗法而被授予诺贝尔生理学或医学奖。

2. 免疫球蛋白的分子结构

(1) 免疫球蛋白的基本结构及分区

1) 免疫球蛋白的基本结构:这是由两条较长的多肽链和两条较短的多肽链借链间和链内二硫键连接形成的对称大分子。每条长链由450~550个氨基酸残基组成,分子质量大,称为重链(H链)。另两条相同的多肽链较短,每条含214个氨基酸残基,分子质量小,称为轻链(L链)。免疫球蛋白重链氨基酸的组成和排列顺序不同,故其抗原性也不同,据此可将重链分为γ、α、μ、δ及ε五类,与之相应的Ig也分为五类,分别为IgG、IgA、IgM、IgD和IgE,不同类型的免疫球蛋白具有不同的功能。

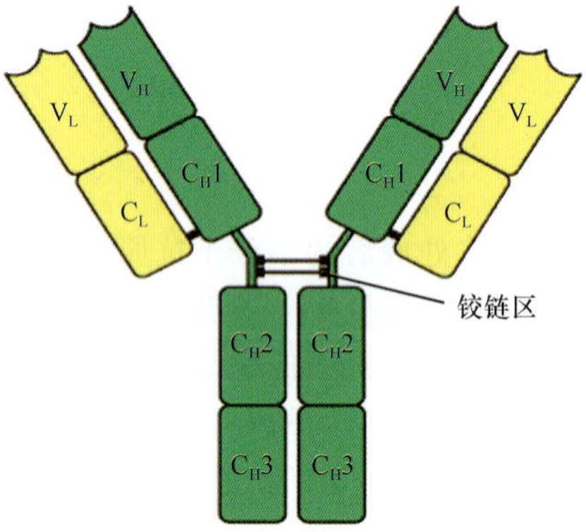

图3-7　免疫球蛋白基本结构示意图

2) 免疫球蛋白分区:免疫球蛋白靠近氨基端的L链1/2和H链1/4或1/5处的氨基酸组成和排列顺序随抗体特异性的不同变化较大,称为可变区(V区),此区是抗体和抗原结合的部位。L链和H链的V区分别用V_L和V_H表示。L链和H链的其他区段的氨基酸的组成和排列顺序变化不大,称为恒定区(C区),L链和H链的C区分别用C_L和C_H表示。C_H1与C_H2之间有一易伸展弯曲的区域,称为铰链区(图3-7)。

(2) 免疫球蛋白的功能区:Ig分子的多肽链可折叠成几个由二硫键连接的球形功能区。轻链有V_L和C_L两个功能区;IgG、IgA和IgD重链有V_H、C_H1、C_H2和C_H3四个功能区,而IgM和IgE则多一个C_H4。各功能区的功能:①V_H和V_L是结合抗原的部位。它可与相应的抗原表位在空间结构上形成精确的互补,发生特异性结合;②C_H1和C_L具有部分同种异型的遗传标志;③IgG的C_H2和IgM的C_H3是结合补体部位。女性妊娠时,母体的IgG可借助C_H2通过胎盘;④IgG的C_H3可与吞噬细胞、B细胞、NK细胞表面的IgG Fc受体结合。

(3) 免疫球蛋白的水解片段

1) 木瓜蛋白酶水解片段:木瓜蛋白酶可在铰链区二硫键的近氨基端将Ig裂解为两个相同的Fab段和一个Fc段。Fab段能与一个抗原表位特异性结合。Fc段为可结晶片段,是免疫球蛋白与效应分子或细胞相互作用的部位(图3-8)。

2) 胃蛋白酶水解片段:胃蛋白酶可在铰链区二硫键的近羧基端切断重链,可获得相当于含2个Fab段的$F(ab')_2$段和若干较小的pFc′段。$F(ab')_2$片段能与两个抗原表位特异性结合,为双价。pFc′无生物学活性(图3-9)。

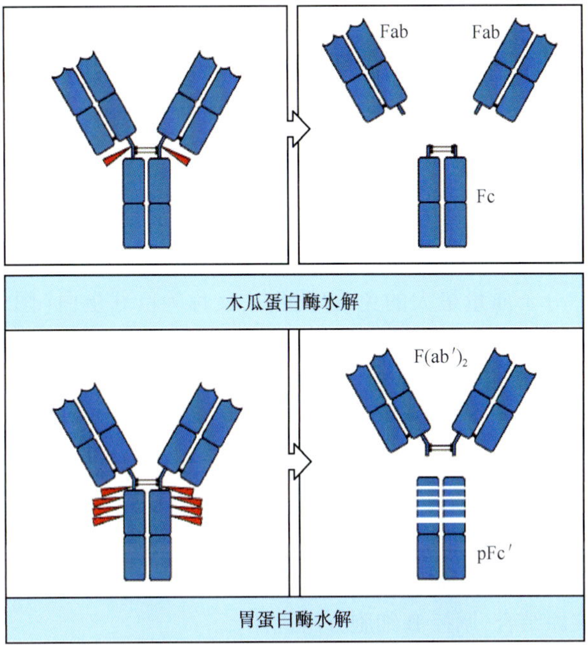

图3-8 免疫球蛋白水解片段示意图

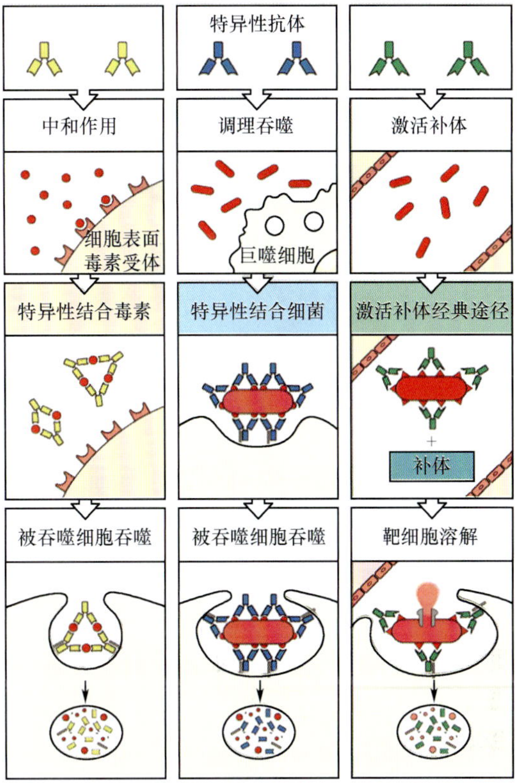

图3-9 免疫球蛋白的生物学作用

3. 免疫球蛋白的生物学作用　免疫球蛋白是体液免疫应答中最重要的免疫分子。免疫球蛋白与抗原特异性结合由可变区完成，与抗原结合后激发的其他效应功能由恒定区完成。

(1) 可变区的功能：抗体最主要的生物学作用是能够特异性地结合相应抗原，如细菌、病毒、寄生虫等抗原性异物。抗体的这种特异性是由其V区的空间构型所决定的。一个单体Ig可与两个相同的抗原表位结合，除起到直接中和毒素等作用外，还能促使Fc段构型改变，启动Fc段活性。

(2) 恒定区的功能

1) 激活补体：IgG和IgM与相应抗原特异性结合后构象改变，恒定区上补体结合位点暴露，补体成分C1q与之结合，从而通过经典途径活化补体，起到溶菌及溶细胞的作用(图3-9)。

2) 结合Fc受体：免疫球蛋白可通过其Fc段与多种细胞表面的Fc受体结合，从而表现不同的生物学作用。①调理吞噬作用：调理吞噬作用是指抗体，如IgG的Fc段与中性粒细胞、巨噬细胞上的IgG Fc受体)结合，从而增强吞噬细胞的吞噬作用(图3-7)。②抗体依赖性细胞介导的细胞毒作用(ADCC)。

3) 介导Ⅰ型超敏反应：人类免疫球蛋白中，只有IgE的Fc段在游离情况下能与有相应受体的细胞(如嗜碱粒细胞、肥大细胞)结合，称为亲细胞抗体。当吸在细胞膜上的IgE与相应的抗原特异性结合，促使这些细胞合成和释放生物活性介质，引起Ⅰ型超敏反应(详见第3章第六节)。④穿过胎盘与黏膜：IgG是唯一能通过胎盘的免疫球蛋白，借助Fc段主动从母体转移到胎儿体内，对于新生儿抗感染具有重要意义。分泌型IgA与黏膜上皮细胞Fc受体结合，转运后被分泌至乳汁及腔道黏膜表面，在局部黏膜抗感染中发挥重要作用。

4. 各类免疫球蛋白的特性和功能　各类免疫球蛋白虽都有结合抗原的共性，它们在分子结构、体内分布、血清水平及生物学活性等方面又各具特点。

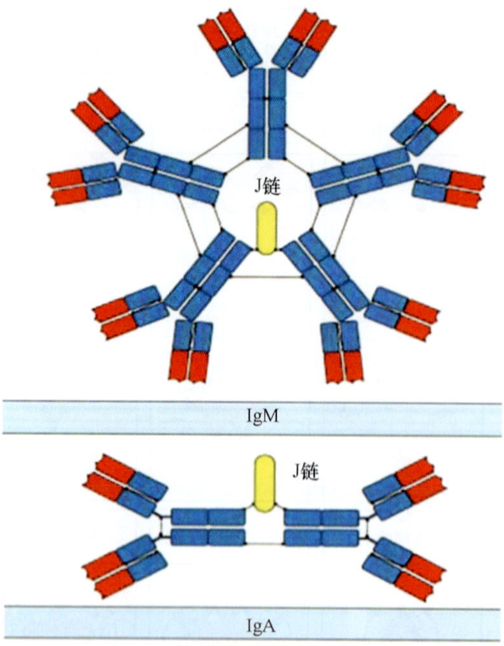

图 3-10　IgM、分泌型 IgA 结构示意图

（1）IgG：多以单体形式存在，IgG 是血清和细胞外液中含量最高的免疫蛋白，占血清免疫球蛋白总量的 75% ~ 80%；半衰期长，为 20 ~ 23 天。IgG 主要由脾、淋巴结浆细胞合成和分泌；在出生后第 3 个月开始合成，3 ~ 5 岁开始接近成人水平。其主要特性为：①IgG 是唯一能通过胎盘屏障的免疫球蛋白，在新生儿抗感染免疫中起重要作用。②是机体再次免疫应答的主要抗体，可发挥中和作用、调理作用、ADCC 和激活补体等作用，是抗感染的主力军。③是参与Ⅱ型、Ⅲ型超敏反应的主要抗体。

（2）IgM：是由 5 个单体连接而成的五聚体，是分子质量最大的免疫球蛋白，又称为巨球蛋白（图 3-10），占血清 Ig 总量的 5% ~ 10%。由于空间结构的限制通常只表现为 5 价。主要存在于血液中，是防止发生菌血症的主要抗体，其主要特性为：①是激活补体能力最强的抗体。②是机体受抗原刺激最早产生的抗体，是机体抗感染的先头部队，IgM 阳性证明有近期感染；同时也是个体发育中合成最早的抗体，它不能通过胎盘，在新生儿脐血中出现高浓度的 IgM，提示有宫内感染。③是天然 ABO 血型抗体。④IgM 是 B 细胞的抗原受体之一，能与抗原结合，调控 B 细胞分泌抗体。

（3）IgA：分为血清型和分泌型两类，血清型 IgA 为单体，占血清 Ig 总量的 10% ~ 15%；分泌型 IgA（SIgA）为二聚体（图 3-10），主要存在于外分泌液中。SIgA 是外分泌液中的主要抗体，能通过中和作用阻止病原体黏附，在局部黏膜抗感染中发挥重要作用。婴儿可从母亲初乳中获得 SIgA，对婴儿抗呼吸道和消化道病原体感染具有重要作用，这是提倡母乳喂养婴儿的原因之一。

（4）IgD：为单体结构，在人血清中含量较低，约占血清免疫球蛋白总量的 0.2%。IgD 可在个体发育的任何时期合成。半衰期很短。主要作为膜结合型免疫球蛋白存在于 B 细胞膜上，是 B 细胞发育成熟的标志。

（5）IgE：为单体结构，正常人血清中 IgE 水平极低，仅占血清免疫球蛋白总量的 0.002%。IgE 在个体发育中合成较晚，主要由黏膜下淋巴组织中的浆细胞合成，可与肥大细胞和嗜碱粒细胞表面的 IgE Fc 受体结合，引起Ⅰ型超敏反应。此外，IgE 可能与机体抗寄生虫感染有关。

5. 人工制备的抗体　研究抗体的理化性质、分子结构与功能及疾病的诊断、治疗和预防等都需要人工制备的抗体。目前，根据人工制备抗体的原理和方法可分为多克隆抗体、单克隆抗体及基因工程抗体等。

（1）多克隆抗体：用天然抗原经多种途径免疫动物，由于抗原存在多种抗原表位，故可刺激多个 B 细胞克隆产生针对多种抗原表位的不同抗体，分泌到血清和体液中，这种血清含有多种抗体，用这种体内免疫法所获得的免疫血清称为多克隆抗体。其来源广泛、制备容易，但特异性较差，易发生交叉反应。

（2）单克隆抗体：针对一个抗原表位，由一个 B 细胞分化增殖的子代细胞克隆，即单一纯系细胞合成的均一性抗体，称为单克隆抗体（McAb）。一种 McAb 只能识别一种抗原表位，而且性质纯、效价高、特异性强，可避免血清学上的交叉反应，主要应用于疾病的诊断、预防和治疗。例如，传染病病原、肿瘤抗原及各种细胞表面抗原的检测；免疫细胞的分离、鉴定及分类，以及研究各种膜表面分子的结构和功能；利用特异的 McAb 与药物连接制备生物导弹定向杀死白血病、淋巴瘤等肿瘤细胞，取得一定的疗效。

（3）基因工程抗体：是将 B 淋巴细胞的免疫球蛋白基因取出或在体外扩增，然后导入受体细胞获得的抗体。主要应用在将鼠源抗体人源化或直接制备人源性抗体和将抗体的功能加以改进，使之更好地应用于临床。其特点是既保持单克隆抗体均一性、特异性的优点，又能克服其为鼠源性的不足。

情境案例 3-1　　X-连锁低丙种球蛋白血症

患儿，女性，6 岁。因右膝关节肿痛半年，近日加重入院。患儿近一年反复发生中耳炎、扁桃体炎，今日右膝关节肿痛加重、活动明显不便入院。体格检查：T 37.1℃，R 24 次/分，P 100 次/分，体重 20kg；发育正常，营养中等，跛行，颈部、腋窝、腹股沟等浅表淋巴结无肿大，咽部充血，扁桃体无肿大，心、肺、腹无阳性体征。右膝关节肿胀，有触痛。右膝关节 X 线片可见关节面粗糙，关节软组织肿胀。γ 球蛋白 6.8%（参考值 11.9%～23.0%）；IgG 0.999g/L（参考值 5.53～13.07g/L），IgA<0.034g/L（参考值 0.33～1.08g/L），IgM<0.254g/L（参考值 0.56～2.18g/L），IgE 未检出。余正常。

情境案例 3-1 临床分析

有相关的临床症状：右膝关节肿痛，关节肿胀，有触痛；右膝关节 X 线片可见关节面粗糙，关节软组织肿胀；γ 球蛋白 6.8%（参考值 11.9%～23.0%）；IgG 0.999g/L（参考值 5.53～13.07g/L），IgA<0.034g/L（参考值 0.33～1.08g/L），IgM<0.254g/L（参考值 0.56～2.18g/L），根据临床症状、体征、实验室检查诊断为 X-连锁低丙种球蛋白血症。

五、补体系统

1. 补体的概念、组成和性质

（1）补体的概念：补体是存在于人和脊椎动物血清和组织液中一组具有酶活性的球蛋白。正常情况下是以无活性状态存在的。

（2）补体的组成：包括固有成分、调控成分和补体受体。因此又将补体称为补体系统。

1）补体的固有成分：有 C1、C2、C3、C4、C5、C6、C7、C8、C9（其中 C1 由 C1q、C1r、C1s 三个亚单位组成）以及 B 因子、D 因子等。

2）补体的调控成分：包括备解素、I 因子、C4 结合蛋白、H 因子等。

3）补体受体：包括 CR1～CR5、C3aR 等。

（3）补体的性质：它的性质很不稳定，易受理化因素的影响，如将新鲜血清剧烈震荡或加热 56℃ 30 分钟均可使其灭活。

2. 补体的激活　是指在某些激活物质的作用下，各补体成分按一定顺序，以连锁的酶促反应方式依次活化，并表现出各种生物学活性的过程。激活的方式如图 3-11 所示。

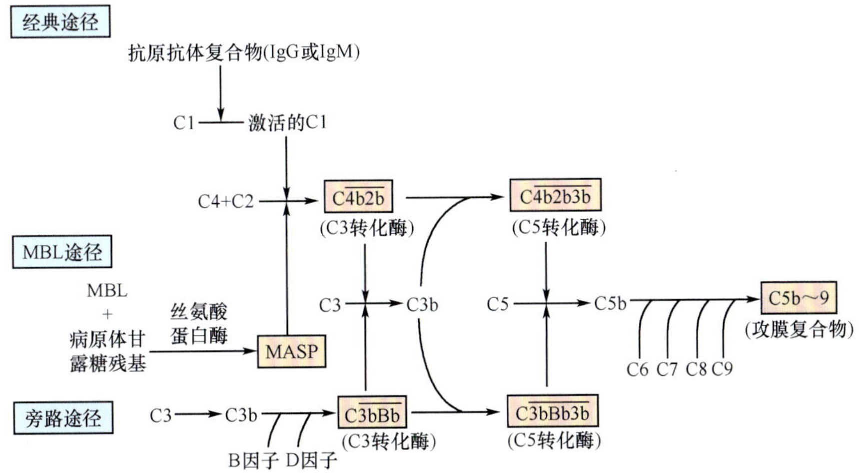

图 3-11　补体的激活途径

3. 补体系统的生物学作用

（1）溶解细菌细胞的作用。

（2）调理作用：补体裂解产物 C3b、C4b 等的一端与靶细胞结合，另一端与吞噬细胞结合从而促进了吞噬细胞对靶细胞的吞噬作用。

（3）过敏毒素及趋化作用：C3a、C5a、C4a 均有过敏毒素作用。它们使肥大细胞、嗜碱粒细胞释放组胺等活性介质，可使血管扩张、血管通透性增加、平滑肌收缩。C5a 还是一种趋化因子，可使吞噬细胞向组织损伤或炎症部位集中，吞噬清除入侵病原体，同时易引起炎症反应。

考点：免疫系统的组成；免疫器官；免疫细胞；免疫球蛋白；补体的生物学作用

思考：1. 何谓补体？

2. 补体系统由哪几部分构成？
3. 何谓免疫活性细胞？
4. 画图说明免疫球蛋白的结构。
5. 补体系统有什么作用？

小结

机体的免疫功能是由免疫系统完成的。免疫系统由免疫器官、免疫细胞和免疫分子组成。人体的免疫器官分为：①中枢免疫器官：包括骨髓与胸腺。它们是免疫细胞发生、分化与成熟的场所。②外周免疫器官：包括淋巴结、脾和其他淋巴组织。它们是免疫细胞定居、增殖、受抗原诱导后发生免疫应答的场所。免疫细胞中最重要的是 T 细胞与 B 细胞，统称为免疫活性细胞或抗原特异性淋巴细胞。T 细胞介导细胞免疫，B 细胞介导体液免疫。

抗体是机体对抗原的诱导发生免疫应答的产物，是具有与抗原特异性结合的球蛋白，也称免疫球蛋白。所有的抗体都是免疫球蛋白，而免疫球蛋白并非都是抗体。人体免疫球蛋白分为五类，即 IgG、IgM、IgA、IgD 和 IgE。各类免疫球蛋白都有二硫键连接的四条多肽链组成的基本结构，但其理化与生物学性质各有不同。免疫球蛋白与抗原特异性结合的部位在 Fab 段，而激活补体、结合细胞、穿过胎盘或黏膜上皮细胞的部位则为 Fc 段。抗体通过这些生物学作用，发挥多方面的免疫功能。

自 测 题

一、名词解释

1. 免疫活性细胞　2. 抗原提呈细胞　3. 补体　4. 抗体依赖性细胞介导的细胞毒性作用（ADCC）

二、填空题

1. 免疫器官由________和________两部分组成。
2. T 细胞表面识别结合特异性抗原的受体是________________，B 细胞表面识别结合特异性抗原的受体是________。
3. 五类免疫球蛋白在血清中含量最多的是________，分子质量最大的是________，能介导Ⅰ型超敏反应的是________，能通过胎盘的是________。

三、选择题

1. 实验动物新生期摘除胸腺将表现为
   A. 细胞和体液免疫功能均不受影响
   B. 细胞免疫功能正常，体液免疫功能缺陷
   C. 细胞免疫功能缺陷，体液免疫功能正常
   D. 细胞免疫功能缺陷，体液免疫功能受损
   E. 免疫功能可由淋巴结代偿
2. 免疫系统的组成是
   A. 中枢免疫器官、外周免疫器官
   B. 免疫细胞、中枢免疫器官、黏膜免疫系统
   C. 免疫细胞、中枢免疫器官、皮肤免疫系统
   D. 免疫器官、免疫细胞、免疫分子
   E. 免疫分子、皮肤免疫系统、黏膜免疫系统
3. B 细胞表面最重要的标志是
   A. BCR　B. CD4
   C. CD2　D. CD8
   E. TCR
4. 中枢免疫器官是
   A. T 细胞分化、成熟的场所
   B. 免疫细胞定居、增殖的场所
   C. 产生免疫应答的场所
   D. 免疫细胞发生、分化、成熟的场所
   E. 是人体的神经系统
5. 下述哪个器官中的细胞，可对抗原进行识别并产生免疫应答

A. 脑细胞　　B. 浆细胞
C. NK 细胞　　D. 脾和淋巴结的巨噬细胞
E. 脾和淋巴结中的 B 细胞

6. 下列哪种细胞不是抗原提呈细胞
A. 成纤维细胞　　B. 巨噬细胞
C. 中性粒细胞　　D. B 细胞
E. 树突状细胞

7. 寄生虫感染时明显水平升高的免疫球蛋白是
A. IgG　　B. IgA
C. IgM　　D. IgD
E. IgE

四、简答题

1. 简述免疫系统的组成。
2. 简述 T、B 细胞的主要表面膜分子、亚群及功能。
3. 简述免疫球蛋白的基本结构。

第四节　免 疫 应 答

引言：免疫系统在迎战入侵机体的病原生物的过程中，不同的免疫细胞和免疫分子之间相互协作、识别进入机体的病原生物，调动相应细胞和分子发起多方位的立体攻击，限制病原生物在机体内的繁殖，直至将其彻底清除。巨噬细胞是分布于全身各种组织之中的"常驻部队"，它们具有较强的吞噬、杀伤能力，是病原生物穿越体表之后所遇到的第一道防线。T 淋巴细胞和 B 淋巴细胞是免疫系统的"现代化部队"，它们能准确地识别外来抗原并介导细胞免疫和体液免疫应答。大家熟知的甲型流感是由甲型流感病毒引起的，造成了世界性的大流行。有部分人感染甲型流感病毒后，并没有吃药，疾病却自然恢复了。究其原因就是我们的免疫细胞所产生的一系列的免疫效应物质发挥了作用，消灭了流感病毒，并且建立起预防再感染的能力。免疫细胞是如何实现这一目标的呢？让我们在本章共同探索吧！

一、概　　述

1. 概念　免疫应答是指机体受抗原刺激后，免疫活性细胞识别抗原，自身发生活化、增殖、分化，并发挥特异性免疫效应的过程。

2. 发生部位　免疫应答主要发生在淋巴结、脾等外周免疫器官。免疫效应可清除体内抗原性异物，维持机体生理平衡，在某些情况下也可造成机体病理损伤。

3. 免疫应答的类型　根据免疫活性细胞对抗原刺激的反应结果，免疫应答可分为正免疫应答与负免疫应答两种类型。正免疫应答指免疫活性细胞在抗原刺激下，产生特异性免疫效应物质，最终排出抗原性异物的过程。如抗感染、抗肿瘤等效应。负免疫应答是指免疫活性细胞由抗原诱导所形成特异性免疫不应答状态，即免疫耐受。

根据参与免疫细胞的类型及效应机制，免疫应答可分为 B 细胞介导的体液免疫应答和 T 细胞介导的细胞免疫应答。

4. 免疫应答的基本过程　免疫应答是多种免疫细胞和细胞因子参与并受到严格调控的复杂过程，可分为感应、反应与效应三个阶段（图 3-12）。

（1）感应阶段：是指抗原提呈细胞（APC）摄取、加工处理和提呈抗原以及 T、B 细胞识别抗原，启动活化的过程，又称抗原提呈与识别阶段。

（2）反应阶段：是指免疫活性细胞接受抗原刺激后，活化、增殖、分化产生免疫效应细胞及效应分子的阶段，又称活化、增殖、分化阶段。T、B 细胞识别结合抗原后，B 细胞活化、增殖、分化为浆细胞，由浆细胞产生抗体；T 细胞活化、增殖、分化为效应性 T 细胞。此阶段会有部分 T、B 中途停止分化，形成长寿命的记忆细胞。

（3）效应阶段：是免疫效应细胞和效应分子发挥免疫效应的阶段。由浆细胞分泌的抗体与相应抗原结合，清除抗原性异物，发挥特异性体液免疫效应；效应 T 细胞可通过直接杀伤靶细胞或释放细胞因子的方式发挥细胞免疫效应。

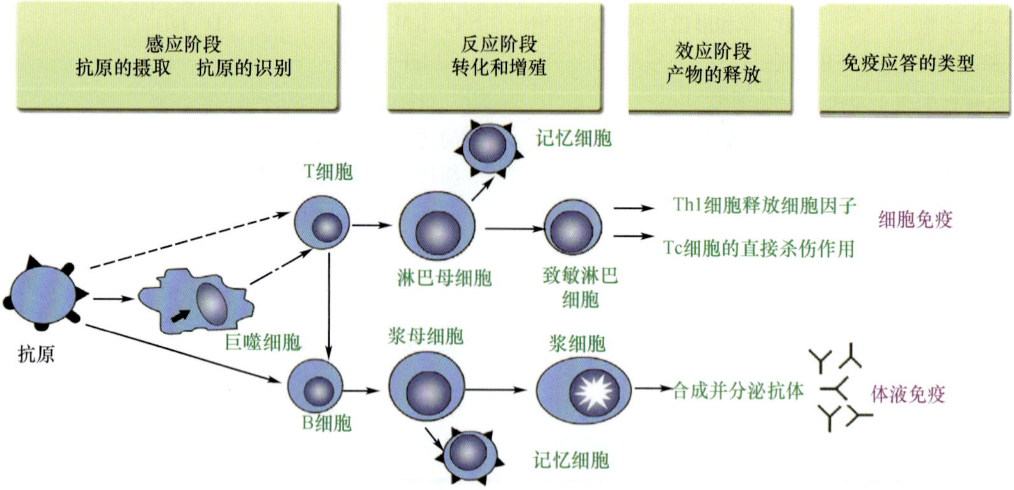

图 3-12　免疫应答的过程

5. 免疫应答的特点　免疫应答具有特异性、记忆性、放大性、MHC 限制性等主要特点。

(1) 特异性:即免疫应答的针对性。一种抗原刺激机体引起的免疫应答,只对这种抗原产生效应。如我们注射甲型 H1N1 流感的疫苗只能刺激机体产生抗甲型 H1N1 流感病毒的抗体,此抗体只能中和甲型 H1N1 流感病毒,而对其他型流感病毒没有中和作用。

(2) 记忆性:指免疫系统对抗原的初次刺激形成记忆细胞,当同一抗原再次刺激机体时,由记忆细胞发生更迅速、强烈、持久的免疫效应。

(3) 放大性:指在一定条件下,少量抗原的刺激即可引起全身性的免疫应答。

(4) MHC 限制性:免疫应答过程中,免疫细胞只有在双方 MHC 分子相同时,免疫应答才能发生,这一现象称为 MHC 限制性。

二、体液免疫应答

1. 体液免疫应答的概念　体液免疫应答是指由 B 细胞介导的、抗体参与的特异性免疫应答。B 细胞受抗原刺激后转化为浆细胞分泌抗体,因抗体存在于血清等各种体液中,故由抗体发挥的特异性免疫效应称为体液免疫应答。

2. 抗体产生的一般规律

(1) 初次应答:抗原初次刺激机体产生抗体的应答称为初次应答。抗原初次刺激机体,须经抗原识别,免疫细胞活化、增殖、分化至浆细胞,浆细胞分泌抗体的完整过程。

初次应答的特点:①潜伏期长 10 天左右。②抗体效价低。③体内维持时间短。④参与的抗体主要为 IgM。⑤抗体与抗原的亲和力低。

(2) 再次应答:某种抗原再次刺激机体产生抗体的过程称为再次应答。相同抗原再次刺激机体后,在初次应答过程中形成的记忆淋巴细胞可迅速、高效、特异地产生免疫应答。再次应答的特点是:①潜伏期短(2 ~ 3 天)。②抗体效价高。③体内维持时间长。④参与的抗体以 IgG 为主。⑤抗体与抗原的亲和力高(图 3-13)。

体液免疫应答的这一规律对医学实践具有重要的指导意义。例如,制备免疫血清或进行预防接种,常采用多次免疫或多次接种的方式,以获得维持时间长、高效价、亲和力强的抗体,从而达到增强免疫的效果。在进行特异性抗体检测时,由于 IgM 产生早,消失快,可通过检测某病原体特异性 IgM 作为早期临床感染的诊断指标之一,同时可根据抗体含量变化了解患者的病程及评估疾病转归。

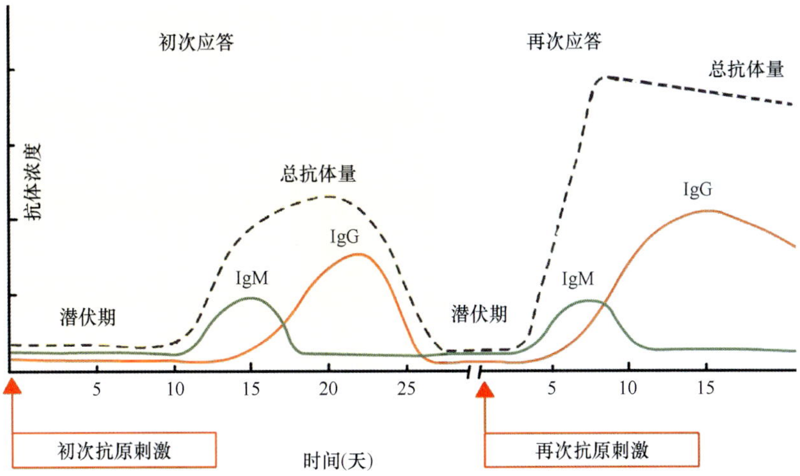

图 3-13　抗体产生的一般规律

链接:抗体在机体发育过程中产生的规律及意义

IgG 在出生后 3 个月合成,5 岁达成人水平;IgM 在胎儿晚期合成,5 个月至 1 岁达成人水平;IgA 在出生后 3~6 个月开始合成,4~12 岁达成人水平。这一规律有重要意义:①脐血中 IgM 水平增高,提示胎儿宫内感染。②预防接种一般出生 3 个月后开始,以便能产生机体免疫主要的 IgG 抗体。③新生儿 3 个月至 2 岁,尤其是 6 个月左右最易患病,因为新生儿胎盘获得的母体 IgG 抗体不断减少,而自身合成的又不足。

3. 体液免疫应答的生物学效应

(1) 中和作用:特异性地与外毒素及病原生物结合,降低外毒素的毒性和病原生物的传染性。

(2) 调理作用:促进吞噬细胞对抗原的吞噬作用。

(3) 激活补体:发挥补体溶菌、溶解靶细胞等效应。

(4) ADCC:杀伤肿瘤细胞及病毒感染的靶细胞。

(5) 免疫病理损伤:某些情况下,抗体还可参与超敏反应,引起免疫病理损伤。

三、细胞免疫应答

1. 细胞免疫应答的概念　细胞免疫应答是 T 细胞受抗原刺激后活化、增殖、分化形成效应 T 细胞,通过杀伤靶细胞和释放细胞因子,发挥的特异性免疫应答。

2. 细胞免疫应答的效应机制

(1) $CD4^+$Th 细胞的免疫效应:效应性 Th 细胞包括 Th1 和 Th2 细胞。

Th1 细胞介导的效应:Th1 细胞主要通过释放多种细胞因子,间接发挥细胞免疫效应。①促进 $CD8^+$T 细胞分化成熟为 CTL;②活化单核-巨噬细胞,增强其吞噬和杀伤能力;③引起以淋巴细胞、巨噬细胞浸润为主的炎症反应。

Th2 细胞的效应:Th2 细胞可通过分泌细胞因子,辅助体液免疫。其分泌的细胞因子还可以刺激寄生虫-特异性 IgE 的产生,消灭寄生虫。

(2) $CD8^+$ CTL 细胞的效应:效应性 CTL 能特异性识别靶细胞表面的抗原肽 MHC-Ⅰ类分子复合物而杀伤靶细胞,如病原体寄生的宿主细胞和肿瘤细胞。CTL 对靶细胞的杀伤主要通过两种途径:其一为 CTL 细胞分泌穿孔素,击穿靶细胞,使靶细胞膜通透性发生改变,大量 Na^+、Ca^{2+} 及水分进入细胞内,K^+和大分子物质从胞内流出;接着,释放的颗粒酶抵达靶细胞,使靶细胞蛋白被水解,靶细胞死亡(图 3-14、图 3-15)。其二为 CTL 细胞通过膜分子与靶细胞分子结合,启动凋亡信号而导致靶细胞凋亡。效应 CTL 细胞完整无损，并可再次与表达相同特异性抗原的靶细胞结合，对其发动攻击，从而高效、连续、特异性地杀伤靶细胞。

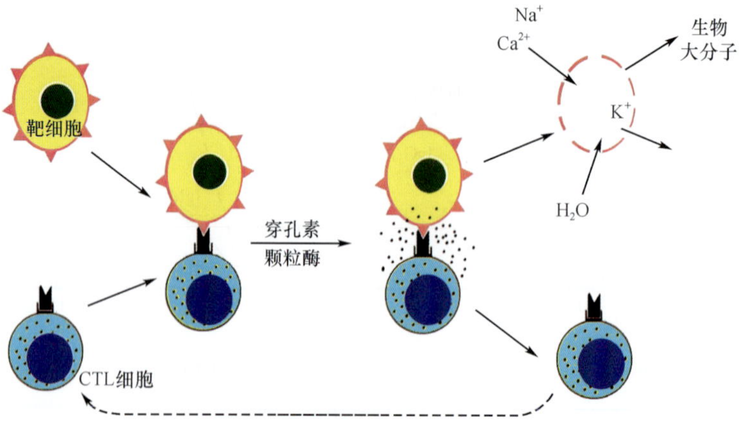

图 3-14 CTL 对靶细胞的杀伤作用示意图

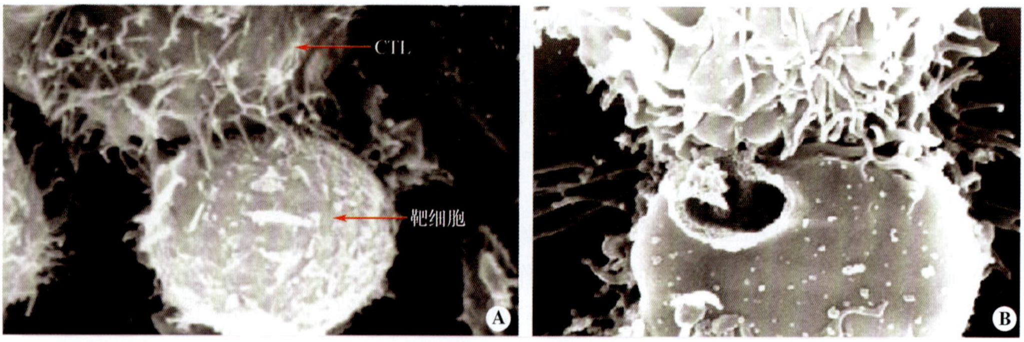

图 3-15 CTL 对靶细胞的杀伤

A. CTL 与靶细胞结合；B. 靶细胞表面被打孔

3. 细胞免疫应答的生物学效应

(1) 抗感染作用：细胞免疫主要针对胞内寄生的病原体发挥抗感染作用，包括抗胞内寄生菌(结核分枝杆菌、伤寒沙门菌等)、病毒、真菌及某些寄生虫感染等。

(2) 抗肿瘤免疫：效应 T 细胞可直接杀伤肿瘤细胞。

(3) 免疫损伤：T 细胞可介导Ⅳ型超敏反应、移植排斥反应及参与某些自身免疫性疾病的病理过程(表 3-2)。

表 3-2 体液免疫与细胞免疫的区别

特性	体液免疫	细胞免疫
介导细胞	B 细胞	T 细胞
效应物质	抗体	Th 细胞，CTL 细胞，细胞因子
有利作用	杀灭细胞外病原体，中和毒素	杀灭胞内病原体、寄生虫、肿瘤细胞
有害作用	Ⅰ、Ⅱ、Ⅲ型超敏反应，自身免疫疾病	Ⅳ型超敏反应，自身免疫疾病

四、免疫耐受与免疫调节

链接：猪血输入人体可能吗？

2010 年 1 月 21 日报道：英国皇家医学会的一名心脏专家巴鲁阿将 280ml 猪血输入哈桑·阿里的体内，未发生排斥反应。关键是他创造了一种能解决这种问题的抗原抑制剂，在这次手术中发挥了重要的作用。如果我们能够让其建立起免疫耐受，将猪的心脏、肺、肝脏移植入人体同样可以实现。

1. 免疫耐受的概念　在正常条件下，机体免疫系统对外来抗原发生正应答，以清除病原体等抗原异物；对体内组织细胞表达的自身成分，则表现为无应答。机体免疫系统对某种抗原产生的特异性无应答状态称为免疫耐受。它的特征是机体再次接触同一抗原不发生特异性的免疫反应，但对其他抗原保持正常的免疫应答。诱导免疫耐受形成的抗原称耐受原。在免疫系统发育成熟之前如胚胎时期接触某抗原，出生后当遇到相同抗原时，表现为对该抗原无特异反应性称为先天免疫耐受。可避免发生自身免疫病，从而保持免疫系统的自身稳定。在出生后或免疫系统发育成熟后，通过改变抗原性状、剂量或免疫途径等诱导产生的免疫耐受，称为获得性免疫耐受。如病原感染或人工诱导产生的免疫耐受。

免疫耐受的研究，在理论及临床医学中都具有重要意义。目前已知，有些疾病的发生与机体免疫耐受性的异常改变密切相关。可用于临床的治疗和预防，如器官移植是解决许多疾病的最好方法，但是由于 HLA 的不匹配，移植物不能成活，要是让它建立起免疫耐受就实现了医学跨历史的突破。对自身免疫性疾病，如系统性红斑狼疮、类风湿关节炎等如果能够恢复对自身成分的免疫耐受，临床治疗将不再是难题。对肿瘤患者和一些慢性疾病患者，如果能够破坏对肿瘤细胞和慢性疾病的抗原的免疫耐受，对肿瘤病人和一些慢性疾病病人将是一个极大的福音。

2. 免疫调节　是指机体在免疫应答过程中控制免疫细胞的活化和抑制，免疫细胞和免疫分子之间的协同和拮抗，以及免疫系统和其他系统之间相互协调，保证机体免疫应答有效而适度，从而发挥正常的免疫效应。免疫调节包括兴奋性调节和抑制性调节。当病原体入侵时，机体动员免疫系统的各种成分产生快速和足够强度的免疫应答，清除病原体，但是过高强度的免疫应答会导致机体内环境稳定的破坏，诱发不同程度的病变和组织损伤。因此，机体在清除病原体的过程中，主要通过抗体调节、抗原调节、独特性-抗独特性网络调节、细胞调节、神经内分泌-免疫系统调节来进行调节，调节作用贯穿整个免疫应答的全过程中，从而维持内环境的稳定。

链接：现代免疫应答方面的发展及运用

现代免疫学研究表明，动物机体免疫系统内部存在着许多调控网络，一是免疫分子如抗原、细胞因子、抗体、补体的调节作用；二是免疫细胞之间的调节网络；三是由独特型与抗独特型抗体之间形成的网络；四是由神经、内分泌之间构成的调节网络。这些调节网络对机体的免疫应答的调控起着十分重要的作用。在免疫遗传学方面，现代免疫学研究表明，免疫应答与遗传具有密切的关系，免疫应答的产生是受到遗传基因控制的。免疫应答的遗传控制主要与两类基因有关，一是主要组织相容性复合体（MHC）；二是免疫球蛋白的可变区基因。

考点：免疫应答、体液免疫、细胞免疫和免疫耐受的概念；免疫应答、体液免疫、细胞免疫的过程、特点和规律

思考：1. 何谓免疫应答？

2. 抗体产生有何规律？了解抗体产生规律有何实际意义？

小结

免疫应答是指机体受抗原诱导后，体内的免疫活性细胞对抗原的识别以及自身的活化、增殖、分化并产生免疫效应的过程。它包括以 B 细胞为主产生抗体的体液免疫应答和以 T 细胞为主形成效应 T 细胞产生的免疫应答。

体液免疫主要是由抗体针对细胞外抗原产生的免疫效应。其特点是由抗体的功能决定的。抗体产生的规律包括初次免疫应答及再次免疫应答两个阶段。再次免疫应答比初次免疫应答产生抗体快、多而持久。这些规律已用于指导疾病的诊断和预防。

细胞免疫的效应特点是由效应T细胞的作用决定的，包括效应Tc细胞杀伤靶细胞和效应T细胞产生淋巴因子再作用于其他多种细胞，共同发挥免疫效应。细胞免疫在清除细胞内寄生物及肿瘤、移植物等细胞抗原上起主要免疫作用。

免疫活性细胞接触抗原物质时所表现的特异性无应答状态，称免疫耐受。研究免疫耐受的形成具有理论和实践意义。

自 测 题

一、名词解释

1. 免疫应答 2. 免疫耐受 3. 免疫调节

二、填空题

1. 免疫应答根据作用的后果可以分为________和________两大类，根据介导细胞的不同又可以分为________和________两类。
2. 免疫应答的基本过程可以分为________、________和________三个阶段。

三、选择题

1. 体液免疫初次应答的特点是
   A. 以IgG为主
   B. IgG与IgM几乎同时产生
   C. 为低亲和性抗体
   D. 抗体含量高
   E. 抗体维持时间长
2. 具有IgG Fc受体的细胞是
   A. B细胞 B. 中性粒细胞
   C. NK细胞 D. 巨噬细胞
   E. 以上细胞均具有
3. 免疫应答一般经过以下哪些过程
   A. 抗原递呈 B. 抗原识别
   C. 淋巴细胞活化、增殖 D. 免疫效应
   E. 以上均是
4. 在特异性免疫应答的感应阶段，巨噬细胞的主要作用是
   A. 免疫调节作用
   B. 活化NK细胞
   C. 分泌细胞因子
   D. 摄取、加工处理和提呈抗原
   E. 促进辅助性T细胞中Th1细胞分化
5. 再次应答时抗体产生的特点是
   A. IgM抗体显著提高
   B. 抗体产生维持时间较长
   C. 潜伏期较长
   D. 抗体浓度较低
   E. 抗体亲和性较低
6. 关于免疫应答的叙述，错误的是
   A. 需经抗原诱导产生
   B. 分为体液免疫应答和细胞免疫应答两种类型
   C. 其结局对机体总是有益的
   D. 有多种细胞及分子参与
   E. 在外周免疫器官中发生
7. 抗体的免疫效应包括
   A. 免疫调理
   B. 中和作用
   C. 激活补体
   D. 抗体依赖细胞介导的细胞毒性作用
   E. 以上都是

四、简答题

简述抗体产生的规律及意义。

（聂 斌）

第五节 抗感染免疫

引言：抗感染免疫是机体抵抗病原生物感染的一系列防御功能，包括非特异性免疫和特异性免疫。感染初期由非特异性免疫发挥对病原生物的抵抗作用，并诱导特异性免疫产生；特异性免疫紧随其后，使清除抗原的效力更为强大，加强和补充了非特异性免疫的作用。两者相互配合，相辅相成，共同完成抗感染免疫。

一、非特异性免疫

非特异性免疫是机体在长期的种系发育和进化过程中与微生物接触，逐渐建立起来的一系列防御功能。其特点是：①与生俱有，可通过遗传获得，具有相对稳定性，所以又称先天免疫、天然免疫或固有免疫；②无特异性，对各种病原体均有一定的防御能力，对不同病原体的反应方式基本相同；③作用迅速、广泛，是免疫系统的第一道防线；④无免疫记忆性。非特异性免疫是通过机体的屏障结构、固有免疫细胞和体液中的免疫分子等实现的。

（一）屏障结构

屏障结构是机体先天具备的能够阻挡病原生物或大分子毒性物质等进入机体的结构，机体的屏障结构包括以下几种。

1. 皮肤-黏膜屏障　由皮肤、黏膜及其附属成分构成，其功能体现在以下三方面。

（1）机械性阻挡与排出作用：健康完整的皮肤与黏膜构成人体的第一道屏障，能有效阻止病原体侵入；黏膜上皮分泌液的冲刷、黏膜上皮细胞纤毛的摆动及肠蠕动等可加快机体对病原体的排出。

（2）分泌杀菌物质：皮肤、黏膜的腺体可分泌多种杀菌和抑菌物质，构成体表的化学屏障。皮肤汗腺分泌的乳酸、皮脂腺分泌的脂肪酸、唾液和泪液及气管分泌物中存在的溶菌酶、胃液中的胃酸、肠道分泌物中的多种蛋白酶，都有杀灭微生物的作用。

（3）正常菌群的拮抗作用：存在于皮肤和黏膜表面的正常菌群构成机体的生物屏障。它们通过与病原微生物竞争受体和营养物质以及产生有抗菌作用的代谢产物，阻止病原微生物在上皮细胞表面的黏附和生长。如口腔中唾液链球菌产生的过氧化氢能杀死脑膜炎奈瑟菌和白喉棒状杆菌，肠道中大肠埃希菌产生的大肠菌素和酸性产物能抑制志贺菌、金黄色葡萄球菌、白假丝酵母菌等。

2. 血-脑屏障　由致密的脑毛细血管内皮层、基膜和包绕在血管壁外的神经胶质细胞形成的胶质膜组成。此屏障具有阻挡病原微生物、毒素及大分子物质从血液进入脑脊液或脑组织的作用，能保护中枢神经系统。婴幼儿的血-脑屏障尚未发育成熟，故较易发生中枢系统感染，引起脑炎或脑膜炎。

情境案例 3-2

患儿，男性，6 岁。高热、昏睡 3 天，在诊所治疗后加重入院。查体：体温 40.2℃，意识不清，颈项强直。脑脊液检查压力增高，轻微混浊，白细胞计数 0.8×10^9/L，以淋巴细胞为主；蛋白轻度增高，糖正常，氯化物正常。脑脊液中乙脑特异性 IgM 抗体阳性。当晚出现喷射性呕吐、呼吸衰竭抢救无效死亡。

情境案例 3-2 临床分析

病人为 6 岁儿童；高热，体温 40.2℃，意识不清，颈项强直；脑脊液检查：压力增高，轻微混浊，白细胞计数 0.8×10^9/L，以淋巴细胞为主。蛋白轻度增高，糖正常，氯化物正常；血清学检查：乙脑特异性 IgM 抗体阳性。根据病史、症状、检查等诊断为流行性乙型脑炎（乙脑）。

3. 胎盘屏障　由母体子宫内膜基蜕膜和胎儿绒毛膜滋养层细胞共同组成。此屏障不影响母胎之间的物质交换，但能阻挡病原体及其有害产物从母体进入胎儿，对胎儿有保护作用（图 3-16）。妊娠前三个月内，胎盘屏障发育尚不完善，此时母体感染的病原体（如风疹病毒、梅毒螺旋体等）或某些药物即可侵入胎儿，影响胎儿正常发育，导致胎儿畸形、流产或死亡。所以妊娠前三个月应注意预防感染。

（二）固有免疫细胞作用

1. 吞噬细胞　人体的专职吞噬细胞主要有中性粒细胞和单核吞噬细胞系统（MPS）。单核吞噬细胞系统包括血液中的单核细胞（MC）和组织中的巨噬细胞（MΦ）（图 3-17）。其中，巨噬细胞在不同组织器官中有不同的名称，如在淋巴结、脾脏、胸腔、腹腔的称巨噬细胞，结缔组织中的称组织细胞，肺组织中的称尘细胞，肝脏组织中的称库普弗细胞，脑组织中的称小胶质细胞，骨组织中的称破骨细胞。单核吞噬细胞的功能非常重要，主要表现为三方面：①吞噬杀伤作用：吞噬细胞能吞噬及杀灭血液和组织中的病原生物及衰老、损伤、癌变的细胞。吞噬作用可通过 IgG 或补体的调理作用而增强。②提呈抗原作用：单核吞噬细胞可摄取、加工、递呈抗原给免疫活性细胞（主要是 T 细胞），参与特异性免疫应答。③调节免疫作用：单核巨噬细胞可分泌多种细胞因子如白细胞介素、干扰素等，参与免疫调节。

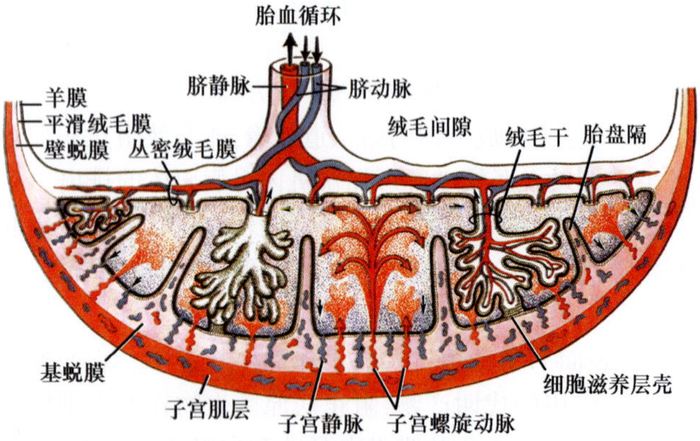

图 3-16　胎盘屏障示意图

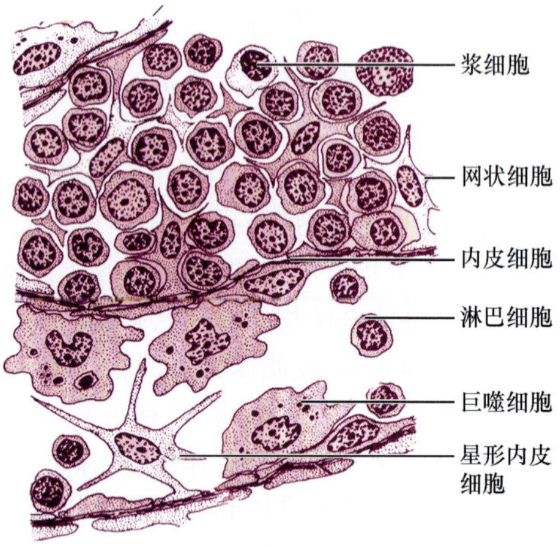

图 3-17　吞噬细胞

病原体侵入皮肤或黏膜后，首先由毛细血管中的中性粒细胞逸出、聚集而杀灭，少数未被杀死的病原体经淋巴管进入淋巴结后被其中的巨噬细胞吞噬杀死。

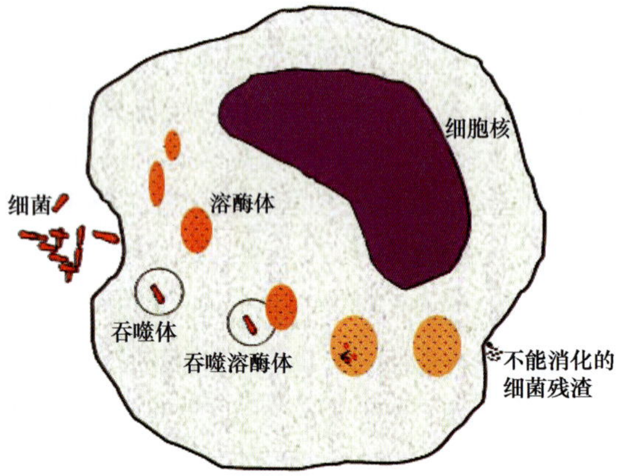

图 3-18　吞噬过程示意图

（1）吞噬杀菌过程：以病原菌为例，吞噬和杀菌过程分为接触病原菌、吞入病原菌、杀死和破坏病原菌三个阶段。①接触病原菌：吞噬细胞与病原菌可以随机相遇，也通过趋化因子的吸引接触。②吞入病原菌：对较大的颗粒物质如细菌等，由吞噬细胞伸出伪足，将细菌包围并摄入细胞质内，形成由部分细胞膜包绕的吞噬体，此为吞噬作用；对较小的微粒物质如病毒等，则由吞噬细胞细胞膜内陷形成吞饮小泡，将病毒微粒包绕在小泡中，此为吞饮作用。③杀死和破坏病原菌：吞噬体形成后，细胞内的溶酶体向吞噬体靠近，融合成吞噬溶酶体。溶酶体内的杀菌素、溶菌酶、蛋白酶、多糖酶、脂酶、胶原酶、核酸酶等，先将细菌溶解杀死，然后进一步消化分解，并将不能消化的残渣排出吞噬细胞外（图 3-18）。

（2）吞噬作用的结果：吞噬细胞吞噬病原菌后，由于细菌的种类、毒力和机体的免疫状态不同，可出现完全吞噬和不完全吞噬两种不同的结果。①完全吞噬：病原菌被吞噬后在吞噬溶酶体中被杀灭消化，最后被排出吞噬细胞外。多见于细菌引起的急性炎症，由中性粒细胞参与。如化脓性球菌被吞噬后，一般在 5 ~ 10 分钟死亡，30 ~ 60 分钟被破坏清除。②不完全吞噬：某些胞内寄生菌如结核分枝杆菌、麻风分枝杆菌、伤寒沙门菌、布鲁杆菌等虽被吞噬但不被杀死，它们反而能在吞噬细胞内生长繁殖，使吞噬细胞死亡破裂；未破裂的吞噬细胞还可成为它们的保护体，使其逃避药物及血清中的抗菌物质对它们的杀伤作用，并随吞噬细胞游走，经淋巴道或血液散布至人体其他部位。不完全吞噬多见于慢性炎症,主要由单核-巨噬细胞参与。

此外,吞噬细胞在吞噬过程中,其溶酶体酶也能破坏邻近的正常组织细胞,造成组织损伤和炎症反应。

2. NK 细胞　表面无特异性抗原识别受体,故属于非特异性免疫细胞。NK 细胞无需抗原预先致敏,即可杀伤某些病毒或胞内寄生菌感染的靶细胞,可在感染早期就发挥抗感染功能。NK 细胞与靶细胞结合后,可通过释放穿孔素和颗粒酶杀伤靶细胞;或通过表达 FasL,诱导带有 Fas 的细胞凋亡;还可通过 ADCC 杀伤、溶解靶细胞。因此,在抗感染免疫中,NK 细胞主要参与抗病毒和抗胞内寄生菌的免疫。

(三) 体液中的免疫分子作用

1. 补体　在感染早期抗体尚未产生时,某些病原体可通过旁路途径和 MBL 途径迅速激活补体系统,产生溶菌和溶病毒作用。另外,补体活化过程中产生的水解片段可介导炎症反应(如 C3a、C4a、C5a)和调理作用(如 C3b、C4b)而加强对病原体的清除作用。当病原体特异性抗体产生之后,补体又可通过经典途径被激活,参与特异性免疫而发挥抗感染作用。因此,补体既参与特异性免疫,又在感染早期参与非特异性免疫而发挥重要的抗感染作用。

2. 溶菌酶　主要由吞噬细胞产生,是一种碱性蛋白质,广泛分布于机体正常组织和体液中。其作用是溶解破坏革兰阳性菌细胞壁的肽聚糖,从而杀伤细菌。革兰阴性菌对溶菌酶不敏感,但在补体与抗体参与下,也能破坏革兰阴性菌。

3. 细胞因子(CK)　是由机体多种细胞分泌的,通过结合细胞包膜相应受体而发挥生物学作用的小分子蛋白质或小分子多肽的统称。在病原体或炎性因子刺激下,体内多种细胞可合成并分泌多种不同的细胞因子,在抗感染免疫中具有重要作用。如干扰素具有抑制病毒增殖及增强巨噬细胞杀伤活性的作用;趋化性细胞因子能吸引中性粒细胞、单核细胞、淋巴细胞等并将其聚集到病原体所在部位而清除病原体。

二、特异性免疫

特异性免疫又称获得性免疫、后天性免疫或适应性免疫,是机体在后天生活过程中与病原体及其代谢产物等抗原接触后产生的针对该抗原的免疫。特异性免疫的特点是后天获得的;有明显的个体差异;有特异性,只针对接触过的相应病原体起作用;有免疫记忆性。通过体液免疫和细胞免疫实现抗感染作用。

(一) 特异性体液免疫的抗感染作用

不同病原体刺激机体形成的体液免疫应答过程不同,可产生不同的抗体,发挥不同的抗感染作用。

1. 抗菌免疫　与抗菌免疫有关的抗体主要是 IgG、IgM 和 IgA,这三种抗体抗感染机制为:①SIgA 在黏膜局部抑制病原菌的黏附作用:可阻止病原菌经黏膜入侵。②IgG、IgM 对细菌的调理吞噬作用:通过抗体单独或抗体与补体联合发挥的调理作用,不仅能促进吞噬细胞对细菌的吞噬,而且有助于强化吞噬细胞内的杀菌作用。③IgG 与 IgM 与病原菌结合后,激活补体溶解病原菌或病原菌感染的靶细胞。④IgG 介导 ADCC,杀伤病原菌或病原菌感染的靶细胞。

2. 抗毒素免疫　抗毒素可中和相应外毒素的毒性作用。抗毒素主要为循环中的 IgG,它与相应外毒素结合后,可阻断外毒素对易感宿主细胞的结合,或封闭毒素的活性部位,使其毒性作用不能发挥。故抗毒素只能中和体液中或黏膜表面游离的外毒素,对已与易感细胞结合的外毒素则不起作用。

3. 抗病毒免疫　病毒衣壳或包膜上的抗原可刺激机体产生中和抗体。中和抗体可中和细胞外游离的病毒,阻止病毒感染易感细胞。IgG 是主要的病毒中和抗体,IgM 中和血循环中病毒的作用没有 IgG 强,两者还可通过 ADCC 杀伤病毒感染的细胞。抗体对细胞和组织间的病毒扩散起主要屏障作用,并能限制病毒扩散至血液。SIgA 存在于黏膜分泌液中,对呼吸道病毒和肠道病毒进行有效防御,集中产生于黏膜表面的 SIgA 在防止病毒再感染方面发挥重要作用。

(二)特异性细胞免疫的抗感染作用

特异性细胞免疫的抗感染免疫主要由效应 $CD4^+$Th1 细胞和 $CD8^+$Tc 细胞(CTL)发挥,主要针对细胞内感染的病原体如胞内菌、病毒、真菌、原虫等。

1. 抗胞内菌免疫　有些细菌被吞噬细胞吞噬后形成不完全吞噬,如结核分枝杆菌、伤寒沙门菌、布鲁杆菌等。机体特异性免疫应答产生后,通过效应 CTL 细胞直接杀伤,效应 Th1 细胞释放细胞因子通过趋化、活化吞噬细胞的作用来清除这些细菌。

2. 抗病毒免疫　病毒感染宿主细胞后,需要特异性细胞免疫来发挥抗病毒免疫。效应 Th1 细胞可直接破坏被病毒感染的细胞,将病毒释放到体液中后,联合体液免疫作用清除病毒。效应 Th1 细胞与被感染细胞结合后,可释放多种细胞因子发挥抗病毒作用。如干扰素抑制病毒增殖,巨噬细胞活化因子活化巨噬细胞增强其吞噬、消化病毒及破坏病毒感染细胞的能力。

考点:抗感染免疫、非特异性免疫、特异性免疫的概念;非特异性免疫的构成因素及功能;特异性体液免疫和细胞免疫的抗感染作用

思考:1. 非特异性免疫有哪些特点?
2. 非特异性免疫的组成因素有哪些?
3. 特异性免疫有何功能?

小结

抗感染免疫是机体抵抗病原生物感染的一系列防御机制,包括非特异性免疫和特异性免疫。非特异性免疫的作用主要通过屏障结构、固有免疫细胞和体液中的免疫分子来完成。屏障结构主要包括皮肤-黏膜屏障、血-脑屏障和胎盘屏障,可以阻止病原体侵入机体、脑组织和胎儿。当病原体通过屏障结构侵入机体,就由体内的固有免疫细胞和免疫分子发挥抗感染作用。固有免疫细胞主要有吞噬细胞和 NK 细胞。体液中的免疫分子主要包括补体、溶菌酶、防御素、急性期蛋白和细胞因子。特异性免疫主要由体液免疫和细胞免疫发挥,体液免疫主要针对细胞外游离的病原体发挥抗菌免疫、抗毒素免疫和抗病毒免疫,细胞免疫则针对细胞内感染的病原体发挥抗胞内菌免疫和抗病毒免疫。非特异性免疫在前,特异性免疫在后,两者共同完成抗感染免疫。

自 测 题

一、名词解释

1. 非特异性免疫　2. 特异性免疫　3. 完全吞噬
4. 不完全吞噬

二、填空题

1. 抗感染免疫包括________和________。
2. 非特异性免疫是由________、________和________构成的。
3. 皮肤-黏膜屏障的抗感染作用体现在________、________和________三方面。
4. 体液中的免疫分子包括________、________、________和________等。
5. 特异性免疫的抗感染作用是由______和________发挥的。

三、选择题

1. 对于先天免疫的描述错误的是
   A. 经遗传获得
   B. 生来就有
   C. 正常人体都有
   D. 在感染早期发挥作用
   E. 是针对某种细菌的抗感染免疫
2. 不属于正常体液中免疫分子的是
   A. 补体　B. 干扰素
   C. 溶菌酶　D. 防御素
   E. 抗生素
3. 非特异性免疫不包括
   A. 皮肤-黏膜屏障　B. NK 细胞
   C. 吞噬细胞

D. 抗体
E. 补体

4. 抑制病原菌黏附宿主细胞的抗体是

A. IgG　　B. IgM
C. IgE　　D. SIgA
E. IgD

5. 机体抵抗病原体入侵的第一道防线是

A. 血-脑屏障　　B. 皮肤-黏膜屏障
C. 胎盘屏障　　D. 吞噬细胞
E. 补体

四、简答题

1. 非特异性免疫由哪些因素构成?
2. 特异性免疫是怎样发挥抗感染作用的?

第六节 超敏反应

引言:机体的免疫反应保护人类的身体健康,但是这种免疫反应在一定程度的范围内,可以清除体内的病原微生物,如果超过了一定的度,将会造成人类机体的伤害,这就是超敏反应。

超敏反应又称变态反应或过敏反应,是指机体对某些抗原初次应答后,再次接受相同抗原刺激时发生的一种以生理功能紊乱或组织细胞损伤为主的特异性免疫应答。

超敏反应的本质是异常的或病理的免疫应答,同样具有免疫应答的特异性和记忆性。

引起超敏反应的抗原称为变应原。变应原可以是异种抗原、同种异型抗原、自身抗原、异嗜性抗原。常见的变应原有:①吸入物变应原:有机尘土、螨、花粉、动物皮毛及真菌等;②食物变应原:主要为动物蛋白如鱼、蛋、乳等;③药物变应原:抗生素、麻醉剂、生物制品;④接触物变应原:油漆等一些化工制剂、塑料及橡胶等;⑤职业性变应原:可引起职业性过敏性哮喘和职业性皮肤病。

根据超敏反应的发生机制和临床特点,将超敏反应分为四型,即Ⅰ型超敏反应、Ⅱ型超敏反应、Ⅲ型超敏反应、Ⅳ型超敏反应。

一、Ⅰ型超敏反应

(一)概述

Ⅰ型超敏反应又称速发型超敏反应或过敏反应,是临床上最常见的超敏反应。特点:①发作快,消退也快;②由结合于肥大细胞和嗜碱粒细胞膜上的 IgE(少数为 IgG4)介导;③以生理功能紊乱为主,通常不发生组织细胞损伤;④发病与否有明显的个体差异和遗传倾向。

表现:局部以呼吸道、消化道及皮肤黏膜毛细血管扩张,通透性增强,平滑肌收缩,腺体分泌增加为主;全身以过敏性休克为主。

(二)发病机制

1. 致敏阶段　变应原经呼吸道、消化道或皮肤进入体内,刺激某些 B 细胞产生 IgE 抗体。IgE 通过 Fc 段与肥大细胞或嗜碱粒细胞膜上的 Fc 受体结合,使细胞对该变应原处于致敏状态。机体受变应原刺激两周后即可被致敏,一般这种致敏状态可维持数月或更长时间。如长期不接触相应变应原,致敏状态可逐渐消失。

2. 发敏阶段　当相同变应原再次进入致敏机体时,即迅速与肥大细胞或嗜碱粒细胞表面的 IgE-Fab 段特异性结合,通过 Fc 段的构型改变,抑制细胞膜上腺苷环化酶的活性,使细胞内环腺苷酸(cAMP)减少,在 Ca^{2+}存在下,激活肥大细胞或嗜碱粒细胞,导致细胞脱颗粒、合成并释放多种生物活性介质,如组胺、激肽、白三烯、前列腺素、血小板活化因子(PAF)、细胞因子等。

3. 效应阶段　上述介质作用于局部或全身的效应器官和组织,致使出现生理功能紊乱,基本病理变化如下所述。

(1)平滑肌痉挛:以气管、支气管及胃肠道平滑肌为甚。

(2)小血管扩张:毛细血管通透性增加:使血浆外渗,出现局部水肿及以嗜酸粒细胞浸润为主的炎症。

(3)黏膜腺体分泌增加:表现出相应的临床症状。早期并无器质性损害,如能及时解除变应原的刺激,临床症状可迅速消退。

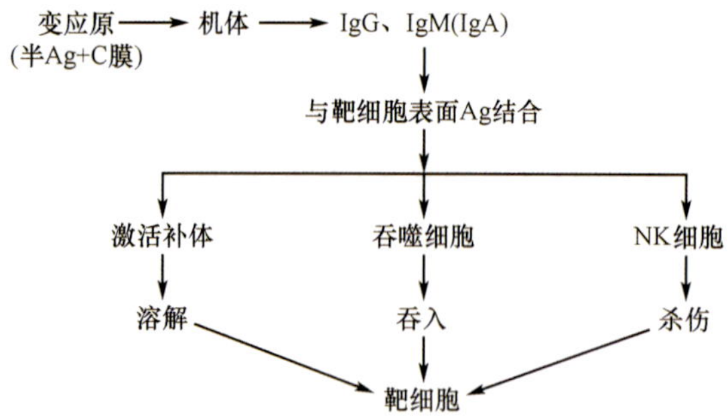

图 3-20 Ⅱ型超敏反应发生机制示意图

靶细胞:①活化补体,溶解靶细胞;②激活吞噬细胞,发挥调理吞噬作用;③激活 NK 细胞,通过 ADCC 作用,杀伤靶细胞(图 3-20)。

(三) 临床常见病

1. 输血反应　常见于 ABO 血型不符的输血。输入的异型红细胞迅速与受血者体内相应的天然血型抗体(IgM)结合,活化补体,引起溶血反应。

2. 新生儿溶血症　多发生于母子间 Rh 血型不合的情况下。血型是 Rh^- 的母亲在输血、流产、胎盘出血或分娩等过程中,有少量 Rh^+ 红细胞进入母体后,刺激母体产生抗 Rh 抗体(IgG)。若母亲再次妊娠 Rh^+ 胎儿时,母体抗 Rh 抗体则通过胎盘进入胎儿体内,与 Rh^+ 红细胞结合,激活补体及相关细胞导致红细胞破坏,引起流产、死产或新生儿溶血症。母子 ABO 血型不符较少见,好发于母亲为 O 型,胎儿为 A 型、B 型或 AB 型,但症状较轻。

情境案例 3-4

一孕妇血型为 O 型,Rh^-,分娩第一胎,新生儿出现严重的持续黄疸。其丈夫血型为 B 型,Rh^+。追问该产妇病史时得知两年前曾因车祸在抢救过程中接受过应急输血治疗。

情境案例 3-4 临床分析

孕妇血型为 O 型,Rh^-。新生儿血型也是 B 型,Rh^+,新生儿出现严重的持续黄疸。诊断为新生儿 Rh 溶血。虽然孕妇为分娩第一胎,但是两年前曾因车祸在抢救过程中接受过应急输血,所以曾经接受过 Rh^+ 血型,在孕妇体内产生相关抗体,进入新生儿体内产生溶血现象。

问题

(1) 该新生儿黄疸的病因可能是什么?最有意义的诊断指标是什么?

(2) 分析两年前输给该产妇的血液是什么血型?

(3) 解释该病例的发病机制是什么?

3. 药物性血细胞减少症　是由药物半抗原(如青霉素、磺胺、奎宁等)与血细胞膜表面蛋白质结合,刺激机体产生针对药物的特异性抗体。这种抗体与血细胞表面的药物结合,通过激活补体等作用,导致血细胞溶解。药物半抗原也可以与血浆中的蛋白质结合后,刺激机体产生相应抗体,以抗原、抗体复合物的形式吸附到血细胞上,通过上述机制损伤血细胞。由于损伤血细胞的种类不同,可出现溶血性贫血、粒细胞减少症或血小板减少性紫癜。

4. 免疫性溶血性贫血　服用甲基多巴、吲哚美辛等药物或病毒等感染可造成红细胞膜表面成分改变,成为自身抗原,而刺激机体产生抗红细胞抗体,引起自身免疫性溶血性贫血。

5. 甲状腺功能亢进　又称 Graves 病,是一种特殊类型的Ⅱ型超敏反应。病人体内产生一种能与甲状腺细胞表面促甲状腺激素受体结合的自身抗体,这种自身抗体又称长效甲状腺刺激素。此种抗体不损伤甲状腺细胞,而是持续刺激甲状腺细胞分泌甲状腺素,引起甲状腺功能亢进的临床表现,又称抗体刺激型超敏反应。

三、Ⅲ型超敏反应

(一) 概述

Ⅲ型超敏反应,又称免疫复合物型或血管炎型超敏反应。特点:①变应原是可溶性抗原;②参与的抗体是 IgG、IgM;③补体参与,反应可累及各系统、各器官,危害严重。表现:以血管及其周围炎症为主的组织损伤。

（二）发病机制

1. 中等大小免疫复合物的形成　可溶性抗原与抗体特异性结合时，两者的比例不同，形成的免疫复合物分子大小也不相同。比例适宜时形成大分子不溶性复合物，易被吞噬细胞吞噬清除，不引起病变。当抗原量大大超过抗体量时，形成小分子可溶性复合物，可通过肾小球滤过，随尿液排出，也不致病。只有在抗原量稍多于抗体量时，形成中等大小可溶性免疫复合物，它既不易被吞噬，又不能被肾小球滤除，从而较长时间在血流中循环。

2. 免疫复合物的沉积　中等大小的免疫复合物可激活补体产生过敏毒素 C3a 和 C5a，使肥大细胞、嗜碱粒细胞和血小板活化，释放组胺等血管活性物质，使血管通透性增加，有助于免疫复合物向组织内沉积，沉积部位多为血管腔小、迂回曲折、血流缓慢和血压较高的微血管壁，如肾小球、关节滑膜、心肌、皮肤等处的微血管基膜。

3. 免疫复合物的致病作用　免疫复合物不是造成组织损伤的直接原因，而是启动因素。在沉积后通过以下三方面的作用引起组织损伤。

（1）补体的作用：免疫复合物通过经典途径激活补体，产生 C3a 和 C5a。C3a 和 C5a 与肥大细胞或嗜碱粒细胞上受体结合，使其释放组胺等炎性介质，致局部毛细血管通透性增加、渗出增多、出现水肿；C3a 和 C5a 同时又可趋化中性粒细胞向免疫复合物沉积部位聚集。

（2）中性粒细胞的作用：聚集的中性粒细胞在吞噬免疫复合物的同时，还释放许多溶酶体酶，包括蛋白水解酶、胶原酶和弹性纤维酶等，可水解血管及周围组织。

（3）血小板的作用：C3b 及肥大细胞或嗜碱粒细胞活化释放的血小板活化因子，可使局部血小板集聚、激活，促进血栓形成，引起局部出血、坏死；血小板活化后还可释放血管活性胺类物质，进一步加重水肿（图 3-21）。

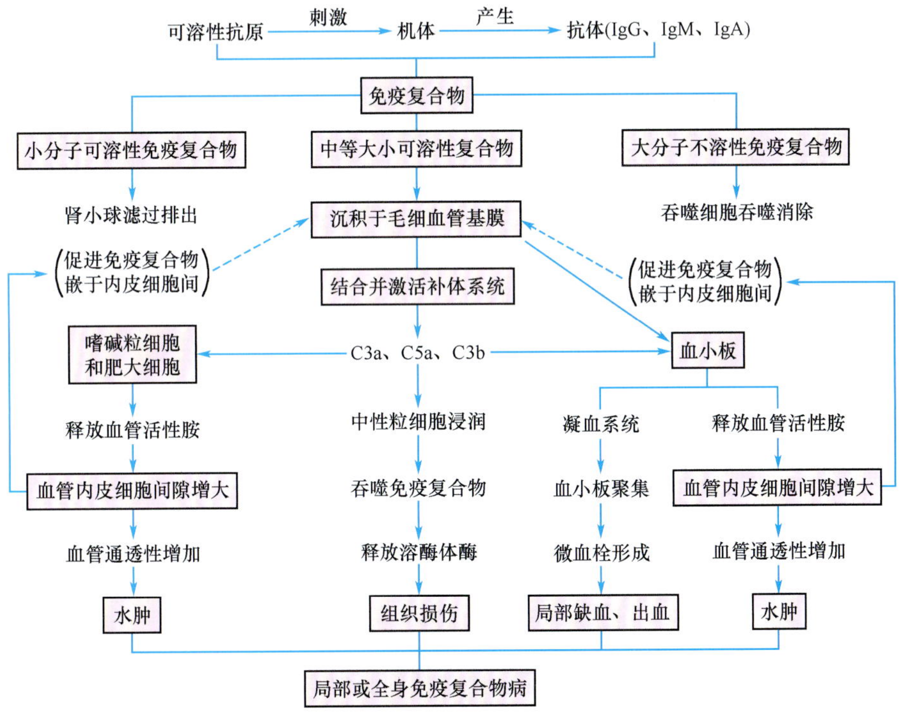

图 3-21　Ⅲ型超敏反应发生机制示意图

（三）临床常见疾病

1. 局部免疫复合物病

（1）Arthus 反应：是一种实验性局部Ⅲ型超敏反应；1903 年 Arthus 发现用马血清经皮下反复免疫家兔数周后，当再次注射马血清时，可在注射局部出现红肿、出血和坏死等剧烈炎症反应，此种现象被称为 Arthus 反应。

（2）人类免疫复合物病：见于胰岛素依赖型糖尿病患者，局部反复注射胰岛素后，体内可产生抗胰岛素抗体，再次注射胰岛素时，在注射局部出现红肿、出血和坏死等与 Arthus 反应类似的变化。长期大量吸入某些动植物蛋白、真菌孢子，引起变态反应性肺泡炎或间质性肺泡炎，亦属于此类疾病。

2. 全身性免疫复合物病

（1）血清病：于初次大量注射抗毒素（马血清）1～2 周后发生，患者出现发热、皮疹、淋巴结肿大、关节肿痛和一过性蛋白尿等。其原因是患者体内产生抗马血清抗体，与尚未完全排尽的抗毒素结合形成可溶性免疫复合物所致。有时大剂量应用青霉素、磺胺等药物也可引起类似血清病样的反应。

（2）链球菌感染后肾小球肾炎：以 A 族溶血性链球菌感染后 2～3 周最多见。此时体内产生抗链球菌抗体，与链球菌可溶性抗原结合形成免疫复合物，沉积在肾小球基膜上，引起的免疫复合物型肾炎。另外葡萄球菌、肺炎双球菌、乙型肝炎病毒或疟原虫感染后也可引起免疫复合物型肾炎。

（3）类风湿关节炎：病因尚未完全查明，可能与病毒或支原体的持续感染有关。目前认为，上述病原体或其代谢产物能使体内 IgG 类抗体发生变性，继而刺激机体产生抗变性 IgG 的 IgM 抗体，即类风湿因子（RF）。当自身变性的 IgG 与类风湿因子结合形成的免疫复合物沉积于关节滑膜时，则可引起类风湿关节炎。

情境案例 3-5

患者，女性，13 岁。主诉乏力、尿少、腰痛 5 天入院。3 周前曾患过咽喉炎、扁桃体炎。查体：眼睑及颜面部水肿，BP 160/100mmHg。尿常规：尿中可见大量红细胞、白细胞，蛋白（++++），管型（++）。血中循环免疫复合物测定强阳性，补体 CH50 和 C3 水平明显下降。

情境案例 3-5 临床分析

病史：入院三周前曾患过咽喉炎、扁桃体炎；临床症状：乏力、尿少、腰痛；体征：眼睑及颜面部水肿，BP 160/100mmHg；尿常规：尿中可见大量红细胞、白细胞，蛋白（++++），管型（++）。血中循环免疫复合物测定强阳性，补体 CH50 和 C3 水平明显下降。诊断为急性肾小球肾炎。

四、Ⅳ型超敏反应

（一）概述

Ⅳ型变态反应，又称迟发型超敏反应或细胞介导型超敏反应。特点：①由致敏 T 细胞引起的，发作慢、消失也慢；②无补体和抗体参与；③病变为以淋巴细胞、单核吞噬细胞浸润为主的炎症反应。表现：红、肿、热、痛、组织坏死。

（二）发病机制

1. 致敏阶段　引起Ⅳ型超敏反应的抗原主要包括细胞内寄生菌、病毒、寄生虫、真菌、细胞抗原（肿瘤细胞、移植细胞）和化学物质等。进入体内的抗原经抗原提呈细胞（APC）加工处理后，以抗原肽-MHC 分子复合物的形式提呈给具有特异抗原受体的 T 细胞识别，经活化、增殖、分化成为效应 Tc 和 Th1。此阶段需 1～2 周。

2. 效应 T 细胞引起的炎症反应和细胞毒性作用　当效应 T 细胞再次与抗原提呈细胞(APC)或靶细胞表面相应抗原接触时,Th1 细胞释放 TNF-β、IFN-γ 和 IL2 等细胞因子,在发挥免疫作用的同时,造成局部以单核吞噬细胞和淋巴细胞浸润为特征的炎症反应和组织损伤。效应 T 细胞通过释放穿孔素和颗粒酶或通过 FasL/Fas 途径,导致靶细胞的溶解和凋亡(详见细胞免疫)。

Ⅳ型超敏反应与细胞免疫的发生机制相同,当对机体造成明显损伤,产生不利影响时称为Ⅳ型超敏反应;当反应加速病原体清除,使感染局限,对机体产生保护作用时,称为细胞免疫。

(三)临床常见疾病

1. 传染性超敏反应　多见于细胞内寄生物(如胞内寄生菌、病毒、某些寄生虫和真菌等)感染过程中,机体在清除病原体或阻止病原体扩散的同时,可因产生迟发型超敏反应而导致组织炎症损伤。如肺结核患者对结核分枝杆菌产生迟发型超敏反应时,可出现干酪样坏死、肺空洞等。临床上借助结核菌素试验来判断机体是否感染和对结核分枝杆菌的免疫状态。

2. 接触性皮炎　有个体差异,某些人与油漆、染料、塑料、农药、金属铁、化妆品或药物(如青霉素、磺胺)等接触后,小分子物质与皮肤角质蛋白结合形成完全抗原,刺激 T 细胞使机体致敏。再次接触相同变应原时,于 24 小时后,接触部位出现边缘鲜明的损害,轻者为水肿性红斑、丘疹、水疱、糜烂等症状,严重者可出现剥脱性皮炎。

情境案例 3-6

某医院皮肤科门诊,一位患者,女性,50 岁,多次染发。昨日染发 24 小时后,感觉头痛,面部及头皮出现红肿、糜烂和水疱,速来医院就诊。另一位患者,男性,30 岁,左腕部与手表直接接触的部位出现红肿、丘疹和硬结,进行性加重,剧痒。皮损呈"手镯样",范围与表盘、表链形状一致,其他部位的皮肤正常。

问题

(1)你考虑两位患者是什么疾病?

(2)分析引起疾病的原因是什么?解释其发病机制?

3. 移植排斥反应　进行同种异体器官或组织移植后,由于供受者双方组织之间的人类白细胞抗原(HLA)不完全相同,会发生排斥反应,最终导致移植物坏死脱落,称为移植排斥反应。为减轻或延缓移植排斥反应,通常在移植术后需大剂量、长期使用免疫抑制剂。

(四)四型超敏反应比较及特征

超敏反应临床表现复杂多样,同一变应原在不同个体可引起不同类型超敏反应。如青霉素注射可引起过敏性休克(Ⅰ型)、溶血性贫血(Ⅱ型)、药物热(Ⅲ型),局部应用可引起接触性皮炎(Ⅳ型)。故应结合临床病例的具体病情进行综合分析判断。四型超敏反应的比较见表 3-3。

表 3-3　四型超敏反应比较

型别	参加成分		发生机制	临床常见病
	特异性免疫物质	非特异性免疫物质		
Ⅰ型 速发型 过敏反应	IgE、IgG4	肥大细胞 嗜碱粒细胞 嗜酸粒细胞	1. 抗原刺激机体产生 IgE,IgE 结合于肥大细胞或嗜碱粒细胞表面 2. 抗原再次进入机体与细胞表面 IgE 结合 3. 靶细胞活化,释放生物介质 4. 介质作用于效应器官,导致平滑肌痉挛,小血管扩张,毛细血管通透性↑,腺体分泌↑	1. 过敏性休克 2. 支气管哮喘 3. 过敏性鼻炎 4. 过敏性胃肠炎 5. 荨麻疹

续表

型别	参加成分		发生机制	临床常见病
	特异性免疫物质	非特异性免疫物质		
Ⅱ型 细胞毒性 细胞溶解型	IgG、IgM、IgA	补体 吞噬细胞 NK 细胞	1. 抗体与细胞本身或黏附在细胞表面的抗原结合，或抗原抗体复合物吸附在细胞表面 2. 激活补体，溶解靶细胞 3. 调理 MΦ，吞噬靶细胞 4. 激活杀伤细胞，杀伤靶细胞	1. 异型输血反应 2. 新生儿溶血症 3. 免疫性血细胞减少症 4. 甲状腺功能亢进症
Ⅲ型 免疫复合物型 血管炎型	IgG、IgM、IgA	补体 中性粒细胞 嗜碱粒细胞 血小板	1. 中等大小可溶性 IC 沉积于血管基膜、关节滑膜等处 2. 激活补体 3. 吸引中性粒细胞，释放溶酶体酶 4. 引起血管炎及血管周围炎	1. 血清病 2. 感染后肾小球肾炎 3. 系统性红斑狼疮 4. 类风湿关节炎 5. 过敏性肺泡炎
Ⅳ型 迟发型 细胞介导型	致敏 T 细胞	淋巴因子 巨噬细胞	1. 抗原刺激 T 细胞致敏 2. 致敏 T 细胞再次与抗原相遇，产生免疫效应 3. Th1 释放淋巴因子，引起炎症反应 4. Tc 直接杀伤靶细胞	1. 传染性超敏反应 2. 接触性皮炎 3. 移植排斥反应

考点：超敏反应的概念及分型；Ⅰ型、Ⅳ型超敏反应

思考：1. 何谓超敏反应？有哪些特点？其变应原有哪些？
2. 如何预防超敏反应的发生？
3. Ⅰ型超敏反应常见疾病有哪些？
4. ABO 血型不符的输血将会出现什么现象？

小结

超敏反应又称变态反应或过敏反应，是指已被致敏的机体受到相同抗原再次刺激时，引起的组织细胞损伤和(或)生理功能紊乱。引起超敏反应的抗原称为变应原或过敏原，它可以是完全抗原，也可是半抗原。免疫反应则主要表现为生理性防御反应。在人群中只有少数个体发生超敏反应，并有遗传倾向。超敏反应根据发病机制和临床特点分为Ⅰ、Ⅱ、Ⅲ、Ⅳ型，但在临床表现上复杂多样，并非界限分明。常为混合型，但以某一型为主，应结合临床病例的具体病情进行综合分析判断。

自 测 题

一、名词解释

1. 超敏反应　2. 类风湿因子　3. Ⅳ型超敏反应

二、填空题

1. Ⅰ型超敏反应由________介导，又称__________或________。IgE 与________细胞、________细胞表面的 IgE 受体结合，使其成为致敏靶细胞。
2. 新生儿溶血症常发生在母亲为 Rh________性，胎儿为 Rh________性的情况下。
3. 接触性皮炎是药物、染料等______与皮肤________结合形成完全抗原所致。
4. Ⅲ型超敏反应由________抗体介导，抗体与变应原形成________大小复合物是引起反应的始动因素。

三、选择题

1. 下述哪项与 IgE 有关
   A. 接触性皮炎　B. 传染性超敏反应
   C. 输血反应　D. 消化道过敏反应
   E. 急性肾小球肾炎
2. 由 T 细胞介导的超敏反应的类型是
   A. Ⅰ型超敏反应　B. Ⅱ型超敏反应
   C. Ⅲ型超敏反应　D. Ⅳ型超敏反应
   E. 以上都正确
3. 脱敏疗法能用于治疗
   A. 血清病　B. 血清过敏性休克
   C. 食物过敏　D. 青霉素过敏

E. 过敏性鼻炎

4. 与Ⅱ型超敏反应发生无关的是
   A. IgG　　B. IgM
   C. 补体　　D. 吞噬细胞
   E. Tc 细胞
5. 属于Ⅲ型超敏反应的是
   A. 血清病　　B. 荨麻疹
   C. 接触性皮炎　　D. 新生儿溶血症
   E. 青霉素过敏性休克
6. 与Ⅰ型超敏反应发生有关的抗体是
   A. IgG　　B. IgE
   C. IgM　　D. IgA
   E. IgD
7. Ⅰ型超敏反应不出现的生理功能紊乱是
   A. 平滑肌收缩　　B. 腺体分泌增加
   C. 毛细血管收缩　　D. 毛细血管通透性增加
   E. 毛细血管扩张

(8~12 题共用选项)
   A. ABO 血型不符
   B. 中等大小免疫复合物
   C. 结核杆菌
   D. HLA
   E. 类风湿因子
8. 与移植排斥反应直接相关的是
9. 与急性肾小球肾炎发病机制有关的是
10. 输血反应的常见原因是
11. 类风湿关节炎的原因是
12. 与传染性迟发型超敏反应有关的是

四、简答题

1. 以青霉素过敏性休克为例说明Ⅰ型超敏反应的发生机制。
2. Ⅰ型超敏反应的特点是什么?
3. ABO 血型不符的输血将会出现什么现象?为什么?

第七节　免疫学应用

引言:现代免疫学理论和免疫学技术的迅速发展,使得免疫学日益广泛地应用在临床医学各个领域,如对各种感染性疾病、超敏反应疾病、免疫缺陷病、自身免疫病、肿瘤、器官移植、血液病的诊断和防治,以及对某些微量蛋白质、激素、酶和体内所含药物的检测等,同时也促进了免疫学理论及相关学科的发展。

一、免疫学检测

免疫学检测技术广泛用于免疫相关疾病的诊断、发病机制的研究及免疫状态的评估等,包括抗原或抗体检测、免疫细胞检测,是当今生命科学实验研究的重要手段之一。本节仅介绍部分免疫学检测技术的基本原理与应用意义。

链接

抗体在体外可与抗原结合并引起多种免疫反应,基于这一现象的发现,人们建立了很多血清学技术,如血清凝集试验、补体结合试验,并用于传染病的诊断、病原鉴定、血型鉴定等。特别是近 20 年来免疫荧光、免疫酶、放射免疫三大标记技术的发展,推出如免疫转印技术、免疫沉淀技术、化学发光免疫测定等新型血清学技术。这些技术已广泛用于生物科学的各个领域,并已成为不可缺少的研究手段。

(一) 抗原或抗体的检测

抗原或抗体检测的基本原理是:一种抗原只能与由它刺激所产生的相应抗体发生特异性结合,这种结合反应在体外一定条件下可呈现肉眼可见的反应现象,称抗原抗体反应或血清学反应。抗原抗体反应的应用原则:已知抗体检测未知抗原,或已知抗原检测未知抗体,既可定性检测,也可定量检测。以下为常见的抗原抗体检测类型。

1. 凝集反应　颗粒性抗原(细菌、红细胞等)与相应抗体结合,在一定条件下形成肉眼可见的凝集现象,称凝集反应。凝集反应中的抗原称为凝集原,抗体称为凝集素。

(1) 直接凝集反应:颗粒性抗原与相应抗体直接结合出现的凝集现象,主要有:①玻片法:常用于定性检测抗原。如 ABO 血型鉴定、细菌鉴定等,将已知含有抗体的诊断血清与待测的抗原(细菌或红核、麻风或重症真菌感染时转化率可低于正常值。

二、免疫学防治

人类在与传染病斗争的长期实践中观察到,隐性感染或显性感染后机体可获得对该病原体的特异性免疫力,称为自然主动免疫;胎儿和新生儿经胎盘和乳汁获得母亲体内的抗体,称为自然被动免疫。受上述启发,人为地给机体输入抗原或抗体,使机体获得某种特异性免疫力的方法称为人工免疫,包括人工主动免疫和人工被动免疫。

链接

疫苗是被灭活的病原菌,是特异性抗原。用于预防传染病的自动免疫制剂。目前用于人类疾病防治的疫苗有20多种。20世纪80年代,DNA重组技术及其他遗传工程技术在疫苗研究中的应用,为疫苗的研究开创了一条全新的途径,各类基因工程疫苗,如基因工程亚单位疫苗、活载体疫苗、基因缺失疫苗、DNA疫苗等相继问世。蛋白质合成技术的发展又为疫苗的研制提供了另一条新路,即人工合成肽疫苗的诞生。20世纪90年代,随着对免疫网络学说的进一步认识,人们又研制成功另一类新型疫苗,即抗独特型疫苗。

(一) 人工主动免疫

1. 概念和特点　也称人工自动免疫,给机体接种具有免疫原性的疫苗、类毒素等物质,刺激机体产生效应T细胞或抗体,从而获得免疫力的方法称人工主动免疫。特点:①输入的物质是抗原;②初次接种,常需1~4周诱导期,才能刺激机体产生抗体或效应T细胞;③输入的抗原能长时间刺激机体的免疫系统,故免疫力维持时间可长达半年或数年;④主要用于传染病的特异性远期预防。

2. 常用生物制品

(1) 类毒素:将细菌外毒素经0.3%~0.4%的甲醛处理,使其失去毒性而保留免疫原性,制成类毒素。如白喉、破伤风类毒素。

(2) 传统疫苗:用病原微生物制成的人工主动免疫制品称为疫苗。①死疫苗是选用免疫原性强的标准株病原体,经人工培养增殖,再用理化方法灭活后制成的疫苗。死疫苗失去致病力,但仍保留其免疫原性,接种后能引起免疫应答。缺点是接种次数多,注射局部和全身反应有时较重,但安全、易保存。常用的死疫苗有伤寒、霍乱、流行性脑脊髓膜炎、乙脑、狂犬病和钩端螺旋体死疫苗等。②用减毒或无毒力的活病原微生物制成的疫苗称减毒活疫苗。活疫苗无致病力,但在体内尚有一定繁殖力,可持续刺激免疫系统引起免疫应答,免疫效果较死疫苗好。其接种次数少,副作用小,免疫效果维持3~5年,但不易保存。常用的活疫苗如卡介苗、脊髓灰质炎疫苗、麻疹减毒活疫苗和风疹疫苗等。

(3) 新型疫苗:①亚单位疫苗,是去除病原体中与激发保护性免疫无关的成分,保留有效免疫原制作的疫苗。②合成肽疫苗又称抗原肽疫苗,是根据有效免疫原的氨基酸序列,设计合成的免疫原性多肽,以期用具有免疫原性的最小的肽来激发有效的特异性免疫应答。③基因工程疫苗,利用DNA重组技术制备的含保护性抗原的纯化疫苗,如DNA重组乙肝疫苗已广泛应用。

3. 计划免疫及注意事项　我国的计划免疫从实际出发,制定了合理的免疫程序,如儿童基础免疫程序(表3-4)和从事特殊职业、特殊地区人群的免疫程序等。严格按照程序实施接种,以充分发挥各类疫苗的效果,从而有效地控制相应传染病的流行。预防接种时应认真遵照使用说明,注意制品是否过期、变质或失效。接种后有时会发生不同程度的局部或全身反应,一般症状较轻,1~2天即恢复正常,个别反应剧烈,甚至出现过敏性休克、接种后脑炎等。为避免意外,有下列情况者不宜作免疫接种:①免疫功能缺陷、特别是细胞免疫功能低下者。②高热、严重心血管疾病、肝肾病、活动性结核、活动性风湿热、急性传染病、甲亢、严重高血压、糖尿病及正在应用免疫抑制剂者。③妊娠期及月经期。④湿疹及其他严重皮肤病患者不宜作皮肤划痕性接种。

(二) 人工被动免疫

1. 概念和特点　人工被动免疫指给机体直接输入抗体或细胞因子,使之获得特异性免疫力的方法。其特点是免疫力出现快，抗体进入机体立即生效，但维持时间短。此法适用于传染病的紧急预防和治疗。

表 3-4　我国推荐的儿童计划免疫程序

年龄	疫苗	年龄	疫苗
出生时	卡介苗、乙肝疫苗	出生 6 个月	乙肝疫苗
出生 1 个月	乙肝疫苗	出生 8 个月	麻疹疫苗
出生 2 个月	三价脊髓灰质炎疫苗	1 岁半~2 岁	百白破三联制剂
出生 3 个月	三价脊髓灰质炎疫苗、百白破三联制剂	4 岁	三价脊髓灰质炎疫苗
出生 4 个月	三价脊髓灰质炎疫苗、百白破三联制剂	7 岁	麻疹疫苗、白破二联制剂
出生 5 个月	百白破三联制剂		

2. 常用生物制品

（1）抗毒素：是用类毒素多次免疫马（将类毒素注入马体内），待其产生大量抗体（抗毒素）后，取其血清并提纯而制成的特异性抗体制剂，如精制破伤风抗毒素、白喉抗毒素等。抗毒素主要用于细菌外毒素所致疾病的特异性治疗和紧急预防，注意早期、足量并避免发生超敏反应。

情境案例 3-7

患者，男性，54 岁。因张口受限，颈部和腰背部疼痛 2 天就诊。自述 1 周前被铁钉扎伤右脚足底，在家用乙醇消毒处理。查体：体温 37℃，脉搏 104 次/分，呼吸 26 次/分，血压 126/76mmHg，神志清楚，张口度 0.3cm。咬肌和颈背部肌肉张力增高。初步诊断为破伤风，给予大剂量破伤风抗毒素、适量异丙嗪控制肌肉抽搐。7 天后症状缓解，又巩固治疗 5 天后病愈出院。

问题

（1）注射破伤风抗毒素属于何种治疗？

（2）抗毒素注射治疗的原则和注意事项有哪些？

（2）正常人丙种球蛋白和胎盘丙种球蛋白：前者是从正常人血浆中提取，含 IgG 和 IgM；后者是从健康产妇胎盘血中提取，含 IgG。因多数成年人曾隐性或显性感染过多种病原微生物（例如，麻疹病毒、脊髓灰质炎病毒、甲型肝炎病毒等），故人血浆和胎盘血中含有相应的抗体，所以此类制剂可用于上述相应病毒感染的紧急预防或丙种球蛋白缺乏症的治疗。

（3）特异性人免疫球蛋白：如治疗乙肝用 HBIg。

（4）细胞免疫制剂：①转移因子：是将正常人外周血或脾脏中的淋巴细胞反复冻融后，提取的多核苷酸和多肽的混合物。分子质量小于 5kDa，无抗原性，反复使用不引起超敏反应，能促使受者体内 T 细胞转化为致敏 T 细胞，增强其细胞免疫功能。主要用于细胞免疫缺陷病、肿瘤及某些病毒、真菌、胞内寄生菌感染的治疗。②胸腺素：从小牛或猪胸腺中提取的一组多肽混合物，能促进 T 细胞发育成熟，选择性地表达免疫功能。由于胸腺素无种属特异性，故可用于细胞免疫功能低下或胸腺发育不全的免疫缺陷病（如肿瘤、自身免疫病、获得性免疫缺陷综合征等）患者的治疗。③免疫核糖核酸：是将肿瘤细胞或病原微生物的抗原免疫动物，然后从免疫动物的淋巴细胞中提取的核糖核酸制品。能将供者对某抗原的特异性免疫信息传递给受者的 T 细胞，使正常淋巴细胞转化为具有特异性的致敏 T 细胞，以增强受者的细胞免疫及体液免疫功能，多用于治疗肿瘤及乙型肝炎。④干扰素（详见第 5 章第一节）。

考点：免疫学防治

思考：1. 人工主动免疫常用的生物制品有哪些？

2. 人工主动免疫与人工被动免疫有何区别？

3. 何谓凝集反应？常见类型有哪些？

小结

免疫学检测即用免疫学方法检测病原体、免疫活性物质，做出临床诊断或评估机体免疫功能状态等。包括抗原或抗体检测、免疫细胞检测两大类。

人工自动免疫是给机体注入抗原性物质（疫苗或类毒素），使机体免疫系统产生免疫应答而获得免疫力的方法。此种免疫力出现较晚，初次接种后1～4周才产生，维持时间长达半年至数年，多用于疾病的预防。

人工被动免疫是用含有特异性抗体的免疫血清、细胞因子或免疫细胞等制剂，直接注入机体，使之立即获得免疫力的方法。此种方法获得免疫力快，但维持时间短，为数日至数周，多用于治疗或紧急预防。

自 测 题

一、名词解释

1. 人工被动免疫 2. 人工自动免疫 3. 亚单位疫苗 4. 血清学反应 5. 凝集反应 6. 抗毒素 7. 类毒素 8. 疫苗

二、选择题

1. 下列哪项为人工自动免疫
   A. 母亲 IgG 通过胎盘　B. 注射丙种球蛋白
   C. 注射免疫血清　D. 患传染病
   E. 接种乙脑疫苗
2. 下列哪项为人工被动免疫
   A. 母亲 SIgA 通过初乳　B. 注射丙种球蛋白
   C. 隐性感染　D. 患传染病
   E. 接种乙肝疫苗
3. 下列哪项为死疫苗
   A. 卡介苗
   B. 伤寒、副伤寒甲乙三联疫苗
   C. 脊髓灰质炎疫苗
   D. 风疹疫苗
   E. 麻疹疫苗
4. 关于玻片凝集试验，叙述错误的是
   A. 是定性试验
   B. 用已知抗体检测未知抗原
   C. 用于鉴定血型
   D. 用于鉴定细菌
   E. 阳性结果是出现白色沉淀物
5. ELISA 双抗体夹心法通常用于检测
   A. 抗原　B. 抗体
   C. 酶标抗体　D. 酶底物
   E. 酶标抗原
6. ELISA 间接法检测抗体的包被物是
   A. 已知抗原　B. 已知抗体
   C. 酶标抗体　D. 酶底物
   E. 酶标抗原

（7～11 题共用选项）

A. 斑点金免疫层析试验　B. ELISA
C. 肥达试验　D. 直接凝集玻片法
E. 间接凝集试验

7. 鉴定某人血型应采用
8. 怀疑为伤寒患者应采用
9. 怀疑为乙肝患者应采用
10. 确定某妇女是否怀孕应采用
11. 诊断类风湿关节炎应采用

（12～15 题共用选项）

A. 死疫苗　B. 活疫苗
C. 类毒素　D. 抗毒素血清
E. 亚单位疫苗

12. 与相应外毒素具有相同免疫原性物质的是
13. 用免疫原性强而且无毒的活微生物制备而成的是
14. 注射前必须皮试的免疫制剂是
15. 提取有效免疫原成分制成的疫苗是

三、简答题

1. 人工主动免疫、人工被动免疫各有何特点？
2. 何谓免疫标记技术？常用方法有哪些？

（谢会平）

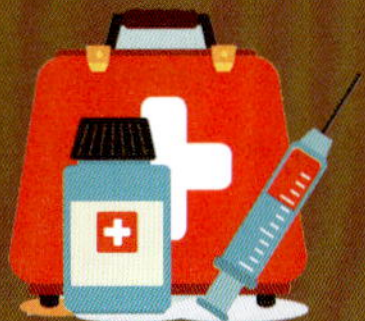

第4章 常见的病原菌

引言：病原菌是众多细菌中的“异己”分子，专门与人类作对，引起人类感染性疾病的发生。根据细菌的形态、致病性等特点把病原菌分为很多种类（图4-1）。作为医学基础学科，医学生必须了解各种病原菌的生物学性状、致病性、免疫性、微生物检查等内容，为今后学习各临床学科打下基础。

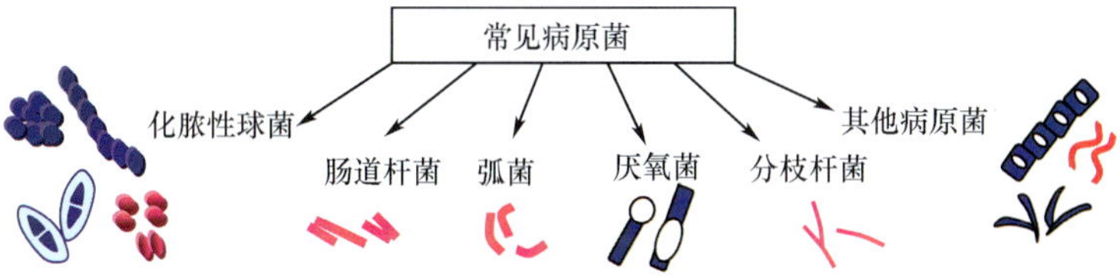

图4-1　常见病原菌种类

第一节　化脓性球菌

通过创伤感染和医院内感染等能够感染人体并引起化脓性炎症的一类细菌称为化脓性细菌。化脓性球菌根据革兰染色性的不同，分为革兰阳性菌和革兰阴性菌两类；前者有葡萄球菌、链球菌、肺炎链球菌等；后者有脑膜炎奈瑟菌、淋病奈瑟菌等。化脓性杆菌以革兰阴性杆菌为多，如大肠埃希菌、变形杆菌、铜绿假单胞菌等。

一、葡萄球菌属

葡萄球菌属是一类革兰阳性球菌，常排列呈葡萄串状（图4-2）。广泛分布于自然界、人和动物的体表及与外界相通的腔道中，多为非致病菌。医务人员的带菌率可高达70%，是医院内交叉感染的重要来源。葡萄球菌是最常见的化脓性细菌，80%以上的化脓性感染由它引起。

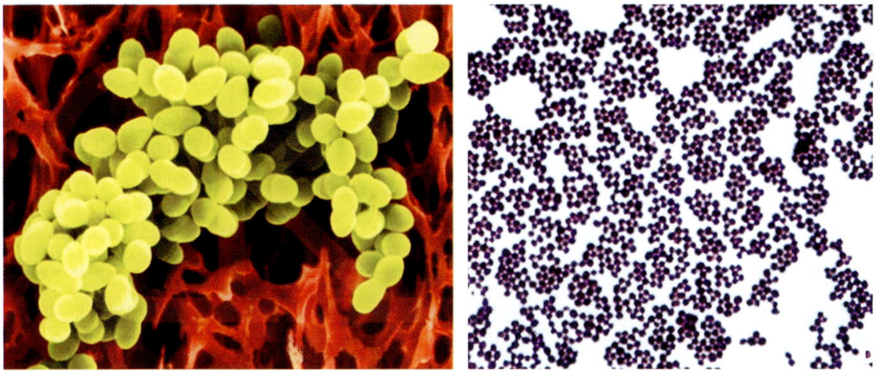

电镜下　　光镜下

图4-2　葡萄球菌

情境案例 4-1

患者,男性,10 岁。进食后出现恶心、呕吐、腹痛、腹泻就诊,1 小时以前在学校进课间餐后突发疾病,同班有 8 名同学出现相似的症状。查体:T 38℃、P 90 次/分、R 20 次/分、BP 112/70mmHg;WBC 13.0×10^9/L;取呕吐物及剩余食物进行微生物学检查,镜下见 G^+ 菌,球形,葡萄串状排列;普通培养基取呕吐物及剩余食物培养可见圆形、中等大小、金黄色菌落。

情境案例 4-1 临床分析

患者有急性食物中毒症状;体温升高,白细胞升高;呕吐物及剩余食物进行微生物学检查:G^+ 菌,球形,葡萄串状排列;培养:圆形、中等大小、金黄色菌落。根据病史、症状、体征和实验室检查结果,病人诊断为因食用被葡萄球菌污染的食物而中毒。

(一) 生物学性状

1. 形态与染色　球形,典型者排列呈葡萄串状(图 4-2),在脓汁或液体培养基中常成双或短链状排列。革兰染色阳性,衰老、死亡或被中性粒细胞吞噬后的菌体常转为革兰阴性。

2. 培养和生化反应　在普通培养基上生长良好,最适生长温度为 37℃,最适 pH 7.4,需氧或兼性厌氧。耐盐性强,能在含 10%~15% NaCl 培养基中生长。液体培养基中呈均匀混浊生长。普通琼脂平板上可形成圆形、凸起、边缘整齐、表面光滑、湿润、不透明的菌落。不同的菌株各产生金黄色、白色、柠檬色不同颜色的脂溶性色素,有助于鉴别细菌。在血琼脂平板上,有的菌株菌落周围形成明显的全透明溶血环(β 溶血)。触酶试验阳性,多数菌株能分解葡萄糖、麦芽糖和蔗糖,产酸不产气。致病性菌株能分解甘露醇。

3. 抗原构造　葡萄球菌抗原构造复杂,已发现的抗原有 30 种以上。较重要者为葡萄球菌 A 蛋白(SPA)。SPA 是存在于细胞壁的一种表面蛋白,90% 以上金黄色葡萄球菌菌株有此抗原。其次,还有荚膜抗原、多糖抗原等。

4. 分类　根据色素和生化反应不同分为金黄色葡萄球菌、表皮葡萄球菌和腐生葡萄球菌 3 种,其主要生物学性状见表 4-1。

表 4-1　三种葡萄球菌的主要生物学性状

性状	金黄色葡萄球菌	表皮葡萄球菌	腐生葡萄球菌
菌落色素	金黄色	白色	白色或柠檬色
凝固酶	+	-	-
葡萄糖	+	+	-
甘露醇发酵	+	-	-
α 溶血素	+	-	-
耐热核酸酶	+	-	-
蛋白 A(SPA)	+	-	-
致病性	强	弱或无	无

链接

金黄色葡萄球菌的流行病学一般有如下特点:多见于春夏季;中毒食品种类多,如奶、肉、蛋、鱼及其制品,剩饭、油煎蛋、糯米糕及凉粉等引起的中毒事件也有报道。上呼吸道感染患者鼻腔带菌率为 83%。一般来说,金黄色葡萄球菌可通过以下途径污染食品:食品加工人员、炊事员或销售人员带菌,造成食品污染;食品在加工前本身带菌或在加工过程中受到了污染,引起食物中毒;熟食制品包装不严,运输过程受到污染;奶牛患化脓性乳腺炎或禽畜局部化脓时,对肉体及其他部位的污染。

5. 抵抗力　在无芽孢细菌中抵抗力最强，在干燥的脓汁、痰液中可存活 2～3 个月；加热 60℃、1 小时（或 80℃、30 分钟）才被杀死；对碱性染料敏感，例如 1∶200 000～1∶100 000 甲紫溶液可抑制其生长，故常用 2%～4% 的甲紫治疗皮肤黏膜感染。随着抗生素的广泛使用，耐药菌株逐年增多。目前，金黄色葡萄球菌对青霉素的耐药菌株已达 90% 以上，尤其是耐甲氧西林金黄色葡萄球菌（MRSA）已成为院内感染最常见的致病菌。

（二）致病性与免疫性

1. 致病物质

（1）血浆凝固酶：能使人或兔血浆发生凝固，是鉴别葡萄球菌有无致病性的重要指标。血浆凝固酶有两种：一种是分泌至菌体外的能使纤维蛋白原变成纤维蛋白沉积在病灶周围的游离凝固酶；另一种是结合于菌体表面的能使血浆纤维蛋白沉积于菌体表面的结合凝固酶。两种均能阻止吞噬细胞对细菌的吞噬与杀灭，保护细菌免受体液中杀菌物质的破坏，并使感染局限化，且脓汁黏稠。

（2）葡萄球菌溶血素：是损伤细胞膜的外毒素，包括 α、β、γ、δ 等，对人致病的主要是 α 溶血素，对红细胞、白细胞、血小板、肝细胞、成纤维细胞、血管平滑肌细胞均有损伤作用。还能使局部小血管收缩，导致局部组织缺血或坏死。

（3）杀白细胞素：攻击中性粒细胞和巨噬细胞，使细菌能抵抗宿主吞噬细胞吞噬，增强葡萄球菌的侵袭力。

（4）肠毒素：约 50% 临床分离的金黄色葡萄球菌可产生肠毒素，为外毒素，耐热，100℃、30 分钟不被破坏，能抵抗胃液中蛋白酶的水解作用。食入肠毒素可引起以消化道为主要症状的食物中毒。

（5）表皮剥脱毒素：又称表皮溶解毒素，为外毒素，具有免疫原性。表皮剥脱毒素可使表皮与真皮分离，引起烫伤样皮肤综合征，亦称剥脱性皮炎。

（6）毒性休克综合征毒素-1（TSST-1）：可增加宿主机体对内毒素的敏感性，使毛细血管通透性增强，可引起机体多个器官系统的功能紊乱或毒性休克综合征。

2. 所致疾病

（1）化脓性炎症：①皮肤软组织感染：如毛囊炎、疖、痈、睑腺炎、甲沟炎、伤口化脓等。其特点是脓汁黄而黏稠，病灶多局限，与周围组织界限明显。②内脏器官感染：金黄色葡萄球菌进入血流，并随血流播散，可引起肺炎、中耳炎、胸膜炎、心内膜炎等。③全身感染：若外力挤压疖、痈或切开未成熟脓肿可导致细菌扩散，引起败血症、脓毒血症等。

（2）毒素性疾病：一般由金黄色葡萄球菌产生的相关外毒素引起。①食物中毒：由肠毒素引起。食入被肠毒素污染的食物 1～6 小时后出现剧烈的恶心、呕吐及腹泻症状，呕吐最为突出。发病 1～2 天可自行恢复，预后良好。②烫伤样皮肤综合征：由产生表皮剥脱毒素的金黄色葡萄球菌引起。初起皮肤出现弥漫性红斑，48 小时内表皮起皱，继而形成水疱，最后表皮上层脱落。③毒性休克综合征：由产生 TSST-1 的金黄色葡萄球菌引起。表现为突发的高热、呕吐、腹泻、皮肤猩红热样皮疹。严重者可出现低血压及心肾衰竭，导致休克。④葡萄球菌性肠炎：又称假膜性肠炎。正常人群中有 10%～15% 的人肠道中寄生有少量金黄色葡萄球菌。由于长期使用广谱抗生素，杀灭肠道中不耐药的优势菌群，如脆弱类杆菌、大肠埃希菌等，使耐药的金黄色葡萄球菌大量繁殖产生肠毒素，引起以腹泻为主的临床症状。葡萄球菌性肠炎本质是一种菌群失调性肠炎，病理特点是肠黏膜覆盖一层由炎症渗出物、肠黏膜坏死组织和细菌组成的炎性假膜。

3. 免疫性　人类有一定的天然免疫力，患病后也能获免疫力，但维持时间短，难以防止再次感染。

（三）微生物学检查

1. 标本采集　根据不同疾病采取不同标本，如脓汁、分泌液、脑脊液、血液、呕吐物、粪便。

2. 直接涂片镜检　取标本直接涂片革兰染色后油镜下观察，发现革兰阳性球菌，葡萄串状排列，可作初步诊断。

3. 分离培养和鉴定　将脓汁标本接种血琼脂平板(血液标本需先增菌),培养后挑取可疑菌落涂片革兰染色,根据菌体形态、染色性、菌落特征以及通过血浆凝固酶试验、甘露醇发酵试验和耐热核酸酶试验等进行鉴定。

4. 肠毒素检查　目前主要采用免疫学方法检测肠毒素,其中以 ELISA 法为实用,ELISA 法可检测到纳克水平的肠毒素,且能在 30 分钟内完成。

(四) 防治原则

注意个人卫生,及时处理皮肤创伤;加强食品卫生管理;严格无菌操作,防止医院感染;合理使用抗生素,根据药敏试验选用药物。对反复发作疖病的患者,可使用自身菌苗疗法,有一定疗效。

二、链球菌属

链球菌属是另一类常见的化脓性球菌。广泛分布于自然界和人体鼻咽部、胃肠道等处,多为人体正常菌群,少数为致病性链球菌,可引起各种化脓性炎症、猩红热、新生儿败血症、脑膜炎及链球菌疾病等。

(一) 生物学性状

1. 形态与染色　球形或椭圆形,链状排列,长短不一,链的长短与菌种、生长环境有关,幼龄菌大多可见到透明质酸形成的荚膜,革兰阳性(图 4-3)。

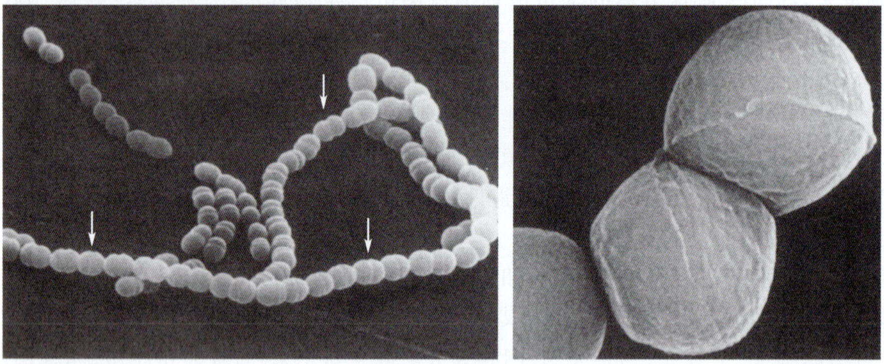

图 4-3　链球菌

2. 培养与生化反应　营养要求较高,在含血液、血清的培养基上才能生长,需氧或兼性厌氧,少数为专性厌氧。最适生长温度为 37℃,最适 pH 为 7.4～7.6。在液体培养基中形成絮状沉淀沉于管底;在血平板上可形成圆形、灰白色、表面光滑、透明或半透明的细小菌落,不同菌株溶血情况不一。其能分解葡萄糖,一般不分解菊糖,不被胆汁溶解。

3. 抗原构造　链球菌抗原构造较复杂,主要有多糖抗原或称 C 抗原、蛋白质抗原或称表面抗原、核蛋白抗原或称 P 抗原等。

4. 分类　根据溶血现象分为 3 种链球菌,其致病性也不同(表 4-2)。根据抗原结构分类:按细胞壁中多糖抗原不同,可分为 20 群,对人致病的球菌 90% 属于 A 群。A 群链球菌根据 M 抗原不同可分成 100 多个型。

表 4-2　三种链球菌的溶血现象及致病性

类别	名称	溶血现象	致病性
甲型溶血性链球菌	α 溶血	草绿色溶血环	条件致病菌
乙型溶血性链球菌	β溶血	宽大透明的溶血环	致病性强
丙型链球菌	γ 溶血	无溶血环	一般无致病性

5. 抵抗力　本菌抵抗力不强，加热 60℃、30 分钟死亡；在干燥尘埃中可存活数月；对一般消毒剂敏感；对青霉素、红霉素、氯霉素、四环素和磺胺药等均敏感，青霉素是链球菌的首选药物，极少产生耐药性。

（二）致病性与免疫性

主要致病菌是 A 群链球菌，其较强的侵袭力取决于能产生多种胞外酶及毒素。

1. 致病物质

（1）与侵袭力有关的物质

1）脂磷壁酸（LTA）：围绕在 M 蛋白外层，是该菌定居在机体皮肤和呼吸道黏膜等表面的主要侵袭因素。

2）M 蛋白：具有抗吞噬作用及抗吞噬细胞内的杀菌作用。M 蛋白与心肌、肾小球基膜有共同抗原，能刺激机体产生特异性抗体，损伤心脏、肾脏等组织，引起超敏反应。

3）侵袭性酶：①链激酶（SK）：又称链球菌溶纤维蛋白酶，能使血液中的纤维蛋白酶原转化成纤维蛋白酶，可溶解血块或阻止血液凝固，有利于细菌扩散。②链道酶（SD）：又称链球菌 DNA 酶，能降解脓液中高黏性 DNA，使脓液稀薄，有利于细菌扩散。③透明质酸酶：又称扩散因子，能分解细胞间质的透明质酸，使细菌易在组织中扩散。

（2）外毒素

1）链球菌溶血素：有溶解红细胞，破坏白细胞、血小板及毒害心肌的作用，按对氧的稳定性分为溶血素 O 和溶血素 S 两种。①链球菌溶血素 O（SLO），对氧敏感，遇氧时失去溶血活性。SLO 抗原性强，85%～90% 的链球菌感染者于感染后 2～3 周至病后数月到 1 年内可检出 SLO 的抗体，风湿热患者血清中 SLO 抗体效价明显升高。因此，测定 SLO 抗体效价可作为链球菌感染和风湿热的辅助诊断。②链球菌溶血素 S（SLS），无免疫原性，对氧稳定，血平板所见透明溶血环是由 SLS 引起的。

2）致热外毒素：又称红疹毒素或猩红热毒素，是人类猩红热的主要致病物质，属外毒素，是蛋白质，对热稳定，对机体具有致热作用和细胞毒作用，引起发热和皮疹。

2. 所致疾病　链球菌可引起人类多种疾病，其中 A 群链球菌占 90% 以上，可分为化脓性感染、毒素性疾病及超敏反应性疾病。

（1）化脓性感染：①局部皮肤及皮下组织感染：如丹毒、淋巴管炎、蜂窝织炎、痈、脓疱疮等。其特点是脓汁稀薄，病灶与周围组织界限不清，感染易扩散。②其他系统感染：如扁桃体炎、咽炎、鼻窦炎、中耳炎及产褥热等。

（2）中毒性疾病：如猩红热，是由产生致热外毒素的 A 族链球菌引起的呼吸道传染病。临床特征为发热、全身弥漫性鲜红色皮疹及皮疹退后明显的脱屑。

（3）超敏反应性疾病

1）风湿热：临床表现以关节炎、心肌炎为主。其致病机制：①链球菌的某些抗原和心肌有共同抗原，机体针对链球菌产生的抗体与其发生交叉反应，属Ⅱ型超敏反应。②M 蛋白和相应抗体形成的免疫复合物沉积于心瓣膜和关节滑膜腔上造成，属Ⅲ型超敏反应。

2）急性肾小球肾炎：多见于儿童和少年，临床表现为蛋白尿、水肿和高血压。其致病机制与风湿热相同。

3. 免疫性　链球菌感染后，可获得一定的免疫力，主要是抗 M 蛋白抗体，此抗体于链球菌感染数周至数月内可在患者血清中测出，一般存在 1～2 年，有的甚至长达 10～30 年。由于其型别多，型别间无交叉免疫，故常反复感染。猩红热患者可产生同型的致热外毒素抗体，对同型菌有较牢固的免疫力。不同型 M 蛋白均可诱生 γ 干扰素，借以增强吞噬功能。

(三) 微生物学检查法

1. 标本　根据不同疾病采取不同的标本。可取脓液、咽拭子、血液等。

2. 直接涂片镜检　脓液标本可直接涂片,革兰染色后镜检。发现典型链状排列的革兰阳性球菌可初步诊断。

3. 分离培养和鉴定　将标本接种于血琼脂平板(血液标本需先增菌),培养后挑取可疑菌落涂片染色镜检,根据菌体形态、染色性、菌落特点、溶血性及生化试验进行鉴定。

4. 血清学试验　抗链球菌溶血素O试验,简称抗"O"试验,用于风湿热的辅助诊断。风湿热患者血清中抗O抗体比正常人显著增高,大多在250U,活动性风湿热患者一般超过400U。

(四) 防治原则

对病人和带菌者应及时治疗,以减少传染源。注意空气、器械、敷料等的消毒灭菌。对急性咽炎、扁桃体炎患者,要早期彻底治疗,防止风湿热或急性肾小球肾炎等的发生。治疗首选青霉素。

三、肺炎链球菌

肺炎链球菌简称肺炎球菌,常寄居于正常人的鼻咽腔中,一般不致病,少数菌株可以引起大叶性肺炎等疾病。

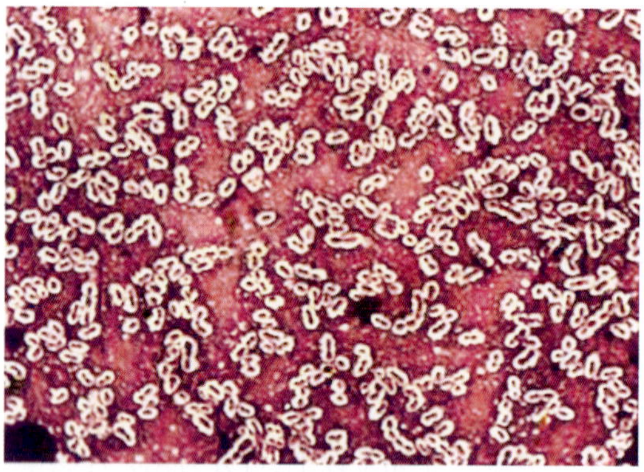

图4-4　肺炎链球菌

(一) 生物学性状

1. 形态与染色　菌体呈矛头状,宽端相对,尖端相背,多成双排列,在痰液、脓汁、肺组织病变中亦可呈单个或短链状。在机体内或含血清培养基中可形成较厚的荚膜,此为本菌的重要特征,革兰染色阳性(图4-4)。

2. 培养特性　营养要求较高,在含血液或血清的培养基中生长,兼性厌氧。最适生长温度为37℃,pH为7.4~7.8。在血平板上生长的菌落细小、圆形、光滑、扁平、透明或半透明,直径为0.5~1.5mm,菌落周围有狭窄的草绿色溶血环。

3. 抗原构造　荚膜多糖抗原和菌体抗原。

4. 抵抗力　较弱,56℃、15~30分钟即被杀死。对一般消毒剂、肥皂等敏感,在3%苯酚或0.1%升汞溶液中1~2分钟即死亡。干燥痰中抵抗力较强,在干痰中可存活1~2个月。对青霉素、红霉素、林可霉素等敏感。

(二) 致病性与免疫性

1. 致病物质　本菌的致病物质主要是荚膜。此外,该菌产生的溶血素O、紫癜形成因子及神经氨酸酶等物质也与致病性有关。

2. 所致疾病　正常寄居在上呼吸道,不致病,只有当机体抵抗力减弱时,尤其在呼吸道病毒感染后或婴幼儿、老年体弱者易发生,引起大叶性肺炎。病人出现发热、咳嗽、胸痛、咳铁锈色痰。可继发胸膜炎、脓胸,也可引起支气管肺炎、中耳炎、乳突炎、鼻窦炎、心内膜炎、脑膜炎及败血症等。病后对同型肺炎球菌感染可建立较牢固的免疫力,其免疫机制是产生抗荚膜多糖抗体,增强吞噬功能。

(三) 微生物学检查法

根据不同疾病采取不同标本,如痰液、脓液、血液、脑脊液等。可直接涂片镜检,如发现成双排列、有荚膜的革兰阳性球菌,即可作出初步诊断。确诊需进行细菌的分离培养和鉴定。

（四）防治原则

锻炼身体，增强体质，提高机体免疫力。注射多价肺炎球菌荚膜多糖疫苗对儿童、老年人和慢性病患者有较好的预防效果。治疗可选用青霉素、红霉素、林可霉素等。肺炎链球菌耐药菌株日益增多，治疗前做药敏试验来指导用药。

四、脑膜炎奈瑟菌

脑膜炎奈瑟菌简称脑膜炎球菌，属奈瑟菌属，是流行性脑脊髓膜炎（简称流脑）的病原菌。

（一）生物学性状

1. 形态与染色　肾形或豆形，凹面相对，成双排列，有菌毛，革兰阴性。在患者脑脊液中细菌大多位于中性粒细胞内，形态典型，具有早期诊断的价值。新分离菌株多有荚膜和菌毛（图4-5）。

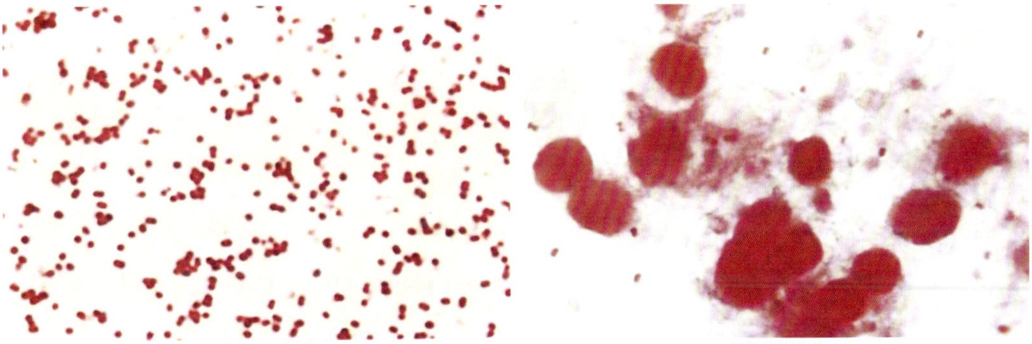

纯培养物涂片　　脑脊液涂片

图4-5　脑膜炎奈瑟菌

2. 培养特性　营养要求高，常用巧克力培养基，在含有血清、血液、腹水等的培养基中才能生长，分解糖类产酸、不产气。专性需氧，初次分离需5%～10% CO_2。在巧克力平板上形成圆形、隆起、光滑、无色透明似露滴状的细小菌落。因产生自溶酶，超过48小时即死亡。

3. 抗原构造　脑膜炎球菌的抗原主要有荚膜多糖群特异性抗原、外膜蛋白型特异性抗原、脂多糖抗原和核蛋白抗原。

4. 抵抗力　很弱，对热、寒冷、干燥及常用消毒剂均敏感。室温中3小时死亡，可产生自溶酶，所以标本应注意保温、保湿，最好床边接种。对青霉素、磺胺药均敏感，但易产生耐药性。

（二）致病性与免疫性

1. 致病物质

（1）荚膜：具有抗吞噬作用，能增强细菌对机体的侵袭力。

（2）菌毛：能使细菌黏附在呼吸道上皮细胞表面，有利于细菌在机体体内附着、定居和繁殖。

（3）内毒素：是主要致病物质。内毒素作用于小血管或毛细血管，引起血栓、出血。

2. 所致疾病　可致流行性脑脊髓膜炎。其传染源是病人和带菌者。该菌可寄生于正常人的鼻咽腔内，流行期间人群中带菌率高达20%～70%。主要通过呼吸道或接触到被污染的物品传播，冬春季流行，易感者多为15岁以下儿童。脑膜炎球菌首先侵入鼻咽部繁殖。发病轻重与机体免疫力强弱有关，机体免疫力强者，多无症状或只表现上呼吸道炎症；只有少数机体免疫力低下者，细菌大量繁殖后入血引起菌血症或败血症，病人突然出现寒战、高热、恶心、呕吐、皮肤黏膜出血点或瘀斑。重者可因细菌突破血-脑屏障引起脑脊髓膜化脓性炎症，出现剧烈头痛、喷射性呕吐、颈项强直等脑膜刺激症状，甚至可出现中毒性休克、DIC或死亡。

3. 免疫性　以体液免疫为主。6个月内的婴儿通过母体获得IgG抗体，很少发生感染。6个月后来自母体的抗体水平逐渐下降，婴儿对脑膜炎球菌的易患性逐渐增强，故6个月～2岁年龄组婴儿免疫力最低，且血-脑屏障发育不完全，故发病率高于成人。

情境案例 4-2

患者，女性，12岁。突然寒战、高热、恶心、呕吐两天就诊。询问本班前几天有同学因“脑膜炎”请假。病人精神委靡，T 39℃，前臂皮下有出血点，取脑脊液涂片革兰染色：细菌呈肾形，凹面相对，成双排列，革兰阴性。

情境案例 4-2 临床分析

病人有接触史；有寒战、高热、恶心、呕吐等症状；T 39℃，前臂皮下有出血点；脑脊液涂片革兰染色：细菌呈肾形，凹面相对，成双排列，革兰阴性。根据病史、症状、体征和实验室检查结果，病人诊断为脑膜炎奈瑟菌感染。

（三）微生物学检查法

1. 标本　可取脑脊液、血液或刺破出血瘀斑取渗出物做涂片或培养。带菌者检查可取鼻咽拭子。标本注意保暖、保湿，并立即送检，最好是床边接种。

2. 直接涂片镜检　取标本涂片，革兰染色或亚甲蓝染色后镜检。如在中性粒细胞内、外有革兰染色阴性双球菌时，可初步诊断。

3. 分离培养与鉴定　血液与脑脊液先增菌，再接种到巧克力平板上，置于含5%～10% CO_2 的环境中孵育。挑取可疑菌落涂片镜检，并做生化反应及玻片凝集试验进行鉴定。

4. 快速诊断法　脑膜炎患者脑脊液及血清中存在脑膜炎奈瑟菌可溶性抗原。因此，可采用已知的抗体检测有无相应的抗原。常用对流免疫电泳和SPA协同凝集试验。

（四）防治原则

早期隔离治疗病人，控制传染源。对儿童接种流脑荚膜多糖疫苗进行特异性预防。流脑的治疗首选药物为青霉素和磺胺药。

五、淋病奈瑟菌

淋病奈瑟菌简称淋球菌，属奈瑟菌属，是我国目前发病人数最多的性传播疾病——淋病的病原体。淋病奈瑟菌主要侵犯人类泌尿生殖道黏膜，引起化脓性炎症。

（一）生物学性状

1. 形态与染色　形态与脑膜炎奈瑟菌相似，圆形或卵圆形，常成双排列，革兰染色阴性。急性期标本中本菌常位于中性粒细胞内，慢性期则多位于中性粒细胞外。有菌毛，分离初期有荚膜（图4-6）。

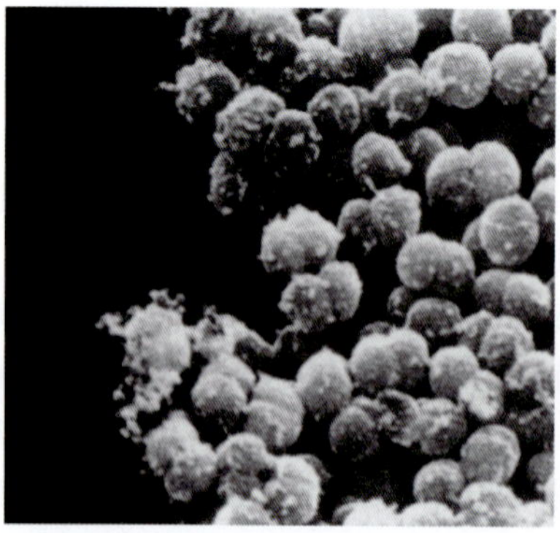

电镜下

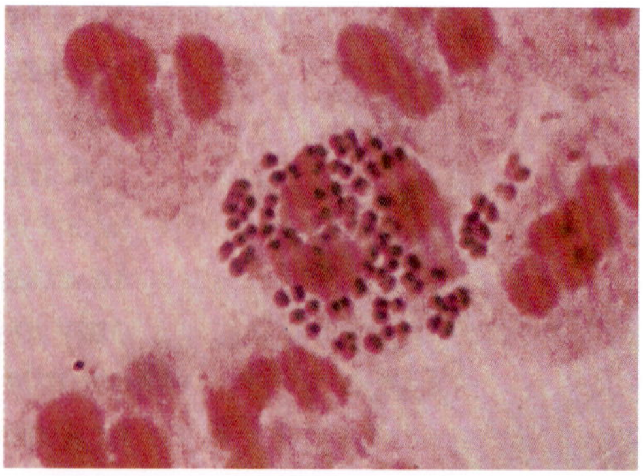

光镜下

图4-6　淋病奈瑟菌

2. 培养特性　营养要求高，常用巧克力培养基，专性需氧。最适生长温度为35～36℃，最适pH为7.5，初次分离需5%～10% CO_2。在巧克力平板上形成圆形、隆起、光滑、半透明、灰白色的细小菌落。

3. 抗原构造　淋病奈瑟菌的抗原主要有菌毛蛋白抗原、脂多糖抗原和外膜蛋白抗原。

4. 抵抗力　抵抗力弱，对热、寒冷、干燥及常用消毒剂极敏感。对青霉素、磺胺和链霉素等均敏感，但耐药菌株越来越多。

（二）致病性与免疫性

1. 致病物质

（1）菌毛：增强细菌与易感细胞的黏附作用。

（2）脂多糖：可使上皮细胞坏死、脱落，引起急性炎症反应。

（3）外膜蛋白：可损伤吞噬细胞，抵抗吞噬。

（4）IgA1蛋白酶：破坏黏膜表面特异性IgA1抗体，使细菌黏附于黏膜细胞表面。

2. 所致疾病　淋病是发病率最高的性传播疾病。人是淋病奈瑟菌感染的唯一宿主。传染源为病人和带菌者。经性接触传染，也可经病人分泌物污染的衣物、毛巾、浴盆等间接传染，引起男、女泌尿生殖道化脓性感染。潜伏期为2～5天，感染初期表现为男性前尿道炎、女性尿道炎与子宫颈炎，患者出现尿频、尿急、尿痛，尿道、子宫颈有脓性分泌物。如不及时治疗可扩散到生殖系统，引起慢性感染和不孕症。新生儿可通过产道感染，引起淋病性眼结膜炎，有大量脓性分泌物排出，又称脓漏眼。

3. 免疫性　人类对淋病奈瑟菌无自然免疫力，均易感，多数患者可以自愈，并出现特异性IgM、IgG和分泌型IgA抗体。但由于淋球菌抗原易变异，不能防止其再次感染。

情境案例4-3

患者，女性，20岁。以外阴灼热、刺痛、阴道黄色分泌物就诊。询问曾经有不洁性生活史。取阴道黄色分泌物，涂片革兰染色，发现在中性粒细胞内有革兰阴性双球菌。

情境案例4-3 临床分析

病人有不洁性生活史及外阴灼热、刺痛等症状；有黄色阴道分泌物；阴道黄色分泌物涂片革兰染色，发现在中性粒细胞内有革兰阴性双球菌。根据病史、症状和实验室检查结果，病人诊断为淋球菌感染。

（三）微生物学检查法

1. 标本　采取泌尿生殖道、眼结膜脓性分泌物。淋病奈瑟菌抵抗力弱，标本采集后应注意保湿、保温，并尽快检测。

2. 直接涂片镜检　标本直接涂片，革兰染色镜检。如观察到中性粒细胞内大量成双排列的革兰阴性球菌时，具有诊断意义。

3. 分离培养与鉴定　将标本划线接种于预温的巧克力色琼脂平板上，在5%～10% CO_2环境中培养24～48小时，挑选可疑菌落涂片染色镜检，进一步鉴定可做氧化酶试验、糖发酵试验、免疫荧光试验等。

4. 核酸检测　采用PCR检测淋病奈瑟菌特异的核酸序列，具有快速、敏感和特异的特点。

（四）防治原则

预防淋病应取缔娼妓、防止不正当的两性关系。婴儿出生时，不论产妇有无淋病，都应以1%硝酸银滴眼。治疗可使用青霉素、新青霉素等药物，在治疗淋病患者的同时，还应该治疗其性伙伴。因近年耐药菌株增加，须根据药敏试验来指导临床用药。

考点：葡萄球菌主要生物学性状、常见致病物质、可引起哪几种疾病；链球菌的生物学性状；A群链球菌的致病物质；链球菌所致疾病；肺炎链球菌具体的形态与染色特性；脑膜炎奈瑟菌的抵抗力；流脑的传播季节和传播途径；淋球菌的抵抗力、传染途径；淋病的防治原则。

思考：1. 葡萄球菌的形态学主要有哪些特点？可以通过哪些方面确定病人是被葡萄球菌感染的？

2. 链球菌的形态学主要有哪些特点？可以通过哪些方面确定病人是被链球菌感染的？

3. 肺炎链球菌属细菌的形态学主要有哪些特点？肺炎链球菌感染人类可以引起哪些疾病？

4. 脑膜炎奈瑟菌的形态学主要有哪些特点？感染人类可以引起哪些疾病？传播季节和传播途径是什么？

5. 淋球菌感染人类可以引起哪些疾病？淋球菌的传播途径是什么？如何检查是被淋球菌感染？怎样防治淋病？

小结

葡萄球菌是最常见的化脓性细菌，通过形态排列鉴别，其产生血浆凝固酶及多种毒素，引起化脓性炎症、毒素性疾病及菌群失调症。可通过皮肤创伤和血行播散。化脓性感染特点为脓汁黄而黏稠，病灶多局限，与周围组织界限明显。治疗前做药敏试验来指导临床用药。

引起化脓性感染的链球菌以A群多见，通过形态、排列方式鉴别，产生多种侵袭性酶类和毒素，引起化脓性感染、毒素性及超敏反应性疾病。化脓性感染的特点是脓汁稀薄，病灶与周围组织界限不清。抗O试验可测定近期链球菌感染。治疗首选青霉素。

肺炎链球菌可通过形态排列进行鉴别，是人类鼻咽部的正常菌群，多为继发感染，主要致病物质是荚膜，是大叶性肺炎的主要病原菌。

脑膜炎奈瑟菌是流行性脑脊髓膜炎（流脑）的病原体，由呼吸道传播。特异性预防接种流脑荚膜多糖疫苗可预防流脑。

淋病奈瑟菌引起淋病，通过性接触传播，治疗首选青霉素。1%硝酸银滴眼，可预防新生儿淋病性眼结膜炎。

自测题

一、填空题

1. 化脓性球菌主要包括革兰阳性球菌如________、________、________和革兰阴性球菌如________、________等。
2. 病原性球菌中能引起毒素性食物中毒的是______。
3. 按溶血现象链球菌可分为______、______、______三大类。
4. 对人致病的链球菌90%属群是______。
5. 培养脑膜炎奈瑟菌常用的培养基是______。
6. 淋病奈瑟菌主要以______方式传播引起淋病。

二、选择题

1. 葡萄球菌致急性胃肠炎的致病因素是
   A. 杀白细胞素　B. 溶血毒素
   C. 肠毒素　D. 血浆凝固酶
   E. 红疹毒素
2. 关于乙型溶血性链球菌叙述错误的是
   A. 是链球菌属中致病力最强的
   B. 感染后易扩散
   C. 可引起超敏反应性疾病
   D. 产生多种外毒素，故可用类毒素预防
   E. 对青霉素敏感
3. 肺炎链球菌的致病因素主要是
   A. 内毒素　B. 外毒素
   C. 荚膜　D. 菌毛
   E. 侵袭性酶
4. 淋病奈瑟菌的主要传播途径是
   A. 呼吸道传播　B. 消化道传播
   C. 伤口感染　D. 性接触传播
   E. 节肢动物叮咬
5. 链球菌感染后引起的变态反应性疾病是
   A. 产褥热　B. 风湿热
   C. 猩红热　D. 波状热
   E. 以上都不是

第二节　肠道杆菌

肠道杆菌是一大群寄居在人和动物肠道中的革兰阴性无芽孢杆菌，广泛分布于水、土壤或腐物中。多数肠道杆菌为正常菌群，但当人体免疫力低下或细菌侵入肠道以外部位时，也可引起疾病。少数为致病菌，如伤寒杆菌、痢疾杆菌、致病性大肠埃希菌等，引起肠道疾病。肠道杆菌的共同特性如下所述。

链接

肠道杆菌数量是人体细胞的 10 倍，重量是人体体重的 1/100～1/50，多为人体肠道内的正常菌群。肠道菌群编码了上百万个与物质代谢转化有关的基因，是人体内一个不可忽视的“代谢器官”，合成人类必需的一些营养物质，参与和影响人体的整体代谢。研究表明，儿童自闭症、老年痴呆、肥胖症等与肠道菌群有重要关系。

1. 形态与结构　中等大小两端钝圆的革兰阴性杆菌。无芽孢，多数有周身鞭毛，少数有荚膜。大多数有菌毛。

2. 培养特性　兼性厌氧菌，在普通培养基上生长良好，菌落光滑、凸起、湿润，边缘整齐，灰白色，直径 2～3mm。各种菌菌落相似，在液体培养基中呈均匀混浊生长。

3. 生化反应　能分解多种糖类和蛋白质，形成不同的代谢产物，常用于鉴别各菌属和菌种。乳糖发酵试验初步将肠道杆菌分为肠道致病菌和非致病菌，前者一般不分解乳糖，而后者多数能分解乳糖。

4. 抗原构造　肠道杆菌抗原构造复杂，主要有菌体（O）抗原、鞭毛（H）抗原、荚膜或包膜（K）抗原。O 抗原为耐热性菌体抗原，为细菌细胞壁的成分，化学成分是脂多糖。H 抗原存在于鞭毛中，化学成分是蛋白质，不耐热，60℃、30 分钟即被破坏。K 抗原位于 O 抗原外围，性质为多糖类；重要的 K 抗原有伤寒杆菌的 Vi 抗原、大肠埃希菌的 K 抗原等。

5. 抵抗力　不强，加热 60℃、30 分钟即死亡。对一般消毒剂敏感。但在自然界生存力强，在水和冰中可生存数月。对氯霉素、合霉素均敏感，但易产生耐药性。胆盐、煌绿对大肠埃希菌等非致病菌有选择性的抑制作用，可制备肠道杆菌选择性培养基以分离肠道致病菌。

一、埃希菌属

埃希菌属的细菌一般不致病，是人类与动物肠道中的正常菌群，其中以大肠埃希菌最为重要，大肠埃希菌又称大肠杆菌。

（一）生物学性状

多数菌株有周鞭毛，能运动，有菌毛。在选择性培养基上形成有颜色、不透明、较大的菌落（图 4-7）。主要有 O、H、K 三种抗原。O 抗原为脂多糖，已有 171 种，是分群的基础。H 抗原为蛋白质，有 60 余种。K 抗原有 103 种，为荚膜多糖抗原。

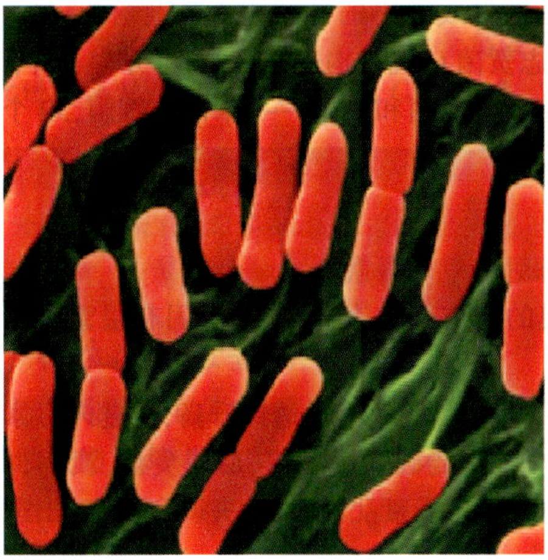

电镜下

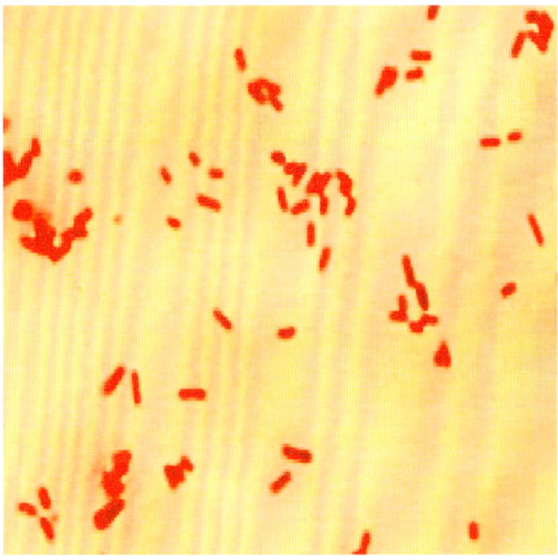

光镜下

图 4-7　大肠埃希菌

（四）防治原则

对病人及带菌者要早发现、早治疗，加强食品卫生管理，防蝇灭蝇。治疗可用磺胺类药、氨苄西林、庆大霉素、小檗碱、呋喃唑酮等。近年来试用口服福氏志贺菌和宋内志贺菌依赖链霉素菌株制成的多价活疫苗进行特异性预防。

三、沙门菌属

沙门菌属是一大群生化反应和抗原构造相似的革兰阴性杆菌。目前已被确定的沙门菌至少有2200多个血清型，对人致病的主要有伤寒杆菌和甲型副伤寒沙门菌、肖氏沙门菌、希氏沙门菌，对人和动物均能致病的主要有猪霍乱沙门菌、鼠伤寒沙门菌和肠炎沙门菌。

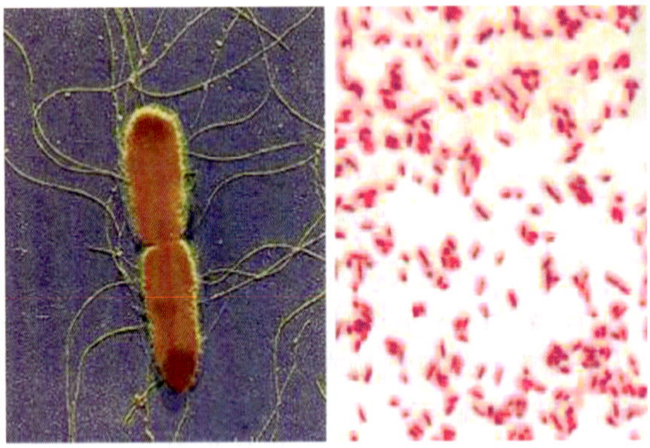

电镜下　　光镜下

图4-9　沙门菌

（一）生物学性状

1. 形态与染色　大小为(1.0～3.0)μm×(0.5～0.8)μm，革兰阴性杆菌。除鸡沙门菌外，绝大多数都有周鞭毛，能运动，多数有菌毛（图4-9）。兼性厌氧菌，在普通培养基上形成中等大小、半透明的S形菌落。在肠道选择性培养基上形成无色的菌落。大多数菌种能产生硫化氢，发酵葡萄糖、麦芽糖、甘露醇，除伤寒杆菌产酸不产气外，其他沙门菌均产酸、产气。生化反应对本属菌的鉴别有重要参考价值。

2. 抗原构造　主要有O抗原和H抗原，少数菌具有Vi抗原。O抗原可刺激机体主要产生IgM类抗体。H抗原易被热和乙醇破坏，可刺激机体产生IgG类抗体。Vi抗原又称毒力抗原，加热60℃或苯酚处理易被破坏，Vi抗体有助于伤寒、副伤寒带菌者的检出。

3. 抵抗力　弱，65℃、15分钟，70%乙醇或5%苯酚5分钟可杀死，对生石灰、氯敏感。在水中能存活2～3周，在粪便中1～2个月仍有传染性，在冰冻土壤中可过冬。对氯霉素极敏感。

（二）致病性与免疫性

1. 致病物质

（1）侵袭力：有毒株以菌毛吸附于小肠黏膜上皮细胞表面，并穿过上皮细胞层到达黏膜下层。Vi抗原具有抗吞噬作用。

（2）内毒素：毒性较强，可引起发热、白细胞减少、中毒性休克。内毒素可激活补体系统释放趋化因子，吸引白细胞，导致肠道局部炎症反应。

（3）肠毒素：某些沙门菌，如鼠伤寒沙门菌可产生肠毒素，引起水样腹泻。

2. 所致疾病

（1）伤寒和副伤寒：主要由伤寒杆菌和甲型副伤寒沙门菌、肖氏沙门菌、希氏沙门菌引起。传染源为病人或带菌者。伤寒的病程一般较长，3～4周，症状较重；副伤寒病程较短，症状较轻，1～3周即愈。病菌随食物等经口侵入，若未被胃酸杀死，则抵达小肠上部，以菌毛吸附在小肠黏膜表面，而后穿入黏膜上皮细胞侵入肠壁淋巴组织，经淋巴管至肠系膜淋巴结及其他淋巴组织并在其中繁殖，经胸导管进入血流，引起第一次菌血症。此即病程的第1周，称前驱期。病人有发热、全身不适、乏力等。细菌随血流至骨髓、肝、脾、肾、胆囊、皮肤等并在其中繁殖，被脏器中吞噬细胞吞噬的细菌再次进入血流，引起第二次菌血症。此期症状明显，即病程的第2～3周，病人持续高热、相对缓脉、肝脾肿大及出现全身中毒症状，部分病例出现玫瑰疹。胆囊中的细菌随胆汁排至肠道，一部分随粪便排出体外,部分菌可再次侵入,引起已致敏的肠壁淋巴结发生迟发型超敏反应,导致局部组织坏死和溃疡,如不注意饮食易引起肠出血和肠穿孔。肾脏中的细菌可随尿排出。第 4 周进入恢复期,患者逐渐康复。

伤寒病痊愈后,部分患者可自粪便或尿液继续排菌 3 周至 3 个月,称恢复期带菌者。少数人可排菌达 1 年以上,称长期带菌者。患慢性胆囊炎者易成为长期带菌者。

(2) 食物中毒(急性胃肠炎):多由鼠伤寒沙门菌、猪霍乱沙门菌、肠炎沙门菌等引起。系因食入未煮熟的病畜病禽的肉类、蛋类而发病。潜伏期短,一般为 4 ~24 小时,主要症状为发热、恶心、呕吐、腹痛、腹泻等症状,粪便偶带黏液。病程短,2 ~4 天可完全恢复。

(3) 败血症:儿童或免疫力低下的成人感染猪霍乱沙门菌、丙型副伤寒沙门菌、鼠伤寒沙门菌、肠炎沙门菌等引起。病菌进入肠道后很快进入血流,败血症症状严重,有高热、寒战、贫血,并可引起脑膜炎、骨髓炎、心内膜炎和肾小球肾炎等。

伤寒或副伤寒病后可获牢固的免疫力,很少再感染。以细胞免疫为主,体液免疫方面以局部的 SIgA 较重要,血循环中的特异性抗体对胞内寄生菌无多大作用。

(三) 微生物学检查法

根据伤寒和副伤寒的病程采取不同标本,通常第 1 周取血液,第 2 ~3 周取粪便或尿液,全程可取骨髓。急性肠炎患者取吐泻物和剩余食物。败血症取血液培养。

血液和骨髓标本,先用胆汁肉汤增菌。粪便或经离心沉淀的尿沉渣可直接接种于肠道杆菌选择培养基上,挑取无色半透明菌落进行生化反应和血清学凝集实验,做出细菌的鉴定。

常用肥达试验协助诊断伤寒和副伤寒:用已知伤寒杆菌 O、H 抗原和甲、乙型(或甲丙型)副伤寒杆菌 H 抗原与病人血清作定量凝集试验,以测定患者血清中相应抗体的含量。

1. 正常人抗体水平 可用肥达反应检测,即用已知的伤寒 O 抗原、H 抗原、副伤寒 H 抗原检测病人血清的相应抗体水平。正常人因隐性感染或预防注射,血清中可含有一定量抗体。其效价随各地区流行情况而不同。一般说来,伤寒 O 凝集价≥1∶80、H 凝集价≥1∶160、副伤寒 H 凝集价≥1∶80 有诊断价值。

2. H 抗体与 O 抗体在诊断中的意义 感染伤寒后,O 抗体(IgM 型)出现较早,维持时间短(几个月),H 抗体(IgG 型)出现较晚,维持时间长(可达数年)。因此,①若 H 抗体、O 抗体凝集价均超过正常值,则患伤寒、副伤寒的可能性大。②H 抗体与 O 抗体效价均低,则可能性甚小。③若 H 抗体效价高而 O 抗体低,可能系预防接种或曾感染过伤寒。④如 O 抗体效价高而 H 抗体低,可能是感染早期。抗体在发病后 1 周出现,病程中应逐周复查,若效价呈增长趋势有诊断意义,若病程第 3 周凝集价仍在 1∶80 以下,感染伤寒的可能性不大。

少数病例在整个病程中,肥达试验始终呈阴性。其原因可能是发病早期曾用大量抗生素治疗或病人的免疫功能低下所致。

情境案例 4-5

患者,女性,20 岁。发热、头痛、没有食欲 10 天就诊。有时有腹痛和触痛。曾进行治疗,具体不详。查体:舌苔白腻、色质红,胸前皮肤有淡红色皮疹,体温 39℃。实验室检查:白细胞减少,O 凝集价 1∶160,H 凝集价 1∶320,PA 1∶40,PB 1∶40。病人粪便标本分离培养出伤寒沙门菌。

情境案例 4-5 临床分析

病人有发热、头痛、没有食欲等症状,舌苔白腻、色质红,胸前皮肤有淡红色皮疹,有时腹痛和触痛;病人体温高,白细胞减少;病人粪便进行微生物学检查:分离培养出伤寒沙门菌;肥达试验:O 凝集价 1∶160,H 凝集价 1∶320 超过正常值。根据病史、症状和实验室检查结果,病人诊断为沙门菌感染。

(四) 防治原则

加强饮水、食品卫生监督和管理;及时发现病人,隔离治疗。可采用伤寒、副伤寒死菌苗皮下接种，虽有一定的保护作用，但常引起局部和全身反应。

治疗伤寒首选氯霉素，能抑制胞外菌生长，但对胞内菌无作用。对氯霉素耐药者可用氨苄西林或复方磺胺甲噁唑或呋喃唑酮治疗。

四、变形杆菌属

变形杆菌属为多形性的革兰阴性杆菌，有周鞭毛，广泛分布于自然界及人和动物肠道中。在普通固体培养基上常呈扩散生长。本属菌有 O 和 H 两种抗原。本属菌中某些特殊菌株如 OX_{19}、OX_2 及 OX_K 与某些立克次体间有共同抗原，故临床上采用这些变形杆菌代替立克次体抗原，与斑疹伤寒、恙虫病患者血清进行凝集反应，即外斐（Weil-Felix）反应，作为立克次体病的辅助诊断。

本属菌为条件致病菌，常引起继发感染，如泌尿系统感染、创伤感染，也可引起食物中毒、婴幼儿腹泻。变形杆菌易形成耐药性，治疗前应作药物敏感试验。一般采用氨苄西林、头孢霉素、庆大霉素、卡那霉素等治疗。

考点：肠道杆菌的共同特性、五种类型；大肠埃希菌细菌学检查的卫生学意义；志贺菌的主要致病物质、主要传播途径及引起的疾病；沙门菌的抵抗力、引起伤寒和副伤寒的机制；防治伤寒的具体要求；沙门菌微生物学检查中标本采取的时间；肥达反应原理、诊断标准及意义

思考：

1. 肠道杆菌的共同特性是什么？可以引起人类致病的肠道杆菌有哪些？
2. 如何看待大肠埃希菌存在于人类体内？大肠埃希菌细菌学检查有何意义？
3. 通过哪些方法检查是被志贺菌感染？志贺菌感染人类可以引起哪些疾病？志贺菌的传播途径是什么？送检病人标本时需注意哪些问题？通过微生物学方法查找病原菌时，需要注意哪些问题？
4. 沙门菌感染人类可以引起哪些疾病？可以通过哪种生化反应协助诊断伤寒和副伤寒？

小结

沙门菌经消化道传播，对人致病的主要有伤寒杆菌和甲型副伤寒沙门菌、肖氏沙门菌、希氏沙门菌，对人和动物均能致病的主要有猪霍乱沙门菌、鼠伤寒沙门菌和肠炎沙门菌。借助菌毛及内毒素、肠毒素引起伤寒、副伤寒、食物中毒、败血症等，病愈后可获得牢固免疫力。肥达反应可辅助诊断伤寒和副伤寒。伤寒和副伤寒可用疫苗进行特异性预防。

志贺菌通过消化道感染，分为痢疾志贺菌、福氏志贺菌、鲍氏志贺菌、宋内志贺菌四群。主要以菌毛、内毒素、外毒素等致病物质引起细菌性痢疾，常表现为急性痢疾、慢性痢疾及中毒性痢疾三种类型。

自 测 题

一、填空题

1. 大多数肠道杆菌为正常菌群，但当侵犯________组织时可引起化脓性感染。
2. 肠道杆菌的抗原构造复杂，主要有________、________和________三种。
3. 大肠埃希菌的侵袭因素是________和________，所产生的肠毒素可分为________和________两种。
4. 我国卫生标准为 1000ml 饮水中大肠菌群数是________。
5. 沙门菌属中能引起食物中毒的细菌是________、________和________。
6. 志贺菌属引起的细菌性痢疾可分为________、________和________三型。
7. 致病性沙门菌可引起人类的________、________和________等疾病。
8. 肠热症病后获得的免疫力，主要是细菌性痢疾病后获得的免疫力，主要是________。

二、选择题

1. 以下不产生外毒素的细菌是
   A. 霍乱弧菌　B. 伤寒沙门菌
   C. 痢疾志贺菌　D. 鼠伤寒沙门菌
   E. 肠产毒性大肠埃希菌
2. 鉴别肠道致病菌和非致病菌经常选用
   A. 吲哚试验　B. 葡萄糖发酵试验
   C. 菊糖发酵试验　D. 乳糖发酵试验
   E. 甘露醇发酵试验
3. 下列无动力的细菌是
   A. 霍乱弧菌　B. 伤寒沙门菌
   C. 痢疾志贺菌　D. 大肠埃希菌
   E. 变形杆菌

4. 卫生学上检出何种细菌表示有粪便污染
A. 葡萄球菌　B. 变形杆菌
C. 沙门菌　D. 志贺菌
E. 大肠埃希菌

5. 大肠埃希菌能合成机体所需的
A. 抗毒素　B. 抗体
C. 维生素 B、K　D. 干扰素
E. 以上都不是

6. 我国规定的水、食品等卫生细菌学检查的指标菌是
A. 克雷伯菌　B. 变形杆菌
C. 沙门菌　D. 志贺菌
E. 大肠埃希菌

7. 具有 Vi 抗原的细菌是
A. 大肠埃希菌　B. 伤寒杆菌
C. 志贺菌　D. 脑膜炎奈瑟菌
E. 变形杆菌

第三节　弧　菌　属

弧菌属是一大群菌体短小、弯曲成弧形的革兰阴性菌。广泛分布于自然界，尤其以水中居多。该菌属种类众多，其中大多数为非致病菌，主要的致病菌有霍乱弧菌和副溶血性弧菌。

一、霍乱弧菌

霍乱弧菌是引起烈性传染病霍乱的病原体。分为古典生物型和 ELTor 生物型。

（一）生物学特性

1. 形态染色　典型的霍乱弧菌多呈弧形或逗点状，为(1.5～3)μm×(0.5～0.8)μm 大小的革兰阴性菌。有单鞭毛，运动活跃，有菌毛，少数菌株有荚膜。直接涂片染色镜检，可见弧菌排列如“鱼群”状(图 4-10)。

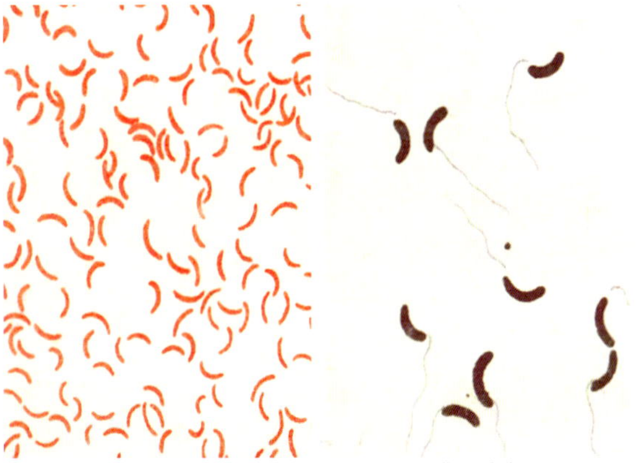

图 4-10　霍乱弧菌

2. 培养特性　营养要求不高，兼性厌氧，耐碱不耐酸。在 pH 8.8～9.0 的碱性蛋白水中或碱性琼脂平板上生长形成较大黄色菌落。

3. 抵抗力　较弱。耐低温、碱，在河水、井水、塘水中可存活 2 周以上。对热、酸、干燥、一般化学消毒剂敏感。对链霉素、氯霉素、四环素敏感，对庆大霉素耐药。

情境案例 4-6

患者，女性，45 岁。剧烈腹泻米泔水样便伴呕吐 1 天就诊。查体：疲倦面容，皮肤、唇舌干燥，眼窝深陷。T 37℃、P 105 次/分、R 25 次/分、BP 80/58mmHg。实验室检查：腹泻标本培养革兰染色示弧菌、“鱼群”状排列，革兰染色红色。

情境案例 4-6 临床分析

米泔水样腹泻。疲倦面容，皮肤、唇舌干燥，眼窝深陷。腹泻标本培养革兰染色：弧菌，“鱼群”状排列，G^-菌。初步诊断为霍乱弧菌和副霍乱弧菌感染。

（二）致病性与免疫性

1. 传染源和传染途径　患者和带菌者为传染源，主要通过污染的水源或食物经口感染，人是霍乱弧菌的唯一易感者。一次进入大量细菌（1×10^8）易发生感染，但胃酸降低时，少量细菌（1×10^3～1×10^5）即可感染。

2. 致病物质

(1) 侵袭力：霍乱弧菌借助鞭毛运动穿过肠黏膜表面的黏液层；借助菌毛黏附于肠上皮细胞并迅

速生长繁殖;黏液素酶液化黏液有助于细菌穿过黏液层。

(2) 霍乱肠毒素:是目前已知的致泻毒素中最为强烈的外毒素,由一个 A 亚单位(毒性中心)和 5 个相同的 B 亚单位(与受体结合的部位)构成。当 B 亚单位与肠黏膜上皮细胞表面神经节苷脂受体结合后,A 亚单位被导入细胞内裂解活化,活化后的 A_1 能激活腺苷酸环化酶,不断将细胞内 ATP 转化为 cAMP,胞内 cAMP 浓度的升高使肠黏膜上皮细胞分泌功能亢进,大量肠液(Na^+、K^+、HCO_3^-、H_2O 等)潴留于肠腔,从而导致严重腹泻与呕吐。

经研究发现 O_{139} 群还存在多糖荚膜和脂多糖,能黏附至小肠黏膜上并可抵抗血清中的杀菌物质。

(3) 所致疾病:霍乱。潜伏期一般为 1 天左右。病人表现为严重的呕吐、腹泻,腹泻物常呈米泔水样,导致严重脱水,甚至微循环障碍、电解质紊乱、代谢性酸中毒,严重者可出现肾衰竭和休克、死亡。部分患者病愈后可短期带菌,一般不超过 2 周,个别 ELTor 生物型患者病后带菌可长达数月或数年,病菌主要存在于胆囊中。

(4) 免疫性:病菌感染后诱导机体产生肠毒素抗体(IgG)和抗菌抗体(IgM)及黏膜表面抗体(SIgA)体现以体液免疫为主的保护性免疫。特别是 SIgA 在肠黏膜局部免疫中发挥重要的保护性作用,故病后可获得牢固免疫力,很少发生再感染。

链接:霍乱"寻根"

1817 年,霍乱在印度突然流行,此后 15 年,霍乱先后在印度北部、阿富汗和波斯至欧洲、俄罗斯等地流行,1831 年时传到英国,致使 7.8 万人丧生。英国著名的麻醉专家约翰·斯诺博士经过多次观察研究,最终证实了该病的流行是由于水源被污染所致。

(三) 微生物学检查

霍乱是烈性传染病,流行迅速,危害极大,应快速、准确确诊首例病人并及时上报疫情。

1. 标本采集　采集病人米泔样粪便、呕吐物或肛拭子,流行病学还应调查水样。在采集过程中应做到:尽早采样;及时送检或放入保存液安全保存;专人运送;粪尿不能混合。

2. 直接涂片镜检　标本用悬滴法观察有无穿梭样的细菌;革兰染色镜检观察有呈鱼群状排列的革兰阴性弧菌,可作出初步报告。

3. 分离培养　将标本接种于碱性蛋白胨水增菌后接种选择培养基分离培养,选择可疑菌落作凝集反应及生化反应等进一步鉴定。

4. 快速诊断法　用荧光抗体进行荧光菌球检测或协同凝集试验检测可溶性抗原,可将霍乱病人快速检出。

(四) 防治原则

早发现、早隔离、早治疗是防治霍乱的基本原则。加强检疫,及时检出病人,严格隔离治疗,必要时实行疫区封锁;加强饮水和食品卫生管理,培养良好的个人卫生习惯;接种霍乱死疫菌、口服减毒重组活疫苗和注射类毒素,可提高人群免疫力。及时补充体液,纠正水、电解质紊乱是治疗霍乱的关键,合理使用四环素、多西环素、氯霉素、诺氟沙星等抗生素,加速细菌的清除,减少肠毒素的产生。

二、副溶血性弧菌

副溶血性弧菌是一种嗜盐性弧菌,主要存在于近海的海水、海底沉积物和鱼、贝壳类等海产品中,是我国沿海地区的夏、秋季海产品食物中毒和急性腹泻的主要病原菌。本菌常呈多形态性,有鞭毛,在含 3.5%~5% 食盐培养基中,pH 7.5~8.5 及 37℃ 条件下,生长最为良好。对酸敏感,一般在 1% 食醋中 5 分钟即死。人因进食未煮熟的海产品或污染该菌的盐渍食物而感染,引起食物中毒。

考点:霍乱弧菌的生物学性状、致病性、微生物学检查及防治原则

思考:根据弧菌属细菌的传播途径,考虑我们应该如何防范该属细菌的感染。

小结

霍乱弧菌是引起霍乱的病原菌。其致病物质主要是霍乱肠毒素，导致病人严重的呕吐、腹泻，腹泻物常呈米泔水样。可因脱水过多导致中毒性休克死亡。治疗以补液、抗菌为主。

自 测 题

一、填空题

1. 霍乱弧菌有两个生物型，即________和________。
2. 霍乱弧菌生长时的适宜酸碱度为________。
3. 人是霍乱弧菌的______，主要通过污染的______或________经口感染。
4. 霍乱弧菌的致病因素主要是________、________和________等。
5. 霍乱肠毒素由________与________结合而成，其中________是毒性中心。
6. 霍乱病人的腹泻物呈________样，内含大量霍乱弧菌，直接涂片染色镜检可见呈________排列的细菌。

二、选择题

1. 吃海产品或盐渍食品引起食物中毒的细菌是
   A. 霍乱弧菌　　B. 大肠埃希菌
   C. 肉毒芽孢梭菌　　D. 痢疾志贺菌
   E. 副溶血性弧菌
2. 霍乱弧菌的主要致病因素是
   A. 内毒素　　B. 菌毛
   C. 鞭毛　　D. 肠毒素
   E. 酶
3. 霍乱弧菌在下列哪种培养基上生长良好
   A. 血清肉汤　　B. 肉浸液
   C. 碱性蛋白胨水　　D. 疱肉培养基
   E. 葡萄糖蛋白胨水
4. 关于霍乱，下述错误的是
   A. 为烈性传染病
   B. 人类是霍乱弧菌的唯一易感者
   C. 经口感染
   D. 对霍乱的免疫力主要是 SIgA 的作用
   E. 病后可获得短暂的免疫力

（杨　岸）

第四节　厌氧性细菌

厌氧性细菌是一群必须在厌氧环境中生长繁殖的细菌。根据能否形成芽孢，将厌氧性细菌分为两大类：厌氧芽孢梭菌属和无芽孢厌氧菌。

一、厌氧芽孢梭菌属

厌氧芽孢梭菌属是一群革兰染色阳性、能形成芽孢的大杆菌，芽孢直径比菌体宽，使菌体膨大呈梭形，故得名。主要分布于土壤和人、动物肠道中，大多数为腐生菌，少数为致病菌，主要有破伤风梭菌、产气荚膜梭菌、肉毒梭菌等。

情境案例 4-7

患者，男性，42 岁。因燃放鞭炮炸伤手指，出现浑身乏力、头晕头痛等症状 7 天来就诊。查体：患者牙关紧闭、张口困难、苦笑面容、颈部发僵、气息低微，出现阵发性痉挛。

情境案例 4-7 临床分析

病人有破伤风症状：外伤史；牙关紧闭、张口困难、苦笑面容、颈部发僵、阵发性痉挛。根据病史、症状，病人诊断为因伤口感染破伤风梭菌的破伤风。

（一）破伤风梭菌

破伤风梭菌是引起破伤风的病原菌。

1. 生物学性状　革兰阳性细长杆菌，有周鞭毛，无荚膜。芽孢正圆形，位于菌体顶端，直径比菌

在一定条件下，无芽孢厌氧菌可作为条件致病菌导致内源性感染。在临床厌氧菌感染中，无芽孢厌氧菌的感染占 90%，以混合感染多见。

（一）无芽孢厌氧菌的种类

无芽孢厌氧菌有革兰阳性或阴性的杆菌或球菌，其中以革兰阴性的脆弱类杆菌、产黑色素类杆菌及革兰阳性的消化链球菌引起的感染最为多见。而脆弱类杆菌的感染在临床上居首位。

（二）致病性

1. 致病条件　主要有：①寄居部位的改变；②机体免疫功能下降；③菌群失调；④局部形成厌氧微环境。

2. 致病物质　主要有：①菌体表面结构，即菌毛、荚膜；②毒素和侵袭性酶类，如肠毒素、溶血素、胶原酶、蛋白酶等；③改变其对氧的耐受性，以适应新的致病环境。

3. 感染特征　①内源性感染，感染部位可遍及全身，多呈慢性过程；②无特定病型，大多为化脓性感染，形成局部脓肿或组织坏死；③分泌物或脓液呈血色、黑色、乳白色或粉红色，有恶臭，有时有气体；④分泌物直接涂片镜检可见细菌，但普通培养法无细菌生长；⑤使用氨基糖苷类抗生素长期治疗无效。

4. 所致疾病　主要为化脓性感染，可遍及全身各组织器官，如中枢神经系统、口腔、女性生殖道及盆腔、呼吸道、腹腔的组织感染及败血症。

（三）防治原则

目前尚无特异性预防方法。手术时严格无菌操作，防止厌氧菌污染创口。外科清创引流是预防厌氧菌感染的重要措施。多数无芽孢厌氧菌对氯霉素、哌拉西林、甲硝唑等敏感。

考点：厌氧芽孢梭菌属的形态结构、致病性及防治。

思考：1. 破伤风梭菌的形态结构有哪些特点？破伤风梭菌通过什么途径感染人体，有哪些典型症状？如何有效预防破伤风？

2. 鉴别产气荚膜梭菌的主要特征是什么？

3. 肉毒梭菌的形态结构有哪些特点？其致病有何特点？如何有效预防？

小结

厌氧性细菌根据有无芽孢分为厌氧芽孢梭菌和无芽孢厌氧菌。

破伤风梭菌芽孢正圆形，位于菌体顶端，使细菌呈鼓槌状。细菌经伤口感染人体引起破伤风；致病物质是破伤风痉挛毒素。产气荚膜梭菌芽孢呈椭圆形，位于菌体次极端，不大于菌体横径；本菌能产生多种外毒素和侵袭性酶，引起气性坏疽和食物中毒。肉毒梭菌芽孢呈椭圆形，位于菌体的次极端，直径大于菌体横径，使细菌呈网球拍状；致病物质为肉毒毒素，可引起食物中毒和婴儿肉毒中毒。无芽孢厌氧菌是一大群寄居在人和动物体内的正常菌群，在一定条件下，无芽孢厌氧菌可作为条件致病菌导致内源性感染。

自测题

一、名词解释

汹涌发酵

二、填空题

1. 常见致病的厌氧芽孢梭菌有________、________和________。

2. 在牛奶培养基中有“汹涌发酵”现象的细菌是________________。

3. 破伤风梭菌的芽孢位于菌体的________，使细菌呈______状；肉毒梭菌的芽孢位于菌体的________，使菌体呈________状。

4. 肉毒梭菌经________感染，致病物质为________，引起以________为主要症状的食物中毒。

三、选择题

1. 破伤风特异性治疗可应用

A. 抗生素　　B. 抗毒素

C. 类毒素　　D. 细菌素

E. 干扰素

2. 下列哪项不是肉毒梭菌的特点

A. 肉毒毒素是毒性最强的毒物
B. 肉毒毒素主要作用于胆碱能神经末梢，抑制乙酸胆碱的释放
C. 食入含有肉毒毒素的食物致病
D. 革兰染色阳性，有芽孢，有荚膜
E. 肉毒中毒病死率高

3. 人工自动免疫预防破伤风应使用
A. 破伤风活疫苗　B. 破伤风死疫苗
C. 破伤风类毒素　D. 破伤风抗毒素
E. 破伤风外毒素

4. 毒性最强的毒素是
A. 破伤风痉挛毒素　B. 肉毒毒素
C. 肠毒素　D. 红疹毒素
E. 溶血素

5. 引起气性坏疽的主要病原菌是
A. 水肿杆菌　B. 肉毒梭菌
C. 溶组织杆菌　D. 破伤风梭菌
E. 产气荚膜梭菌

6. 足底被钉子扎伤，冲洗伤口最好选择
A. 20% 肥皂水　B. 3% 过氧化氢溶液
C. 5% 盐水　D. 10% 硝酸银溶液
E. 生理盐水

7. 需在厌氧条件下生长繁殖的细菌是
A. 破伤风梭菌　B. 炭疽芽孢杆菌
C. 葡萄球菌　D. 白喉棒状杆菌
E. 沙门菌

第五节　分枝杆菌属

分枝杆菌属是一类细长略弯曲的杆菌，因有分枝生长趋势而得名。由于菌体含脂质高，不易着色，但经加温或延长染色时间着色后能抵抗盐酸乙醇的脱色，故又称抗酸杆菌。对人致病的主要有结核分枝杆菌和麻风分枝杆菌。

情境案例 4-8

患者，女性，32 岁。因发热、咳嗽、血痰、胸痛 1 周入院。近 3 个月出现低热，午后体温升高，咳嗽，曾被诊断为“感冒”，给予抗感冒治疗，疗效欠佳。半年来明显厌食、消瘦、夜间盗汗。胸部检查无明显异常，X 线检查可见双肺纹理增粗，右肺尖有片状阴影，结核菌素试验强阳性。

情境案例 4-8 临床分析

病人有肺结核症状：午后体温升高；咳嗽、血痰、胸痛；结核菌素试验强阳性；X 线检查双肺纹理增粗，右肺尖有片状阴影。根据病史、症状、体征、实验室检查结果和 X 线片检查结果，病人诊断为感染结核分枝杆菌的肺结核。

一、结核分枝杆菌

结核分枝杆菌俗称结核杆菌，是引起结核病的病原菌。该菌可侵犯全身各组织器官，但以肺结核最多见。随着抗结核药物的不断发展和卫生状况的改善，世界各国结核病的发病率和死亡人数曾大幅度下降。但 20 世纪 80 年代后，由于艾滋病（获得性免疫缺陷综合征）、吸毒、免疫抑制剂的应用、酗酒、贫困及结核分枝杆菌耐药菌株的出现等原因，结核病的发病率又有不断上升的趋势。目前全球每年新发结核病例约 900 万，每年死于结核病的人数达 300 万之多，其中发展中国家占 95%。我国每年死于结核病的人数约有 25 万。因此，结核病再次成为亟待解决的全球性公共卫生问题。

（一）生物学性状

1. 形态与染色　结核分枝杆菌菌体细长略弯曲，大小为（1～4）μm×0.4μm，呈单个或分枝状排列，有荚膜。常用抗酸染色法染色，结核分枝杆菌染成红色，其他非抗酸菌和细胞则染成蓝色（图 4-15、图 4-16）。

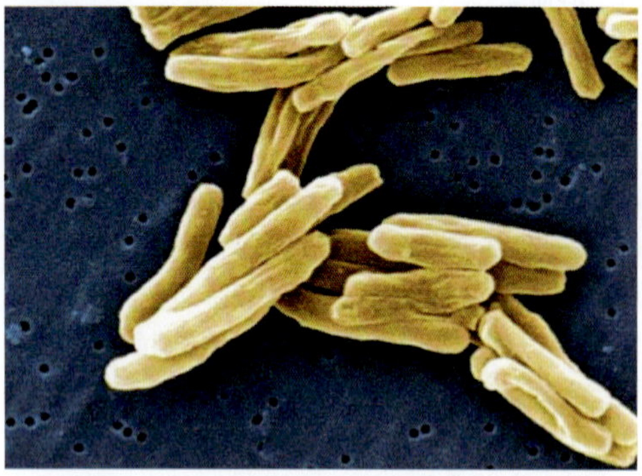
图 4-15 扫描电子显微镜下的结核分枝杆菌

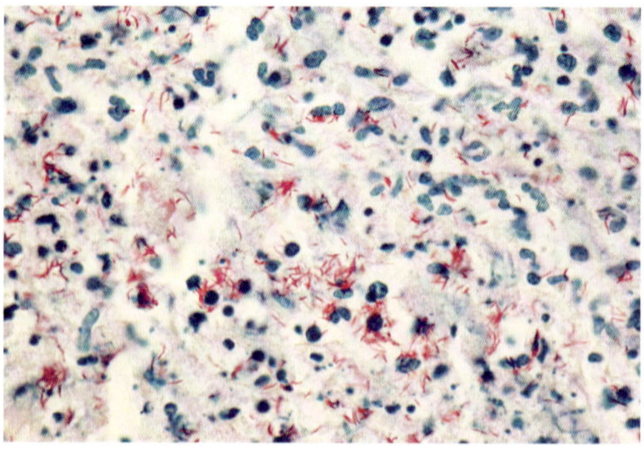
图 4-16 结核分枝杆菌抗酸染色

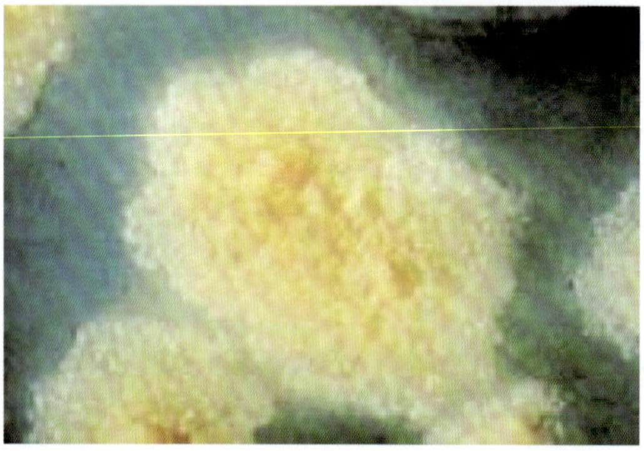
图 4-17 结核分枝杆菌罗氏培养基菌落

2. 培养特性 结核分枝杆菌为专性需氧菌，最适温度为37℃，最适酸碱度为 pH 6.5 ~ 6.8，营养要求高，常用含蛋黄、甘油、马铃薯和天门冬酰胺等的罗氏培养基培养，生长缓慢，需 18 ~ 20 小时繁殖一代，接种后培养 3 ~ 4 周后才可见菌落生长。菌落干燥、坚硬、表面呈颗粒状、乳白色或黄色，形似菜花样。在液体培养基中呈粗糙皱纹状菌膜生长(图 4-17)。

3. 抵抗力 结核分枝杆菌对干燥、酸碱和染料有较强的抵抗力。在干燥的痰中可存活 6 ~ 8 个月；在6% 硫酸、3% 盐酸或4% 氢氧化钠中 30 分钟仍有活力；对孔雀绿或结晶紫等染料有抵抗力。但是结核分枝杆菌对紫外线、湿热及乙醇抵抗力较弱。日光直射 2 ~ 3 小时、加热 62 ~ 63℃ 、15 分钟、75% 乙醇消毒数分钟即可被杀死。

4. 变异性 结核分枝杆菌可发生形态、菌落、毒力及耐药性等变异。1908 年 Calmette 和 Guerin 将有毒的牛型分枝杆菌培养于含甘油、胆汁、马铃薯的培养基中，经 13 年 230 次传代获得减毒活菌株，即卡介苗(BCG)，现广泛用于结核病的预防。结核分枝杆菌对异烟肼、链霉素、利福平等抗结核药物较易产生耐药性。

(二) 致病性

结核分枝杆菌不产生毒素和侵袭性酶类，其致病作用可能与细菌在组织细胞内大量增殖引起的炎症反应、菌体成分和代谢物质的毒性以及诱导机体产生迟发型超敏反应损伤有关。

1. 致病物质

(1) 脂质：占细胞壁干重的 60%，主要有以下几种。①磷脂：可刺激单核细胞增生，形成结核结节，并能抑制蛋白酶对病变组织的分解作用，使病灶组织溶解不完全，形成干酪样坏死。②脂肪酸：能使细菌在液体培养基中生长时紧密黏成索状，故又称索状因子。脂肪酸能破坏细胞线粒体膜，影响细胞呼吸；抑制中性粒细胞的游走和吞噬，引起慢性肉芽肿。③蜡质 D：可诱发机体发生Ⅳ型超敏反应。④硫酸脑苷脂：可抑制吞噬细胞中吞噬体与溶菌酶体的融合，使结核分枝杆菌能在吞噬细胞内长期存活。

(2) 蛋白质：结核分枝杆菌菌体内含有多种蛋白质，其中重要的是结核菌素。结核菌素与蜡质 D 结合后，能刺激机体发生较强的Ⅳ型超敏反应。

(3) 荚膜：结核分枝杆菌荚膜主要成分是多糖。荚膜对结核分枝杆菌有一定的保护作用。主要包括：①荚膜能与吞噬细胞表面的补体受体结合，有助于结核分枝杆菌黏附并侵入宿主细胞。②荚膜中的多种酶可降解宿主组织中的大分子物质，为入侵的结核分枝杆菌提供所需的营养。③荚膜能防止宿主的有害物质进入菌体内。

2. 所致疾病　结核分枝杆菌可通过呼吸道、消化道、破损的皮肤黏膜等途径进入机体，侵犯多种组织器官，引起相应器官的结核病，其中以肺结核最为常见。

(1) 肺部感染：通过飞沫或尘埃进入机体。结核分枝杆菌经呼吸道极易进入肺泡，故肺结核最多见。肺结核可分为原发感染与原发后感染两大类。①原发感染：多见于儿童。结核分枝杆菌初次经呼吸道侵入肺泡后，被巨噬细胞吞噬，由于菌体含有大量的脂质，能抵抗巨噬细胞的吞噬而在巨噬细胞内大量增殖，最终导致巨噬细胞裂解死亡，释放出大量结核分枝杆菌而引起肺泡渗出性炎症，称为原发病灶。初次感染时，由于机体缺乏抗结核免疫，原发病灶内的结核分枝杆菌可经淋巴管扩散至肺门淋巴结，引起淋巴管炎和肺门淋巴结肿大。原发病灶、淋巴管炎和肿大的肺门淋巴结称为"原发复合征"。随着机体抗结核免疫力的建立，原发感染大多可纤维化和钙化而自愈。极少数免疫力低下者，结核分枝杆菌可经淋巴液、血流扩散至全身，导致全身粟粒性结核或结核性脑膜炎等。②原发后感染：多见于成年人。感染可为潜伏于病灶中的结核分枝杆菌（内源性感染），也可为再次从外界侵入的结核分枝杆菌（外源性感染）引起。原发后感染时，机体已建立抗结核的特异性免疫，因此病灶多局限，一般不累及邻近的淋巴结，也不易全身播散，主要表现为慢性肉芽肿性炎症，形成结核结节，发生纤维化或干酪样坏死。

(2) 肺外感染：部分肺结核患者体内的结核分枝杆菌可经血液、淋巴液扩散侵入肺外组织器官，引起相应的脏器结核，如结核性脑膜炎、肾结核、骨结核、关节结核和生殖器官结核等；痰菌被咽入消化道可引起肠结核、结核性腹膜炎；经破损皮肤感染结核分枝杆菌可引起皮肤结核。

（三）免疫性与超敏反应

1. 免疫性　结核分枝杆菌为胞内寄生菌，故机体的抗结核免疫主要是细胞免疫。这种免疫力的维持依赖于结核分枝杆菌在体内的存在，一旦体内结核分枝杆菌消失，抗结核免疫也随之消失，故属有菌免疫或传染性免疫。机体在产生抗结核免疫的同时，也发生Ⅳ型超敏反应。

2. 结核菌素试验

(1) 原理：是用结核菌素来测定机体对结核分枝杆菌是否有迟发型超敏反应的一种皮肤试验，以判断机体对结核分枝杆菌有无免疫力。

(2) 试剂：结核菌素试剂有两种，一种为旧结核菌素（OT），为含有结核分枝杆菌的甘油肉汤培养物加热过滤液，含有结核分枝杆菌蛋白；另一种为纯蛋白衍生物（PPD），是OT经三氯乙酸沉淀后的纯化物。

(3) 方法：目前多采用PPD法。取PPD 5U注入受试者前臂掌侧皮内，48～72小时后观察局部反应情况。

(4) 结果及意义：①阴性反应：无红肿硬结或红肿硬结直径小于5mm者为阴性，表明机体可能未感染过结核分枝杆菌或未接种过卡介苗，对结核分枝杆菌无免疫力。但应注意在原发感染初期、严重结核病患者或患其他严重疾病致细胞免疫功能低下时，也可能出现阴性反应。②阳性反应：红肿硬结直径大于5mm、小于15 mm者为阳性，表示机体曾感染过结核分枝杆菌或卡介苗接种成功，对结核分枝杆菌有免疫力。③强阳性：红肿硬结直径大于15mm者为强阳性，表明体内可能有活动性结核，应进一步检查。

(5) 应用：①选择卡介苗接种对象及测定预防接种后的免疫效果；②作为婴幼儿结核病的辅助诊断；③测定肿瘤患者的细胞免疫功能；④对未接种卡介苗的人群做结核分枝杆菌感染的流行病学调查。

（四）微生物学检查

1. 标本采集　根据感染部位采集不同的标本，如痰液、尿液、脑脊液、胸腔积液或腹水等。

2. 涂片染色镜检　标本直接涂片或集菌后涂片,经抗酸染色后镜检,若发现抗酸杆菌可结合临床作出诊断。

3. 分离培养　将标本接种于固体培养基中,37℃培养3～4周后,根据菌落特点、涂片染色结果等进行鉴定。

4. 快速诊断　PCR、结核分枝杆菌抗体检测等技术已用于结核分枝杆菌的快速鉴定。

(五) 防治原则

1. 预防　接种卡介苗是预防结核病最有效的措施。接种对象主要是新生儿和结核菌素试验阴性的儿童。我国规定新生儿出生后即接种卡介苗,7岁时复种,在农村12岁时再复种一次。一般在接种后6～8周如结核菌素试验转为阳性,表示接种者已产生免疫力,试验阴性者应再行接种。接种后获得的免疫力可维持3～5年。

2. 治疗　常用的抗结核药物有链霉素、异烟肼、利福平、乙胺丁醇等。联合用药可提高疗效、减少毒性、降低耐药性的产生。

二、麻风分枝杆菌

麻风分枝杆菌俗称麻风杆菌,是麻风病的病原体,该病是一种慢性传染病,在世界各地均有流行。

(一) 生物学性状

麻风分枝杆菌的大小、形态、染色性与结核分枝杆菌相似,常在患者破溃皮肤渗出液的细胞中发现,细菌呈束状排列,胞质呈泡沫状,称为麻风细胞。麻风分枝杆菌至今仍不能人工培养成功。麻风分枝杆菌对干燥和低温有抵抗力,但对紫外线和湿热较敏感。

(二) 致病性与免疫性

麻风患者(瘤型)是麻风的主要传染源。患者鼻咽腔分泌物、痰、阴道分泌物及精液中均有麻风分枝杆菌排出。通过呼吸道、破损的皮肤黏膜和密切接触等方式传播,以家庭内传播多见。本病潜伏期长,平均为2～5年,长者达数十年。发病缓慢,病程长,迁延不愈。麻风分枝杆菌侵入机体后可经末梢神经、淋巴液、血液扩散至全身。根据机体的免疫状态、病理变化、临床表现和细菌学检查,可将患者分为瘤型麻风、结核样型麻风,介于两型之间的少数患者,又可再分为两类,即未定类和界限类,两类可向两型转化。

1. 瘤型麻风　是麻风的进行性和严重临床类型,而且传染性强。细菌主要侵犯皮肤、黏膜,严重时累及神经、眼及内脏,病理镜检可见大量麻风细胞和肉芽肿。常在皮肤或黏膜下见有红斑或结节形成,称为麻风结节,是由于机体产生的自身抗体与破损组织抗原形成的免疫复合物沉积而致。面部的结节可融合呈“狮面容”,是瘤型麻风的典型特征。本型麻风患者的细胞免疫功能低下或免疫受抑制,超敏反应皮肤试验(麻风菌素试验)阴性。

2. 结核样型麻风　此型麻风常为自限性疾病,较稳定,损害可自行消退。细菌侵犯真皮浅层,病变主要在皮肤,早期病变为小血管周围淋巴细胞浸润,以后出现上皮细胞和多核巨细胞浸润,也可累及神经,使受累处皮肤丧失感觉。患者体内不易检出麻风分枝杆菌,故传染性小。患者的细胞免疫功能正常,麻风菌素试验阳性。

(三) 实验诊断

麻风病的诊断主要靠微生物学检查。常刮取病人鼻黏膜或皮肤破损处病变组织涂片,经抗酸染色后镜检,根据麻风细胞、麻风分枝杆菌特点获得诊断。

(四) 防治原则

无特异性预防方法,主要依靠早发现、早隔离和早治疗。治疗药物主要是砜类,如氨苯砜、苯丙砜等,应采用多种药物联合治疗,以防止耐药性的产生。

考点：结核分枝杆菌生物学性状、致病性，结核菌素试验及防治；麻风分枝杆菌的致病性

思考：1. 结核分枝杆菌的生物学性状有哪些特点？
2. 结核分枝杆菌的致病性有何特点？
3. 结核菌素试验的原理、方法、结果及意义分别是什么？
4. 如何特异性预防结核？
5. 麻风分枝杆菌致病有何特点？

小结

结核分枝杆菌为细长略弯曲的杆菌，常用抗酸染色法染色。结核分枝杆菌无内毒素，也不产生外毒素和侵袭性酶类，其致病作用主要依靠菌体成分。结核分枝杆菌可通过呼吸道、消化道、破损的皮肤黏膜等途径进入机体，侵犯多种组织器官，以肺结核最为常见。接种卡介苗是预防结核病最有效的措施。

麻风分枝杆菌的生物学性状和结核分枝杆菌相似，但至今尚未人工培养成功。麻风分枝杆菌通过呼吸道、破损的皮肤黏膜和密切接触等方式传播，引起麻风病，麻风病有瘤型、结核样型两种类型。目前尚无特异性预防方法。

自 测 题

一、名词解释

结核菌素试验

二、填空题

1. 结核分枝杆菌常用________法染色，染成________色，其他细菌和细胞染成________色。
2. 与结核分枝杆菌致病有关的脂质有________、________、________和________。
3. 检测机体对结核是否具有免疫力，常用的皮肤试验是________。
4. 结核分枝杆菌在培养时营养要求________，常用________培养基，生长繁殖速度________。
5. 结核分枝杆菌对干燥、________、________抵抗力较强；但对________、________、________较敏感。
6. 麻风分枝杆菌的传播方式有________、________和________，引起________。

三、选择题

1. 结核分枝杆菌生长繁殖最适宜的酸碱度是
   A. pH 6.5 ~ 6.8　B. pH 7.2 ~ 7.6
   C. pH 8.8 ~ 9.2　D. pH 3 ~ 5
   E. pH 4 ~ 6
2. 结核分枝杆菌最常见的传播途径是
   A. 呼吸道　B. 消化道
   C. 接触　D. 创伤
   E. 以上均不是
3. 结核菌素试验的发生机制是
   A. Ⅰ型超敏反应　B. Ⅱ型超敏反应
   C. Ⅲ型超敏反应　D. Ⅳ型超敏反应
   E. 以上均不是
4. 结核分枝杆菌的致病作用是因为
   A. 细菌产生外毒素　B. 细菌释放内毒素
   C. 细菌产生侵袭性酶　D. 细菌发生毒力变异
   E. 细菌菌体成分
5. 关于结核分枝杆菌的生物学特性叙述错误的是
   A. 营养要求高　B. 生长繁殖速度慢
   C. 菌落粗糙　D. 对乙醇不敏感
   E. 抗酸染色法染色
6. 卡介苗的接种对象主要是
   A. 年老体弱者
   B. 新生儿和结核菌素试验阴性的儿童
   C. 结核菌素试验阳性者
   D. 结核病患者
   E. 以上均对
7. 目前尚不能人工培养成功的细菌是
   A. 结核分枝杆菌　B. 麻风分枝杆菌
   C. 破伤风梭菌　D. 伤寒沙门菌
   E. 产气荚膜梭菌

第六节　动物源性细菌

动物源性细菌是人畜共患病的病原菌。其宿主动物在自然界中广泛存在，人类通过直接接触病畜或其污染物、媒介动物叮咬等途径感染而致病，主要发生在畜牧区或自然疫源地。动物源性细菌主要有布鲁菌属、炭疽芽孢杆菌、鼠疫耶尔森菌等。

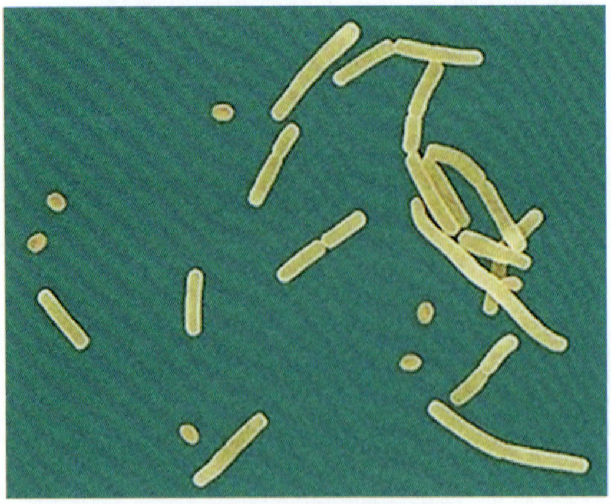

图 4-18　炭疽芽孢杆菌

一、炭疽芽孢杆菌

炭疽芽孢杆菌为革兰阳性粗大杆菌，是致病菌中最大的细菌。其形态呈杆状，两端截平，单个或短链状排列，人工培养后呈竹节状长链排列（图 4-18）。有毒菌株能形成荚膜。芽孢呈椭圆形，位于菌体中央，无鞭毛。需氧或兼性厌氧培养。芽孢的抵抗力强，在干燥土壤或皮毛中能存活数年至20余年，牧场一旦被污染，传染性可持续数十年。芽孢对化学消毒剂的抵抗力也很强。

炭疽芽孢杆菌的致病物质为荚膜及炭疽毒素。荚膜有抗吞噬作用，有利于细菌在宿主组织内繁殖扩散。炭疽毒素是造成感染者致病和死亡的主要原因。炭疽病主要是草食动物（羊、牛、马）的传染病，人类因接触病畜或进食病畜肉类，细菌经皮肤、呼吸道或消化道侵入机体，引起炭疽病。临床类型有皮肤炭疽、肺炭疽、肠炭疽。感染炭疽病后可获得持久免疫力。

预防炭疽病的根本措施是加强病畜的管制。及时发现病畜，进行严格隔离治疗。严禁宰杀、出售病畜，病畜死亡后必须深埋或焚烧。污染的畜毛、皮革必须消毒处理。特异性预防用炭疽减毒活疫苗。

二、布鲁菌属

布鲁菌属有 6 个生物种、19 个生物型，其中使人致病的有羊、牛、猪、犬 4 种布鲁菌，在我国流行的主要是羊布鲁菌，其次为牛布鲁菌。

布鲁菌为革兰阴性短小杆菌。无鞭毛，无芽孢，光滑型菌株有荚膜。专性需氧，营养要求较高，初次分离培养时需 5%～10% CO_2。布鲁菌抵抗力较强，在土壤、毛皮、病畜的脏器、分泌物及乳制品中可生存数周至数月，但对日光、热、常用消毒剂、常用广谱抗生素均较敏感。

布鲁菌的致病物质主要是内毒素。此外，荚膜及侵袭性酶（透明质酸酶、过氧化氢酶等）能增强该菌的侵袭力。哺乳类动物中主要是牛、羊、猪等家畜最易感，常引起母畜流产。人类通过接触病畜或接触被污染的畜产品，通过皮肤、消化道、呼吸道、眼结膜等不同途径侵入机体，引起布鲁菌病。患者出现不规则的波浪式发热，临床上称为“波浪热”。机体感染布鲁菌后，以细胞免疫为主。

控制和消灭家畜布鲁菌病、切断传播途径和免疫接种是预防的三项主要措施。免疫接种以畜群为主，疫区人群也应接种减毒活疫苗。

三、鼠疫耶尔森菌

鼠疫耶尔森菌俗称鼠疫杆菌，是引起鼠疫的病原菌。鼠疫是一种自然疫源性烈性传染病。人类鼠疫是因被感染的鼠蚤叮咬或直接接触、剥食染有鼠疫的动物（旱獭、绵羊等）而受染。

鼠疫耶尔森菌为两端钝圆、两极浓染的卵圆形短小杆菌，革兰染色阴性，有荚膜。鼠疫耶尔森菌对理化因素的抵抗力弱，但在自然环境中存活时间较长。

鼠疫耶尔森菌的致病物质主要有 F1 抗原（即包膜抗原）、V/W 抗原（即菌体抗原）、外膜蛋白和鼠毒素等，致病性极强。鼠疫耶尔森菌主要寄生于鼠类和其他啮齿类动物体内，通过鼠蚤在鼠间传播。当大批病鼠死亡后，失去宿主的鼠蚤转向人群，引起人类鼠疫。这种鼠→蚤→人之间的传播是鼠疫的主要传播方式。人类鼠疫有三种临床类型，即腺鼠疫、肺鼠疫和败血症型鼠疫。感染鼠疫后可获得牢固免疫力，再次感染罕见。

鼠疫耶尔森菌的致病物质：主要是鼠毒素，其次是侵袭性物质（F1 抗原和 V/W 抗原等）。鼠毒素致病性极强，作用于全身的血管壁与淋巴管壁的内皮细胞，引起炎症、坏死、出血和致死性休克等。

预防鼠疫的根本措施是灭鼠、灭蚤，并加强国境、海关检疫。在流行地区接种鼠疫疫苗。

考点：炭疽芽孢杆菌形态染色、致病性；布鲁菌属、鼠疫耶尔森菌的致病性。

思考：1. 炭疽芽孢杆菌形态染色有何特点？其致病性有何特点？

2. 布鲁菌属的传染源、传播途径分别是什么？引起哪些疾病？

3. 鼠疫耶尔森菌的传染源、传播途径、所致疾病分别是什么？如何有效预防鼠疫？

小结

炭疽芽孢杆菌为革兰阳性粗大杆菌，是致病菌中最大的细菌。炭疽芽孢杆菌的致病物质是荚膜及炭疽毒素。人类因接触病畜或进食病畜肉类，细菌经皮肤、呼吸道或消化道侵入机体，引起炭疽病。布鲁菌为革兰阴性短小杆菌。布鲁菌的致病物质主要是内毒素、荚膜及侵袭性酶，通过皮肤、消化道、呼吸道、眼结膜等途径感染人体，引起布鲁菌病。鼠疫耶尔森菌为两端钝圆、两极浓染的革兰阴性短小杆菌。鼠疫耶尔森菌致病物质有 F1 抗原、V/W 抗原、外膜蛋白和鼠毒素等，致病性极强。主要传播方式是鼠→蚤→人，引起人类鼠疫。

自 测 题

一、填空题

1. 炭疽芽孢杆菌的传播途径有________、________和________，引起________病。
2. 鼠疫主要通过________传播，引起________。

二、选择题

1. 对人致病的需氧芽孢杆菌是
   A. 破伤风梭菌　B. 产气荚膜梭菌
   C. 肉毒梭菌　D. 枯草芽孢杆菌
   E. 炭疽芽孢杆菌
2. 下列细菌可通过媒介节肢动物感染的细菌是
   A. 布鲁菌　B. 鼠疫耶氏菌
   C. 炭疽芽孢杆菌　D. 铜绿假单胞菌
   E. 弯曲菌
3. 炭疽芽孢杆菌的形态是
   A. G^+鼓槌状杆菌　B. G^+竹节状杆菌
   C. G^+网球拍状杆菌　D. G^+棒状杆菌
   E. G^+分枝状杆菌

第七节　其 他 细 菌

一、白喉棒状杆菌

白喉棒状杆菌俗称白喉杆菌，是人类白喉的病原菌。白喉是一种急性呼吸道传染病。

白喉棒状杆菌为革兰阳性细长杆菌，一端或两端膨大呈棒状。无荚膜、无鞭毛，无芽孢。用亚甲蓝或 Albert 染色方法染色后，可见着色较深的异染颗粒，是本菌的主要特征，有鉴定意义（图 4-19）。

白喉棒状杆菌致病物质主要有白喉外毒素、索状因子、K 抗原。白喉的传染源是患者和带菌者。主要经飞沫传播，也可经污染物品直接接触传播。细菌在鼻咽部黏膜表面生长繁殖并产生白喉外毒素，引起局部炎症及全身中毒症状。鼻咽部形成灰白色膜状物称为假膜。若病变扩展到气管、支气管，则易发生脱落引起呼吸道阻塞，甚至窒息死亡。细菌一般不入血，但白喉外毒素易被吸收入血，迅速与易感组织如心肌、外周神经、肾上腺等结合，导致中毒性心肌炎、周围神经麻痹及肾上腺功能障碍等。感染或预防接种后均可获得牢固免疫力。

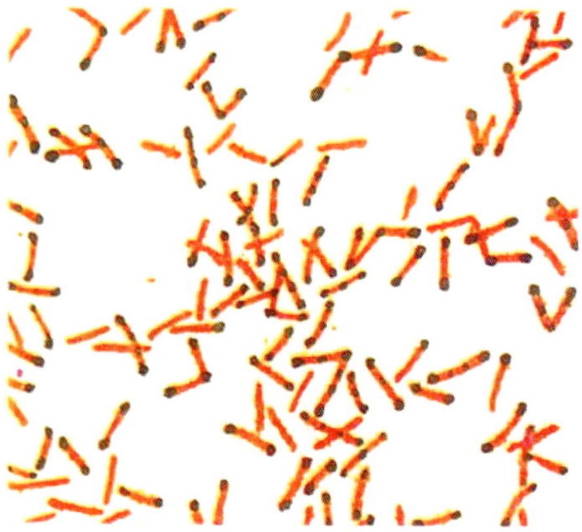

图 4-19　白喉棒状杆菌

注射白喉类毒素是预防白喉的重要措施。目前应用白喉类毒素、百日咳菌苗和破伤风类毒素(即白百破三联疫苗)进行人工自动免疫,效果良好。对密切接触白喉病人的易感儿童,需注射白喉抗毒素进行紧急预防,同时注射白喉类毒素以延长免疫力。对白喉患者应早期足量注射白喉抗毒素。此外,尚需应用抗生素治疗。

二、流感嗜血杆菌

流感嗜血杆菌俗称流感杆菌。本菌首先从流感患者鼻咽部分离出,当时被误认为是流感的病原菌,为此而得名。直至流感病毒分离成功,才明确流感嗜血杆菌只是在流感流行时引起呼吸道继发感染的常见病原菌。

流感嗜血杆菌为革兰阴性小杆菌,无芽孢,无鞭毛,多数菌株有菌毛,有毒菌株具有荚膜。人工培养时需供给新鲜血液(含 X 因子与 V 因子),故名嗜血杆菌。若将流感嗜血杆菌与金黄色葡萄球菌同时培养于血琼脂平板上,因金黄色葡萄球菌能合成 V 因子供给流感嗜血杆菌生长,因此在金黄色葡萄球菌菌落周围的流感嗜血杆菌菌落较大,距离金黄色葡萄球菌菌落越远的流感嗜血杆菌菌落越小,这种现象称为“卫星现象”,有助于流感嗜血杆菌的鉴定。

流感嗜血杆菌的致病物质有菌毛、荚膜、内毒素和 IgA 蛋白酶等。所致疾病包括原发感染和继发感染。原发性感染(外源性)多为有荚膜菌株引起的急性化脓性感染,而继发性感染(内源性)多由呼吸道寄居的无荚膜菌株引起。

预防接种流感嗜血杆菌荚膜多糖疫苗,有效保护率较高。

三、嗜肺军团菌

嗜肺军团菌在自然界普遍存在,特别易存在于天然水源及人工冷、热水管道系统中。

嗜肺军团菌为革兰阴性杆菌,无芽孢,有菌毛和鞭毛,有微荚膜。常用 Giemsa 染色(呈红色)或 Dieterle 镀银染色(呈黑褐色)。专性需氧菌,营养要求较高。在适宜的环境中可较长期存活。

嗜肺军团菌的致病物质是菌毛、毒素和侵袭性酶,引起军团菌病。主要经飞沫传播,带菌飞沫、气溶胶被直接吸入下呼吸道引起以肺为主的全身性感染。军团菌病临床上有 3 种感染型,即流感样型、肺炎型和肺外感染型。

目前尚无特异性预防方法。

四、百日咳鲍特菌

百日咳鲍特菌俗称百日咳杆菌,是引起人类百日咳的病原菌。百日咳以儿童多见。

百日咳鲍特菌是革兰阴性短小杆菌,有毒菌株有荚膜和菌毛,无鞭毛,不形成芽孢。专性需氧,营养要求高,常用鲍金培养基培养。百日咳鲍特菌抵抗力较弱。

百日咳鲍特菌致病物质有荚膜、菌毛及其产生的多种毒素等。传染源为早期病人和带菌者,主要通过飞沫经呼吸道传播。由于临床上以痉挛性阵咳症状为主,病程较长,故名百日咳。病后可获得持久免疫力,很少再次感染。

预防可接种白百破三联疫苗,效果较好。

五、铜绿假单胞菌

铜绿假单胞菌俗称绿脓杆菌,是一种常见的条件致病菌。铜绿假单胞菌为革兰阴性小杆菌(图 4-20)。本菌能产生绿色水溶性色素,使脓汁或敷料呈绿色,故称绿脓杆菌。铜绿假单胞菌的主要致病物质是内毒素,此外还有荚膜、菌毛、胞外酶和外毒素等多种致病因子。在医院感染中本菌约占 10%。可引起局部和全身化脓性感染,如伤口化脓、中耳炎、尿道炎、心内膜炎、脓胸、菌血症、败血症等。彻底消毒灭菌、严格执行无菌操作是降低本菌医院感染的重要措施。

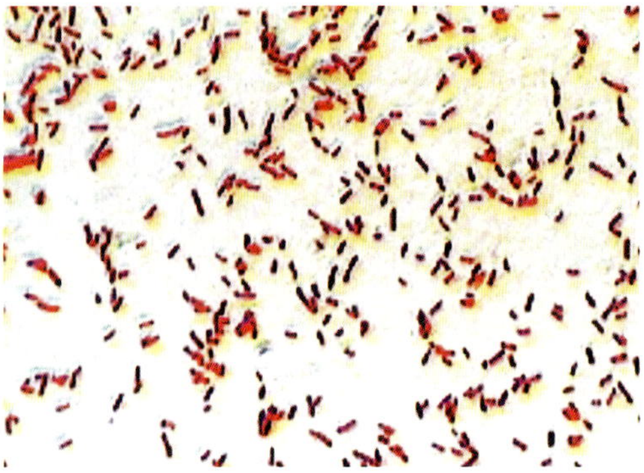

光镜下

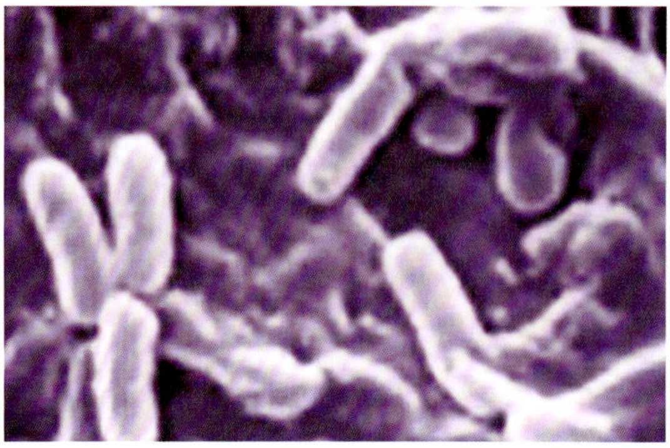

扫描电镜下

图 4-20　铜绿假单胞菌

考点：白喉棒状杆菌的异染颗粒及意义；白喉棒状杆菌、流感嗜血杆菌、嗜肺军团菌、百日咳鲍特菌、铜绿假单胞菌的致病性

思考：1. 白喉棒状杆菌的异染颗粒有何意义？

2. “卫星现象”是如何形成的？有何意义？

3. 铜绿假单胞菌的感染有何特点？

小结

白喉棒状杆菌致病物质是白喉外毒素、索状因子、K 抗原等，主要通过飞沫传播引起白喉。特异性防治可接种百白破三联疫苗和注射白喉抗毒素。

流感嗜血杆菌致病物质有内毒素、荚膜、菌毛与 IgA 蛋白酶等，引起原发感染和继发感染。

嗜肺军团菌的致病物质是菌毛、毒素和侵袭性酶，主要通过飞沫传播，引起军团菌病，也可引起医院内感染。

百日咳鲍特菌致病物质是荚膜、菌毛及产生的多种毒素等，通过呼吸道传播引起百日咳。特异性预防用“白百破”三联疫苗。

铜绿假单胞菌能产生绿色水溶性色素，是一种常见的条件致病菌。

自测题

一、名词解释

1. 异染颗粒　2. 卫星现象

二、填空题

1. 白喉棒状杆菌的传染源是__________，传播途径是________，致病物质有________、__________和__________，所致疾病是________。
2. 百日咳鲍特菌的传播途径是________，所致疾病是________。
3. 嗜肺军团菌的主要传播途径是________，引起________病。

三、选择题

1. 异染颗粒明显的细菌是
   A. 白喉棒状杆菌　B. 百日咳鲍特菌
   C. 流感嗜血杆菌　D. 嗜肺军团菌
   E. 肺炎球菌
2. 与金黄色葡萄球菌同时培养时有“卫星现象”的细菌是
   A. 白喉棒状杆菌　B. 嗜肺军团菌
   C. 破伤风梭菌　D. 流感嗜血杆菌
   E. 百日咳鲍特菌
3. 百日咳的特异性预防主要采用
   A. 注射抗毒素　B. 注射类毒素
   C. 注射白百破三联疫苗　D. 注射免疫球蛋白
   E. 注射抗生素
4. 可产生水溶性绿色色素的细菌是
   A. 葡萄球菌　B. 链球菌
   C. 产气荚膜梭菌　D. 铜绿假单胞菌
   E. 破伤风梭菌

（贾淑平）

第5章 病　　毒

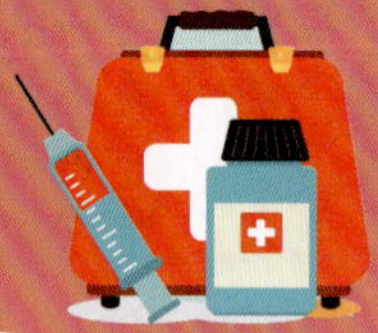

引言：病毒是最常见的病原体，其所致疾病传染性强、危害大、病死率高。例如，人类免疫缺陷病毒（HIV）是获得性免疫缺陷综合征（又称艾滋病）的病原体，自1981年6月世界第一例艾滋病病人被确诊以来，艾滋病已夺走了2500万人的生命。截至2014年10月底，我国报告现存活的艾滋病病毒感染者和病人已达49.7万例，死亡15.4万例。目前被称为“死亡的魔鬼”的埃博拉病毒正从西非向世界各地扩散，引发世界卫生组织（WHO）和人们密切的关注。

病毒是一类个体微小、结构简单，含单一核酸（DNA或RNA）型，必须在活的易感宿主细胞内以复制方式进行增殖的非细胞型微生物。

病毒在自然界分布广泛，种类繁多，与人类疾病的关系密切，人类的传染病约有75%是由病毒引起的。有些病毒不仅传染性强、流行广泛，且无有效药物。除急性感染外，有的病毒可引起持续感染，也有的病毒与肿瘤和自身免疫病的发生密切相关。

第一节　病毒的基本性状

一、病毒的形态与大小

（一）病毒的形态

病毒的形态有多种多样，如球形、杆形、弹头形和蝌蚪形等。大多数病毒呈球形，见图5-1。

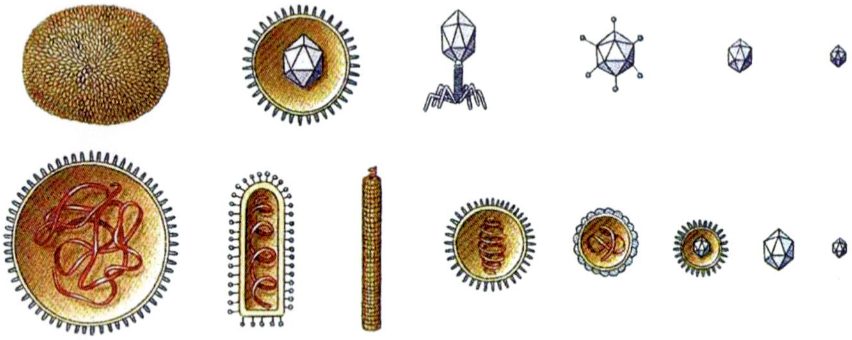

图5-1　各种病毒的形态

（二）病毒的大小

病毒的个体非常微小，测量病毒大小的单位是纳米（nm），1nm等于1/1000μm。大多数病毒的直径为50～250nm，最大的病毒是痘类病毒，可达300nm；最小的病毒如微小RNA病毒，约为20nm。

观察病毒的形态大小，通常采用电子显微镜。

二、病毒的结构、化学组成和功能

病毒无细胞结构，结构与化学组成非常简单，见表5-1。

（一）基本结构

病毒的基本结构是指绝大多数病毒都具有的结构，包括核心和衣壳。核心和衣壳合称为核衣壳，见图 5-2。

1. 核心　位于病毒结构的中心部位，故称为核心。化学组成主要是核酸。每一种病毒只含一种核酸成分，即脱氧核糖核酸（DNA）或核糖核酸（RNA）。核酸决定了病毒的基本特性和感染性等。

2. 衣壳　位于病毒核心的外面，将核心包裹，故称为衣壳。化学组成是蛋白质。病毒衣壳的特殊构型有三种：①二十面立体对称型，见于大多数球形病毒。②螺旋对称型，见于狂犬病毒和烟草花叶病毒（TMV）等。③复合对称型，指病毒的衣壳既有二十面立体对称，又有螺旋对称，见于噬菌体和痘类病毒。

表 5-1　病毒的结构与化学组成

结构		化学组成
基本结构	核心	DNA 或 RNA
	衣壳	蛋白质
辅助结构	包膜	脂类、蛋白质和糖类

衣壳蛋白的功能：①保护病毒的核酸不受环境因素的影响，如核酸酶的作用等。②具有免疫原性，刺激宿主产生对应的抗体等。③在病毒的增殖过程中参与病毒的吸附，与致病有关。

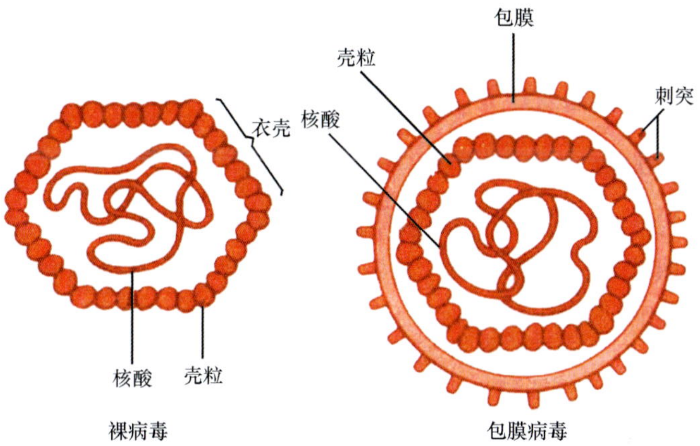

图 5-2　病毒的结构示意图

（二）辅助结构

某些病毒在核衣壳的外面还有一层膜，将核衣壳包裹，称为包膜。包膜是病毒自我保护的一种机制，即病毒在释放的过程中，被宿主细胞的膜包裹（如细胞膜或核膜等）。包膜的化学组成主要是类脂，其次是糖蛋白。糖蛋白呈放射状凸出在包膜表面，称刺突或称包膜子粒。

包膜蛋白有抗原特异性，包膜脂蛋白是引起机体发热、中毒症状的主要原因之一。

依据病毒有无包膜的结构，将病毒分为有包膜病毒和无包膜病毒（裸露病毒）。具有感染性的病毒颗粒称为病毒体。

三、病毒的增殖

在病毒的结构中，缺乏独立的蛋白合成酶系统，因此，病毒必须寄生在活细胞内，借助宿主细胞提供的蛋白合成酶系统，以及合成其蛋白所需要的原料和能量延续生命。病毒倾向于侵入并在其中复制的细胞型（即病毒生物学的合适宿主）称为病毒的细胞亲嗜性。例如，肝炎病毒寄生在肝细胞内、流感病毒寄生在上呼吸道黏膜细胞内。病毒的繁殖方式是复制或称增殖，即以病毒的核酸为模板进行自我复制。其过程是连续性和周期性的，包括六个阶段：吸附、穿入、脱壳、生物合成、装配和释放，见图 5-3。

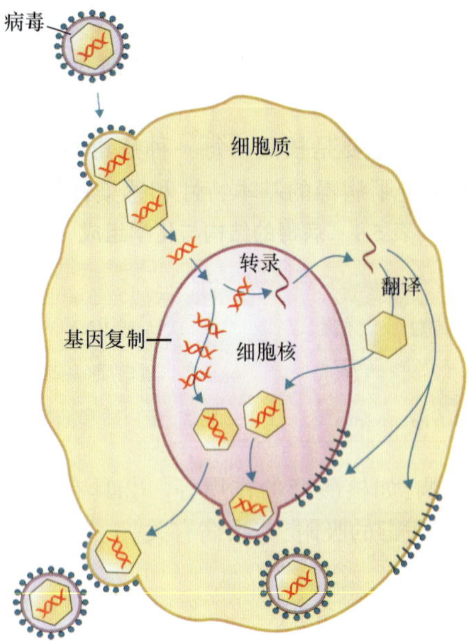

图 5-3 DNA 病毒复制示意图

（一）增殖过程

1. 吸附 指病毒吸附在宿主的细胞膜上。病毒能吸附在宿主细胞膜上，取决于病毒表面特异性的吸附蛋白与细胞表面受体的相互作用。例如，人类免疫缺陷病毒的吸附蛋白是 gP120，宿主细胞膜受体是 CD4。当病毒与细胞碰撞时，gP120 与 CD4 结合，即完成病毒吸附在细胞膜上。

2. 穿入 指病毒进入宿主细胞内。其方式有三种：直接侵入、胞吞和融合。

3. 脱壳 指病毒在宿主细胞内脱去衣壳，暴露核酸的过程。

4. 生物合成 是病毒以核酸为模板进行自我复制，合成子代核酸与蛋白质的过程。

5. 装配 指子代核酸与蛋白质组合成子代病毒。

6. 释放 指子代病毒离开宿主细胞。释放方式有两种：①无包膜病毒均以破胞方式释放，特点是宿主细胞受损。②有包膜的病毒以出芽方式释放到细胞外，特点是宿主细胞不受损。

（二）病毒异常增殖

1. 缺陷病毒 指因病毒基因组不完整或者因某一点改变，不能进行正常增殖的病毒。

2. 顿挫感染 指病毒进入宿主细胞后，如不能为病毒增殖提供所需的酶、能量和必要的成分，病毒就不能完成增殖的过程，称为顿挫感染。

四、病毒的干扰现象与干扰素

（一）病毒的干扰现象

病毒的干扰现象指两种病毒同时或先后感染同一宿主细胞时，可发生一种病毒抑制另一种病毒增殖的现象。异种病毒之间、同种及同型病毒之间均可以发生干扰现象。干扰现象对病毒疫苗的制备和预防接种有重要意义。例如，在进行病毒疫苗接种时，要了解接种对象是否有病毒性疾病现象，避免干扰现象的发生对预防接种效果的影响。

（二）干扰素

1. 干扰素的概念 指机体细胞受病毒感染或机体在其他干扰素诱导剂作用下，由细胞基因组控制产生的一类蛋白质。具有三大作用：抗病毒、抗肿瘤和免疫调节作用。

2. 干扰素抗病毒的机制 干扰素本身并不能直接杀灭病毒，而是通过诱导细胞产生抗病毒蛋白，抗病毒蛋白抑制病毒增殖，达到抗病毒的作用。

五、理化因素对病毒的影响

采用物理方法或化学方法使病毒失去感染性称为病毒灭活。

1. 温度 大多数病毒耐冷不耐热。加温 60℃、30 分钟，除肝炎病毒外，多数病毒即被灭活。在-70℃以下或经冷冻真空干燥，可保存数月至数年。

2. pH 大多数病毒对酸碱度的适宜范围是 6.0～8.0，pH 低于 5.0 或高于 9.0 可使病毒快速灭活。

3. 射线 紫外线、X 射线和 γ 射线都能使病毒灭活。

4. 脂溶剂 如乙醚、氯仿和去氧胆酸盐等，能使有包膜病毒的包膜溶解，导致病毒失去保护层而灭活病毒。选用脂溶剂灭活有包膜的病毒效果好。

5. 其他消毒剂 甲醛能灭活病毒,而抗原性不变,故常用于制备灭活疫苗。甲酚皂、升汞、乙醇等能将多数病毒灭活。

6. 抗生素 病毒对抗生素不敏感。

7. 中草药 如板蓝根、大青叶和七叶一枝花等对某些病毒的增殖有抑制作用。

第二节 病毒的致病性与感染

一、病毒的感染方式及途径

病毒入侵人体一般分为两种方式:水平感染和垂直感染。

(一) 水平感染

水平感染是指出生后个体之间的感染。个体在生活中,被病毒体感染的方式有以下几种。

1. 呼吸道传播 指病毒体通过飞沫或气溶胶方式经呼吸道侵入机体,如流感病毒、冠状病毒等。

2. 消化道传播 指病毒体通过污染的食物或水等经消化道侵入机体,如甲型肝炎病毒、柯萨奇病毒等。

3. 泌尿生殖道传播 指病毒体通过性生活等经泌尿生殖道侵入机体,如人类免疫缺陷病毒、人乳头瘤病毒等。

4. 血液传播 指病毒体通过输血、注射和使用血液制品等方式侵入机体,如乙型肝炎病毒、人类免疫缺陷病毒等。

5. 虫媒传播 指病毒体通过蚊、蜱等节肢动物的叮咬侵入机体,如乙脑病毒、登革病毒等。

6. 其他途径 如狂犬病毒经动物咬伤传播。腺病毒通过共用毛巾、眼—手—眼间接接触的方式传播。

(二) 垂直感染

垂直感染指孕妇体内的病毒经胎盘或产道传播给胎儿的方式。如孕妇感染风疹病毒、人类免疫缺陷病毒、乙肝病毒等病毒,可导致死胎、流产、早产或先天性畸形。

病毒侵入机体后,可以在局部细胞内复制,也可以进一步扩散而侵犯其他的组织和器官,这一过程称为病毒在体内的播散。如果病毒播散到多个器官和组织则称为全身播散。播散的途径有三种:局部播散、血液播散和神经播散。

二、病毒的致病机制

病毒侵入机体后,在宿主细胞内生存复制。由于病毒复制需要宿主细胞提供蛋白合成酶系统,以及合成蛋白所需要的原料和能量。细胞自身的新陈代谢受到干扰导致细胞损伤;也可能是病毒感染机体后,刺激宿主的免疫系统发生免疫应答,针对病毒感染细胞产生超敏反应。随着宿主细胞的损伤达到一定程度时则表现出相应的组织或器官的病变和功能紊乱。

(一) 受病毒感染的细胞损伤

1. 杀细胞效应 指病毒在宿主细胞内的大量增殖,阻断细胞自身的核酸和蛋白质合成,从而导致细胞代谢紊乱,引起细胞溶解或死亡而出现组织病变,即细胞病变效应(CPE)。如甲型肝炎病毒、脊髓灰质炎病毒等多种病毒。

2. 稳定状态感染 有些病毒在易感细胞内缓慢增殖,不影响细胞的分裂和代谢或只有轻微的病变,称病毒的稳定状态感染。

3. 细胞膜改变 病毒在复制中能诱导宿主细胞膜成分改变,出现修饰性自身抗原;也可使受染细胞与邻近细胞融合,形成多核巨细胞,有利于病毒扩散。

4. 包涵体形成 指病毒在宿主细胞增殖后,在细胞质或细胞核中留下具一定形状、特殊染色性

第6章 常见病毒

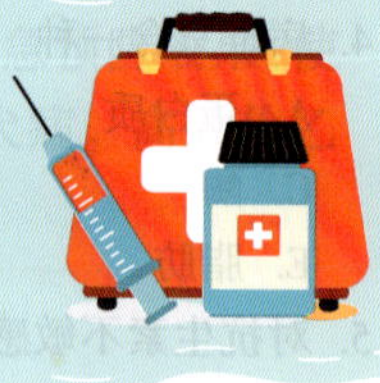

引言：临床常见的病毒有呼吸道病毒、肠道病毒、肝炎病毒、人类免疫缺陷病毒、虫媒病毒、出血热病毒、狂犬病毒等。由这些病毒引起的疾病的特点是：①流行广泛。如流感病毒曾多次引起世界性大流行。②传染性强。如麻疹病毒引起的麻疹，只要与患者接触，95%会被染上。③病死率高。如狂犬病毒引起的狂犬病，病死率几近100%。④与肿瘤密切相关。如乳头瘤病毒的感染与子宫颈癌的发生关系密切。目前尚缺乏有效的治疗病毒性疾病的药物，因此病毒性疾病的防治已成为人类关注的热点与面临的严峻挑战。

第一节　呼吸道病毒

呼吸道病毒是指以呼吸道为传播途径，引起呼吸道局部感染或全身感染的病毒。急性呼吸道感染中90%以上是由病毒引起，传染源主要是病人或病毒携带者，主要经飞沫传播，传染性强。主要呼吸道病毒分类及其所致疾病见表6-1。

表6-1　呼吸道病毒分类及其引起的疾病

科	种	引起的主要疾病
正黏病毒	甲、乙、丙型流感病毒	流感
副黏病毒	副流感病毒1～5型	普通感冒、支气管炎
	麻疹病毒	麻疹
	腮腺炎病毒	流行性腮腺炎
	呼吸道合胞病毒	婴儿支气管炎、支气管肺炎
	间质性肺炎病毒	间质性肺炎
披膜病毒	风疹病毒	风疹、先天性风疹综合征
小RNA病毒	鼻病毒	普通感冒、急性上呼吸道感染
冠状病毒	冠状病毒	普通感冒、咽喉炎、胃肠炎
	SARS病毒	严重急性呼吸综合征(SARS)
腺病毒	腺病毒	小儿肺炎

一、流行性感冒病毒

流行性感冒病毒简称流感病毒，是引起流行性感冒（流感）的病原体。

（一）生物学特性

1. 形态与结构　流感病毒呈球形或丝状。球形的直径为80～120nm，自患者新分离株多为丝状或杆状。流感病毒核酸为RNA，有包膜和刺突（图6-1）。

（1）核心：流感病毒的RNA为单股RNA，分7～8个节段。由于RNA分节段复制，导致病毒在装配成熟过程中易发生基因重组而引起新的病毒株出现，这也是流感病毒易发生变异的原因。

(2) 核蛋白:构成病毒的衣壳,为螺旋对称型。核蛋白抗原性稳定,很少变异,决定流感病毒的型特异性。

(3) 包膜:病毒体的包膜有两层结构。内层为基质蛋白 M_1,其抗原性稳定,具有型特异性,外层来源于宿主细胞膜,为脂质双层膜。

(4) 刺突:为糖蛋白成分,包括血凝素(HA)和神经氨酸酶(NA)两种。HA 可使鸡、豚鼠和人的红细胞凝集。HA 有抗原性,可刺激机体产生相应抗体,该抗体有中和作用,为保护性抗体。HA 的抗原性易发生改变。NA 也能刺激机体产生相应抗体,但该抗体不能中和病毒。NA 的抗原性不稳定,易变异,与 HA 一起将甲型流感病毒分为多个亚型。

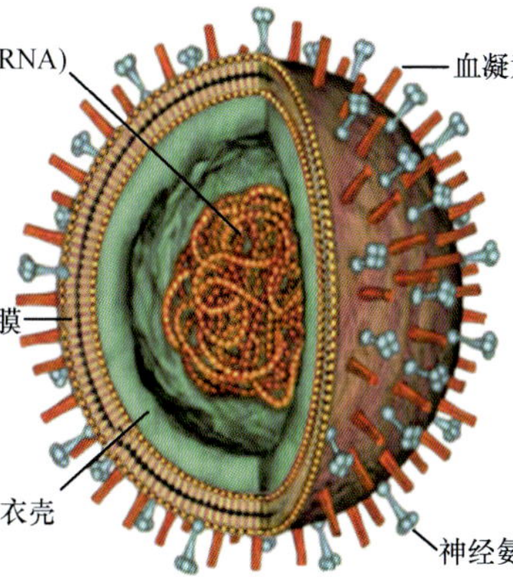

图 6-1 流感病毒结构示意图

2. 抗原结构与分型 根据核蛋白和 M 蛋白的不同,流感病毒分为三型:甲型、乙型和丙型。甲型流感病毒根据其表面 HA 和 NA 的不同分为多个亚型。目前发现 HA 有 15 种($H_1 \sim H_{15}$)、NA 有 9 种($N_1 \sim N_9$)。不同 HA 和 NA 构成的亚型均可从禽类中分离到。乙型和丙型的亚型还未发现。

3. 抗原变异与流行的关系 流感病毒的抗原变异主要是表面抗原 HA 和 NA 的变异,有抗原性漂移和抗原性转变两种形式。抗原变异主要发生在甲型,乙型和丙型抗原性较稳定。

(1) 抗原性漂移:为小幅度变异,属于量变,即亚型内变异。引起的流感流行为小流行。

(2) 抗原性转变:变异幅度大,为质变,病毒表面抗原结构发生一种或两种变异,引起新亚型的出现(H2N2→H3N2)。由于人群普遍对新亚型缺乏免疫力,易引起流感大流行。

甲型流感病毒因抗原发生重大变异,曾经引起过数次世界性大流行(表 6-2)。

表 6-2 甲型流感病毒变异引起的大流行

流行年代	抗原结构	代表病毒株
1930 ~ 1946	H0N1	A/PR/8/34(H0N1)
1946 ~ 1957	H1N1	A/FM/1/47(H1N1)
1957 ~ 1968	H2N2	A/Singapore/1/57(H2N2)
1968 ~ 1977	H3N2	A/Hongkong/1/68(H3N2)
1977 ~	H3N2、H1N1	A/USSR/90/77(H1N1)

4. 抵抗力 较弱,经 56℃、30 分钟即被灭活。病毒在室温下传染性很快丧失,对干燥、日光、紫外线及化学药物敏感。

(二) 致病性与免疫性

流感病毒的传染源主要是患者,其次为隐性感染者。感染动物亦可作为传染源感染人类。主要传播途径是呼吸道传播,病毒经飞沫或气溶胶侵入人体。

病毒传染性强,人群普遍易感,故流感易流行。病毒侵入人体后仅在局部增殖,不侵入血液。病毒在呼吸道局部上皮细胞内增殖后引起局部黏膜充血水肿、细胞变性坏死脱落、分泌物增多等,严重者可延及下呼吸道引起病毒性肺炎。

机体感染后经 1 ~ 4 天的潜伏期,突然发病,出现畏寒、头疼、发热、肌痛、乏力、鼻塞、流涕、咽痛和咳嗽等症状。体温可高达 38 ~ 40℃,持续 1 ~ 5 天。流感具有自限性,若无并发症,5 ~ 7 天后痊愈。年老体弱、免疫力低下、心肺功能不全者和婴幼儿可并发细菌感染,特别是肺炎,常危及生命。

流感病毒感染后，体内能产生相应抗体。抗 HA 为中和抗体，包括 IgG、IgM 和 SIgA。抗 HA 对同一亚型病毒的感染有抵抗作用，免疫力牢固，但对其他亚型无交叉免疫能力。

情境案例 6-1

患者，男性，25 岁。因出现畏寒、头疼、肌痛、乏力、咳嗽、流涕等症状一天就诊。查体：体温 38.6℃、脉搏 103 次/分，余无特殊，经了解患者生活小区有相同患者数人。

情境案例 6-1 临床分析

患者有流感相应症状、体征和流行病史：畏寒、头疼、肌痛、乏力、咳嗽、流涕等；体温 38.6℃、脉搏 103 次/分；小区有相同患者数人。根据流行病史、症状和体征，病人诊断为流感。

（三）微生物学检查

流感病例可根据流行情况和典型临床表现作出临床诊断。实验室检查主要用于流行病学调查和病毒型别鉴定。

1. 病毒的分离与鉴定　取咽拭子或咽漱液接种于鸡胚羊膜腔或尿囊腔，孵育 3～4 天后，以羊水或尿囊液作血凝试验。试验阳性者再进行血凝抑制试验，鉴定型别。

2. 快速诊断　有间接或直接免疫荧光法、ELISA 法查呼吸道脱落细胞中的病毒抗原等。

（四）防治原则

以预防为主，早期发现病人，及时隔离治疗。加强锻炼，提高自身免疫力。流感流行期间对公共场所进行空气消毒等，以防发生大流行。接种疫苗是预防流感最有效的方法，但疫苗必须与当前流行株的型别基本相同。

目前对流感尚无特效药物，盐酸金刚烷胺和甲基金刚烷胺对甲型流感病毒有一定抑制作用，可用于流感预防和早期治疗。

二、麻疹病毒

麻疹病毒是麻疹的病原体。麻疹是小儿常见急性呼吸道传染病之一，易感年龄为 6 个月至 5 岁，6 个月以内幼儿因从母体获得特异性 IgG，具有一定的抗麻疹免疫力。未接种疫苗的易感者感染后发病率几乎为 100%。我国自 1965 年使用疫苗以来，麻疹的发病率明显下降。麻疹是 WHO 计划消灭的传染病之一。

（一）生物学特性

麻疹病毒呈球形或丝状，直径为 120～250nm。核心为 RNA，不分节段。核衣壳为螺旋对称型，有包膜，包膜上有血凝素（HA）和血溶素（HL）两种刺突。

麻疹病毒的抗原性稳定，只有一个血清型。

麻疹病毒对理化因素抵抗力较弱，经 56℃、30 分钟可被灭活，对一般消毒剂和脂溶剂敏感，对日光、紫外线也敏感。

（二）致病性与免疫性

传染源是急性期病人，在出疹前、后 4～5 天传染性最强。病毒经飞沫直接传染，也可经玩具、用具等间接接触传染。潜伏期为 9～12 天。

病毒首先在呼吸道上皮细胞中增殖，继而侵入淋巴结增殖后入血，形成第一次病毒血症。病毒随血液到达全身淋巴组织和单核吞噬细胞系统内增殖，再次侵入血液，形成第二次病毒血症。此时由于眼结膜、口鼻黏膜、呼吸道黏膜、小血管等处均受病毒侵入而发生病变，临床表现为发热、畏光、流涕、咳嗽、眼结膜充血等。口腔颊黏膜上出现中心灰白、外绕红晕的黏膜斑（Koplik 斑），对临床早期诊断有意义。随后 1～3 天出现特征性红色斑丘疹，先头面部，然后颈部、躯干，最后四肢。皮疹出齐后 24 小时，体温下降，呼吸道症状逐渐消退，皮疹边暗，有色素沉着。麻疹一般可自愈，但由于发病中患者免疫力下降，易并发细菌感染，引起肺炎、支气管炎、中耳炎等，肺炎是麻疹患者死亡的主要原因之一。

此外，少数麻疹患者出现亚急性硬化性全脑炎（SSPE）。SSPE 是麻疹晚期中枢神经并发症，患者大脑功能逐渐衰退。从发病到死亡为 1～2 年。

麻疹病后可获得持久免疫力，包括体液免疫和细胞免疫，以细胞免疫为主。机体感染后产生的 HA 抗体和 HL 抗体有中和病毒的作用。

（三）防治原则

对儿童进行麻疹减毒活疫苗的接种是预防麻疹的主要措施。对 8 月龄婴儿做初次接种，学龄前再加强一次。接种后抗体阳性率可达 90% 以上，免疫力可维持 10～15 年。

对已接触患者的易感儿童，应紧急注射丙种球蛋白或胎盘球蛋白，进行人工被动免疫，可防止发病或减轻症状。

三、腮腺炎病毒

腮腺炎病毒是流行性腮腺炎的病原体。病毒呈球形，直径为 100～200nm，核酸为 RNA，核衣壳为螺旋对称型。有包膜，包膜上有刺突。腮腺炎病毒只有一个血清型。抵抗力较弱，经 56℃、30 分钟可被灭活，对乙醚、氯仿等脂溶剂和紫外线均敏感。

人是腮腺炎病毒的唯一宿主，传染源是病人和病毒携带者，经飞沫传播，引起流行性腮腺炎。易感者为 5～14 岁儿童，好发于冬春季节。病毒首先侵入呼吸道上皮细胞并在其中增殖，随后进入血液，形成病毒血症，病毒随血液扩散至其他器官如睾丸、卵巢、胰腺等，引起相应症状。潜伏期为 1～3 周，临床主要表现为一侧或两侧腮腺肿大、疼痛，并伴有发热、乏力等，病程为 1～2 周。部分患者可并发睾丸炎、卵巢炎及病毒性脑炎，并发睾丸炎可致男性不育症。病后可获得牢固免疫力。

对于腮腺炎患者应及时隔离，防止传播。接种疫苗是有效的预防方法。目前我国使用的是单价减毒活疫苗，1 岁时初种，2 岁及学龄前各加强一次。对患者目前尚无有效药物治疗。

四、冠状病毒

冠状病毒是引起普通感冒的主要病原体，也可引起胃肠炎。2002 年 11 月至 2003 年 6 月世界流行的严重急性呼吸综合征（SARS）的病原体也是一种新的冠状病毒，称为“SARS 冠状病毒”。

冠状病毒形态为多形性，直径为 80～160nm，核酸为 RNA，不分节段，核衣壳呈螺旋对称型，有包膜，包膜表面有突起，病毒外形呈日冕状或冠状。病毒对理化因素抵抗力较差，加热 56℃、30 分钟或 37℃几小时即失去传染性，对脂溶剂、紫外线敏感。

冠状病毒可感染各年龄组人群，主要经飞沫传播，引起普通感冒和咽喉炎。某些毒株也可经口传播，引起成人腹泻或胃肠炎。流行期为冬春季节。2002～2003 年流行的 SARS，传染性极强，临床表现为发热、干咳、中性粒细胞不升高或降低，肺部有弥漫性炎症且发展迅速，部分病人很快出现呼吸衰竭，死亡率约为 4.2%。

对冠状病毒的感染无特效药物。对 SARS 应按乙类传染病处理，疾病暴发时要严格控制传染源，消毒空气。对重症病例可使用肾上腺素、干扰素、中医中药、抗生素等治疗，有较好疗效。对 SARS 疫苗的研究尚在进行中。

五、其他呼吸道病毒

其他呼吸道病毒主要有副流感病毒、呼吸道合胞病毒、腺病毒、风疹病毒、鼻病毒等。它们的主要特征见表 6-3。

表 6-3 其他呼吸道病毒的主要特征

病毒名称	大小(nm)	形态与结构	血清型	所致疾病
副流感病毒	125 ~ 250	球形,单股 RNA,有包膜及刺突	1 ~ 4	小儿哮喘病、细支气管炎、肺炎、普通感冒等
呼吸道合胞病毒	120 ~ 200	球形,单股 RNA,有包膜	1 个型	成人普通感冒、鼻炎、肺炎、支气管炎等
腺病毒	70 ~ 90	球形,双股 DNA,无包膜	A ~ F 六个亚组 47 型	婴幼儿支气管炎、支气管肺炎、成人普通感冒等
风疹病毒	50 ~ 70	球形,单股 RNA,有包膜	1 个型	儿童风疹、胎儿先天性风疹综合征(先天性心脏病、白内障、耳聋、智力低下等)、死胎及流产等

考点:流感病毒的形态结构、生物学性状、抗原变异与流感流行的关系,流感病毒的流感的主要临床表现、预防措施;麻疹病毒的防治,麻疹的易感人群、典型表现及并发症、预防措施;冠状病毒的传播途径、典型表现

思考:1. 流感病毒的抗原变异与流感流行有何关系?流感病毒通过什么途径感染人体,有哪些典型症状?如何预防流感?

2. 麻疹病毒有哪些传播途径?

3. 怎样对麻疹作特异性预防?

小结

流感病毒是流感的病原体,呈球形或丝状,分三型:甲型、乙型、丙型。甲型流感病毒最易发生变异,会引起世界性大流行。流感病毒有包膜和刺突。刺突成分包括血凝素和神经氨酸酶,为病毒的主要表面抗原成分。流感病毒主要传播途径是呼吸道传播,潜伏期为 1 ~4 天。流感病毒感染后,体内能产生相应抗体,对同一亚型病毒的感染有抵抗作用,免疫力牢固,但对其他亚型无交叉免疫能力。对流感主要以预防为主。

麻疹病毒是麻疹的病原体。麻疹病毒经飞沫直接传染,也可经玩具、用具等间接接触传染。口腔颊黏膜上 Koplik 斑对临床早期诊断有意义。易并发细菌感染,引起肺炎等。最严重的并发症是亚急性硬化性全脑炎(SSPE)。病后可获得持久免疫力。对儿童进行麻疹减毒活疫苗的接种是预防麻疹的主要措施。

腮腺炎病毒是流行性腮腺炎的病原体。病后可获得牢固免疫力。对患者目前尚无有效药物治疗,接种疫苗是有效的预防方法。

人冠状病毒是引起普通感冒的主要病原体,也可引起胃肠炎,主要经飞沫传播。SARS 的病原体也是一种新的冠状病毒,称为"SARS 冠状病毒",传染性极强,患者主要表现为发热、干咳,肺部有弥漫性炎症且发展迅速,部分病人很快出现呼吸衰竭。对冠状病毒的感染无特效药物治疗。SARS 疫苗的研究尚在进行中。

自 测 题

一、名词解释

1. 抗原漂移　2. 抗原转变　3. Koplik 斑

二、填空题

1. 流感病毒分为三型:________、________和________。其中,最易变异的是________。

2. 抗原性漂移引起的流感流行为________;抗原性转变引起的流感流行为________。

三、选择题

1. 流感病毒分型的根据是

A. 血凝素

B. 神经氨酸酶

C. 流行病学特征

D. 核蛋白和基质蛋白的抗原性

E. 所致疾病的临床特征

2. 流感大流行的出现常常是因为

A. 流感病毒核蛋白变异

B. 流感病毒基质蛋白变异

C. 流感病毒毒力增强

D. 血凝素和神经氨酸酶大变异
E. 血凝素和神经氨酸酶小变异

3. 流感病毒的传播途径是
A. 经飞沫传播　B. 经消化道传播
C. 经性接触传播　D. 经胎盘传播
E. 经蚊吸血传播

4. 未接种麻疹疫苗而又与麻疹患者密切接触的儿童应及早
A. 注射抗生素　B. 服用磺胺药
C. 注射麻疹疫苗　D. 注射母亲全血
E. 注射丙种球蛋白

5. 6个月以内的婴儿对麻疹等疾病的免疫力源自
A. 出生时即接种了麻疹疫苗
B. 胚胎期感染
C. 经胎盘从母体获得 IgG
D. 经胎盘从母体获得 IgM
E. 出生后体内立即合成足够 IgG

6. 引起 SARS 的病原微生物是
A. 麻疹病毒　B. 腮腺炎病毒
C. 风疹病毒　D. 新型冠状病毒
E. 腺病毒

(7～11 题共用选项)
A. 流感病毒　B. 新型冠状病毒
C. 麻疹病毒　D. 腮腺炎病毒
E. 风疹病毒

7. 引起 SARS 的是
8. 引起 Koplik 斑的是
9. 可并发睾丸炎的是
10. 刺突成分为血凝素和神经氨酸酶的是
11. 导致先天性耳聋的是

第二节　肠道病毒

肠道病毒的共同特征：①病毒体呈球形，衣壳为20面对称结构，无包膜。②基因组为单股正链RNA。③耐乙醚、耐酸，56℃、30分钟可被灭活，对紫外线、干燥敏感；在污水或粪便中可存活数月。④主要经粪—口途径传播，亦可经呼吸道传播，引起人类多种疾病，如麻痹、心肌损伤、腹泻等。

一、脊髓灰质炎病毒

脊髓灰质炎病毒是脊髓灰质炎的病原体。脊髓灰质炎是儿科急性传染病之一。由于病毒侵犯脊髓前角运动神经元，常引起以肢体肌肉迟缓性麻痹为主的后遗症，称为“小儿麻痹症”。

（一）生物学特性

病毒颗粒呈球形，直径为27～30nm。核酸类型为RNA，无包膜（图6-2）。按抗原性不同，脊髓灰质炎病毒可分为Ⅰ型、Ⅱ型和Ⅲ型三个血清型。

抵抗力较强，在污水和粪便中可存活数月；耐胃酸、蛋白酶和胆汁。室温下可存活数天，经56℃可迅速灭活病毒。对高锰酸钾、过氧化氢溶液、含氯石灰等氧化剂敏感，可用于消毒。

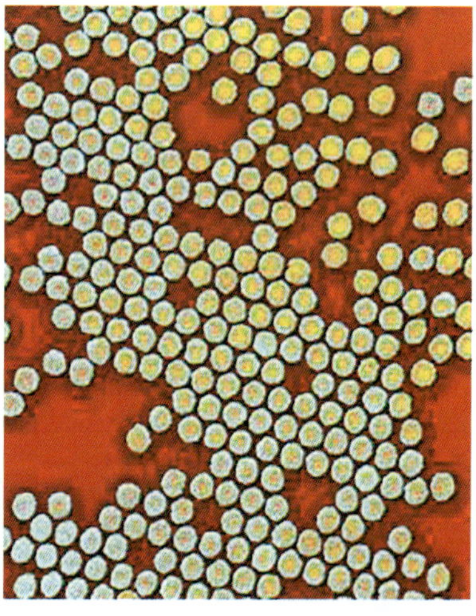
图6-2　脊髓灰质炎病毒

（二）致病性与免疫性

脊髓灰质炎的传染源有患者和无症状带毒者。主要经粪—口途径传播。潜伏期为1～2周，病毒首先在局部黏膜、扁桃体和肠壁淋巴组织中增殖，然后释放入血，形成第一次病毒血症。病毒随血液扩散到具有病毒受体的靶组织（脊髓前角细胞、骨骼肌细胞和淋巴细胞等），在靶组织中增殖后再次入血，形成第二次病毒血症。约90%以上感染者表现为隐性感染；约5%的感染者表现为顿挫感染，出现发热、头痛、恶心、乏力等非特异性症状，并很快痊愈。只有1%～2%的感染者表现为非麻痹性脊髓灰质炎或无菌性脑膜炎，患者出现颈强直、肌肉痉挛等症状。只有0.1%～2.0%的感染者出现暂时或永久性弛缓性肢体麻痹，以下肢多见，多见于儿童，故称小儿麻痹症。极少数出现延髓麻痹而导致呼吸、心脏衰竭死亡。

机体感染后可产生保护性抗体，获得对同型病毒牢固而持久的免疫力，包括咽喉部、肠道黏膜局部的SIgA和血清中的中和抗体。血清中IgG可经胎盘进入胎儿体内，对6个月以内婴儿具有保护作用。

（三）防治原则

1. 人工自动免疫　使用灭活脊髓灰质炎疫苗（IPV）和口服脊髓灰质炎减毒活疫苗（OPV）作特异性预防，预防效果很好。

目前，常用IPV和OPV的三价混合疫苗TIPV和TOPV。TOPV的免疫程序是：2个月龄开始连服3次TOPV，每次间隔一个月，4岁时加强一次，可获得持久免疫力。疫苗服用时应选择在冬、春季节，以避免其他肠道病毒的干扰。忌用热水溶化冲服。因母乳中含有特异性抗体，也不宜在哺乳前后服用。

2. 人工被动免疫　可用于密切接触脊髓灰质炎患者的易感儿童，按0.3～0.5ml/kg肌内注射10%丙种球蛋白可减少易感儿童的发病率或麻痹的发生率。

情境案例6-2

患者，男性，3岁。因发热、头痛、恶心、乏力伴右下肢弛缓性麻痹4天就诊。查体：体温38.8℃，右下肢腱反射消失，肌力0级。

情境案例6-2 临床分析

病人有脊髓灰质炎及小儿麻痹症的症状和体征：发热、头痛、恶心、乏力；右下肢腱反射消失，肌力0级。根据年龄、病史、症状，病人诊断为脊髓灰质炎继发小儿麻痹症。

二、其他肠道病毒

其他肠道病毒主要有柯萨奇病毒、埃可病毒（ECHO）、轮状病毒和新型肠道病毒68、69、70和71型。它们的特征见表6-4。

表6-4　其他肠道病毒的特征

病毒名称	大小（nm）	病毒形态结构	血清型	所致疾病
柯萨奇病毒	28	球形，单股RNA，无包膜	A组1～24型；B组1～6型	普通感冒、疱疹性咽峡炎、无菌性脑膜炎、手足口病、急性心肌炎及流行性胸痛等
埃可病毒（ECHO）	24～30	球形，单股RNA，无包膜	1～34型	无菌性脑膜炎、婴幼儿腹泻等
轮状病毒	60～80	车轮状，双股RNA，无包膜	A～G组包括多个血清型	婴幼儿腹泻（秋季腹泻）
新型肠道病毒		球形，单股RNA，无包膜	68、69、70、71型	急性出血性结膜炎（红眼病）、手足口病、散发性脑炎、脑膜炎及小儿肺炎和支气管炎等

考点：脊髓灰质炎病毒的形态结构、抗原性、致病性和特异性预防感染途径和发病特点；肠道病毒的共同特点

思考：1. 脊髓灰质炎病毒的形态结构怎样？脊髓灰质炎病毒有几个血清型？通过什么途径感染人体？

2. 为什么服用脊髓灰质炎疫苗要在冬、春季节进行？为什么服用疫苗时不宜哺乳？

小结

脊髓灰质炎病毒是脊髓灰质炎的病原体。按抗原性不同,脊髓灰质炎病毒可分为Ⅰ型、Ⅱ型和Ⅲ型三个血清型。脊髓灰质炎的传染源有患者和无症状带毒者。主要经粪—口途径传播。在体内经过两次病毒血症期。90%以上感染者表现为隐性感染;约5%的感染者表现为顿挫感染,出现发热、头痛、恶心、乏力等非特异性症状,并很快痊愈,只有0.1% ~2.0%的感染者出现小儿麻痹症。机体感染后可获得对同型病毒牢固而持久的免疫力。使用脊髓灰质炎疫苗作特异性预防,预防效果好。

其他肠道病毒还有柯萨奇病毒、埃可病毒、轮状病毒和新型肠道病毒等。引起普通感冒、疱疹性咽峡炎、无菌性脑膜炎、手足口病、婴幼儿腹泻及急性出血性结膜炎等。

自测题

一、填空题

1. 脊髓灰质炎病毒有________、________和________三个血清型。
2. 脊髓灰质炎病毒的传播途径主要是________,有________次病毒血症期。口服疫苗常选择在________季节,以免受其他________病毒的干扰。

二、选择题

1. 脊髓灰质炎病人的传染物主要是
   A. 鼻腔分泌物　B. 眼分泌物
   C. 粪便　D. 唾液
   E. 血
2. 下列理化因素中,不能灭活脊髓灰质炎病毒的是
   A. 紫外线　B. 过氧化氢溶液
   C. 高锰酸钾　D. 56℃ 30分钟
   E. 胃酸
3. 预防脊髓灰质炎最有效的特异性预防措施是
   A. 加强饮食卫生管理
   B. 消灭蝇类
   C. 注射丙种球蛋白
   D. 口服脊髓灰质炎减毒活疫苗糖丸
   E. 加强粪便管理
4. 口服脊髓灰质炎减毒活疫苗糖丸应该是
   A. 热水冲服　B. 母乳融化后服用
   C. 冬、春季服　D. 夏、秋季服
   E. 以上都可以
5. 引起小儿"秋季腹泻"的常见病原体是
   A. 脊髓灰质炎病毒　B. 柯萨奇病毒
   C. 轮状病毒　D. 埃可病毒
   E. 新型肠道病毒

(6~10题共用选项)
   A. 脊髓灰质炎病毒　B. 柯萨奇病毒
   C. 轮状病毒　D. 埃可病毒
   E. 新型肠道病毒

6. 引起红眼病的常见病原体是
7. 可注射丙种球蛋白作紧急预防的是
8. 感染后引起肢体弛缓性麻痹的常是
9. 感染后引起小儿"秋季腹泻"的常是
10. 感染后引起手足口病的常是

第三节 肝炎病毒

肝炎病毒是引起病毒性肝炎的一大类病原体,目前公认的有甲型、乙型、丙型、丁型和戊型五个型别。其中,甲型肝炎病毒与戊型肝炎病毒由消化道传播,引起急性肝炎,一般不转为慢性肝炎或慢性病毒携带者;乙型与丙型肝炎病毒主要经输血、血制品污染的注射器等途径传播,可引起急性肝炎与慢性肝炎,甚至发展为肝硬化及肝癌;丁型肝炎病毒为缺陷病毒,需要乙肝病毒辅助才能复制,传播途径与乙肝病毒相似,常在乙肝病毒感染的基础上感染丁型肝炎病毒。此外,近年还发现一些新的与人类肝炎相关的病毒,如庚型肝炎病毒(HGV)和输血传播病毒(transfusion transmitted virus,TTV)等。其他还有一些病毒如EB病毒、巨细胞病毒等也可引起肝炎,但不列入肝炎病毒范畴。

一、甲型肝炎病毒

甲型肝炎病毒(HAV)是甲型肝炎的病原体,属于小RNA病毒科,嗜肝病毒属。

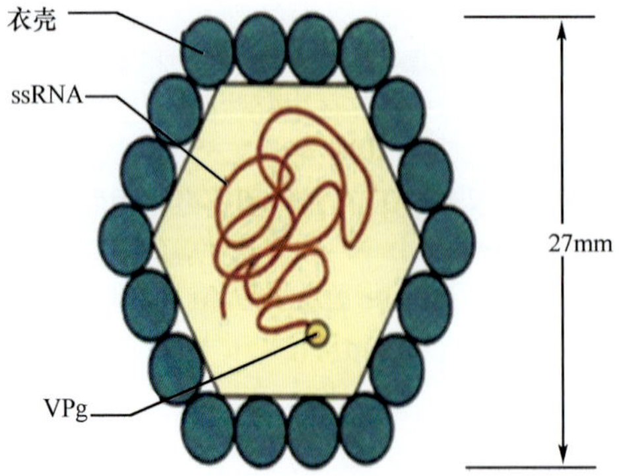

图6-3 甲型肝炎病毒示意图

（一）生物学特性

甲型肝炎病毒为单股 RNA 球形病毒（图 6-3），直径为 27nm，无包膜，衣壳为二十面立体对称体。只有一个血清型，抗原性稳定。

HAV 抵抗力较强，加热 60℃、1 小时不灭活，加热 100℃能耐受 5 分钟。耐酸、乙醚和氯仿等，在海水、淡水、泥沙和毛蚶中可存活数天至数月，对甲醛、次氯酸钠和含氯石灰敏感。

（二）致病性与免疫性

HAV 的传染源为病人及隐性感染者，主要经粪—口途径传播，通过食入污染的食物、水源和海产品等感染，多见于儿童和青少年。甲型肝炎的潜伏期为 15～45 天。HAV 侵入人体后，首先在肠黏膜和局部淋巴组织中增殖，然后入血而形成病毒血症，最终侵入肝脏，在肝细胞内增殖而致病。HAV 在肝细胞内增殖缓慢，一般不直接造成肝细胞损害，其致病机制主要与机体的免疫应答有关。人体感染后多不出现明显的症状和体征，只有少数表现为急性肝炎，患者出现发热、肝肿大和疼痛等表现。黄疸多见并伴有血清氨基转移酶升高。甲型肝炎为自限性疾病，不转为慢性肝炎和慢性携带者，预后良好。

甲型肝炎病后或隐性感染后，机体都可产生抗-HAV 的 IgM 和 IgG 型抗体，IgM 在急性期出现，恢复期出现 IgG，并可持续多年，对病毒的再感染有持久免疫力。

（三）微生物学检查

对甲型肝炎的检查以血清学检查为主，常采用酶联免疫吸附实验（ELISA）或放射免疫（RIA）检测。检测血清中抗-HAV 的 IgM 型抗体可作为 HAV 感染的指标，这是目前最常用的特异性诊断方法。检测抗-HAV 的 IgG 型抗体可用于流行病学调查。

（四）防治原则

加强卫生宣传，严格管理饮食、水源卫生，防止“病从口入”是主要预防措施。对病人排泄物、食具等应消毒处理。

接种疫苗是目前最有效的特异性预防措施。我国目前研制成功并获得批准使用的活疫苗有 H2 株和 L1 株。基因工程疫苗正在研究中；对 HAV 感染的紧急预防，可注射丙种球蛋白。

二、乙型肝炎病毒

乙型肝炎病毒（HBV）是乙型肝炎的病原体，全世界 HBV 感染者约 3.5 亿，其中我国约 1.2 亿，占总人口的 10% 左右。感染类型多样，可表现为重症肝炎、急性肝炎、慢性肝炎或无症状携带者，有的慢性肝炎可演变成肝硬化甚至肝癌。

（一）生物学性状

1. 形态与结构　感染者血清中可见三种不同形态的 HBV 颗粒，即大球形颗粒、小球形颗粒和管型颗粒（图 6-4）。

（1）大球形颗粒：又称 Dane 颗粒，是 1970 年 Dane 首先在乙型肝炎患者血清中发现的。Dane 颗粒是发育成熟的具感染性的完整 HBV 颗粒，直径 42nm，具有两层衣壳。外衣壳相当于一般病毒的包膜，由脂质双层和包膜蛋白组成。包膜蛋白由乙肝病毒表面抗原（HBsAg）、前 S1 抗原（PreS1 Ag）和前 S2 抗原（PreS2 Ag）组成。去掉外衣壳后可暴露内衣壳及核心（核衣壳）结构，呈二十面立体对称型，直径约 27nm。内衣壳蛋白为 HBV 核心抗原（HBcAg），HBcAg 仅存在于 Dane 颗粒的核衣壳表面和感染的肝细胞内，一般在血清中检测不到。去除 HBcAg 后暴露出 e 抗原（HBeAg），HBeAg 可由感染的肝细胞分泌到血清中。Dane颗粒的核心含有双股不完全环状的DNA基因组和DNA多聚酶。

(2) 小球形颗粒:直径22nm,主要为HBsAg,不含DNA和DNA多聚酶,为HBV复制过程中过剩的HBsAg构成,是感染者血清中最常见的类型,无传染性。

(3) 管型颗粒:直径22nm,由小球形颗粒聚合而成,长50~500nm,成分与小球形颗粒相同,无传染性。

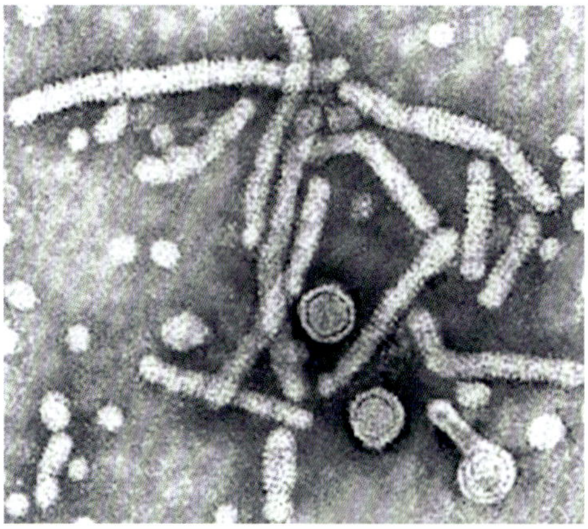

图6-4 乙型肝炎病毒电镜图

2. 抗原组成

(1) 表面抗原(HBsAg):大量存在于感染者的血清中,是HBV感染的主要标志。HBsAg具有抗原性,能刺激机体产生中和抗体(抗-HBs),是制备疫苗的主要成分。另外,PreS1及PreS2抗原性更强,可刺激机体产生相应抗体,抗-PreS1和抗PreS2能阻断HBV与肝细胞结合而起到抗病毒的作用。

HBV有adr、adw、ayr、ayw四种主要血清型,欧美以adw型为主,我国汉族以adr型多见,少数民族多为ayw型。

(2) 核心抗原(HBcAg):存在于Dane颗粒核衣壳表面,为内衣壳成分,其表面被HBsAg覆盖,不易游离在血液中,故不易在感染者血清中检测到。但HBcAg可表达在肝细胞表面,而且抗原性强,能刺激机体产生相应抗-HBc,其中IgG型抗-HBc在血清中维持时间长,无中和作用,是HBc感染的标志;IgM型抗-HBc的存在提示HBV处于复制状态。肝细胞表面的HBcAg可作为CTL作用的表位而诱导机体产生免疫应答,在机体对HBV的清除机制中起重要作用。

(3) e抗原(HBeAg):是病毒基因转录翻译的蛋白质经加工后形成的可溶性蛋白。HBeAg在血液中的消长与病毒体及DNA多聚酶的消长基本一致,阳性者标志HBV复制和血清具有传染性。HBeAg具有抗原性,可刺激机体产生相应抗-HBe。抗-HBe阳性是患者预后良好的征象。

3. 抵抗力 HBV抵抗力较强,对低温、干燥、紫外线均有耐受性,不被70%消毒乙醇灭活。高压蒸汽灭菌(121.3℃ 20分钟)、加热100℃ 10分钟等可灭活HBV。5%次氯酸钠、0.5%过氧乙酸、3%含氯石灰溶液、0.2%苯扎溴铵等能破坏HBV的包膜,使HBV失去感染性,可用于针对HBV的消毒。

(二) 致病性与免疫性

1. 传染源和传播途径 Dane颗粒传染性极强,主要传染源是患者和无症状HBV携带者,后者因无症状,不易被察觉,作为传染源危害性更大。乙型肝炎的传播途径如下所述。

(1) 血液、血制品等传播(非胃肠道途径):为主要传播途径,输血及血制品、注射、针刺(纹身)、手术、拔牙、共用剃刀等均可传播乙型肝炎。

(2) 母婴垂直传播:感染HBV的母亲将病毒传给胎儿和(或)婴儿的过程。宫内感染约占10%,主要是围生期感染,分娩时母体的病毒主要经微小伤口进入新生儿体内感染所致。此外,HBV也可通过哺乳传播。HBsAg和(或)HBeAg阳性的母亲应接种乙肝疫苗,否则婴儿被感染的机会较大。

(3) 性传播:在感染者的精液、阴道分泌物中均有HBV存在,研究发现HBV可通过性接触传播,西方国家已经将乙型肝炎列为性传播疾病范畴。

2. 致病机制 HBV的致病机制目前尚未完全清楚,除了病毒对肝细胞的直接破坏之外,主要是通过机体的免疫应答以及病毒与机体的相互作用引起肝细胞的病理改变所致。乙型肝炎的潜伏期较长,为30~160天。HBV侵入肝细胞,在细胞内增殖并释放出HBsAg、HBcAg和HBeAg等抗原成分,这些抗原可刺激机体产生特异性体液免疫应答和细胞免疫应答,应答的结果具有两面性:一方面可清除病毒;另一方面可造成肝细胞损伤。免疫应答的强弱与HBV感染后引起的临床类型、疾病转归有关。当被感染的肝细胞数量不多、机体免疫应答功能正常时,受感染肝细胞被特异性 CTL 等破坏,HBV 释放到细胞外并被中和抗体清除,临床表现为急性肝炎,并可很快痊愈。若受染肝细胞数量较多,机体免疫功能超过正常,导致肝细胞被大量破坏、肝衰竭时,临床表现为重症肝炎。若机体免疫功能低下或因病毒变异而发生免疫逃逸时,特异性 CTL 不能有效清除细胞内的 HBV,病毒持续存在并不断释放,反复感染其他肝细胞,造成慢性肝炎。慢性肝炎最后可发展成肝硬化。当机体免疫功能处于低水平或缺乏时,机体既不能将病毒清除,也不能杀伤带病毒的肝细胞,病毒与机体之间"和平共处",机体表现为 HBV 携带者或慢性持续性肝炎。

由于 HBsAg 与抗-HBs 结合形成的免疫复合物可随血液循环存积于肾小球基膜、关节滑膜等处,激活补体,引起Ⅲ型超敏反应,故乙型肝炎患者有的可伴有肾小球肾炎、关节炎等肝外病变。如果大量免疫复合物存积于肝内,导致肝毛细血管栓塞,引起急性重型肝炎,也可表现为重症肝炎。

HBV 的 DNA 可整合到肝细胞染色体上诱发原发性肝癌,我国 90% 以上的原发性肝癌患者感染过 HBV。HBsAg 阳性者发生原发性肝癌的危险性比正常人高 217 倍。

情境案例 6-3

患者,男性,48 岁。因全身乏力、食欲缺乏、消瘦、肝区痛一年半,疼痛加重 3 天就诊。查体:患者皮肤、巩膜轻度黄染,肝脏轻度肿大、质地中等、有压痛和叩击痛,颈部及胸部有蜘蛛痣。实验室检查:氨基转移酶升高、HBsAg 阳性、抗-HBc 阳性和 HBeAg 阳性。

情境案例 6-3 临床分析

病人有肝炎的症状和体征:全身乏力、食欲缺乏、消瘦、肝区痛;皮肤、巩膜轻度黄染,肝脏轻度肿大、质地中等、有压痛和叩击痛,颈部及胸部有蜘蛛痣;氨基转移酶升高、HBsAg 阳性、抗-HBc 阳性和 HBeAg 阳性。根据患者症状、体征,诊断为慢性乙型肝炎。

(三) 微生物学检查

对乙型肝炎的实验室诊断,常用血清学方法检测感染者血清中 HBV 标志物。另外,有时也用 PCR 技术对病毒 DNA 进行检查以辅助诊断。

1. HBV 抗原抗体检测　临床上常用方法有 RIA 和 ELISA,其中最常用的是 ELISA。主要检测内容有 HBsAg、抗-HBs、HBeAg、抗-HBe 和抗-HBc(俗称"两对半")。必要时也检测 PreS1、PreS2 及抗-PreS1、抗-PreS2。HBV 的血清学检测结果与临床关系复杂,应对几项检测指标综合分析,才能作出临床判断(表 6-5)。

表 6-5　HBV 抗原、抗体检测结果的临床分析

HBsAg	HBeAg	抗-HBs	抗-HBe	抗-HBc(IgM)	抗-HBc(IgG)	结果分析
+	−	−	−	−	−	无症状携带者
+	+	−	−	+	−	急性或慢性乙型肝炎(俗称"大三阳")
+	−	−	+	−	+	急性感染趋向恢复(俗称"小三阳")
+	+	−	−	+	+	急性或慢性乙型肝炎,或无症状携带者
−	−	+	+	−	+	乙型肝炎恢复期
−	−	−	−	−	+	既往感染
−	−	+	−	−	−	既往感染或接种过疫苗

2. 血清中 HBV DNA 检测　应用斑点杂交法、常规 PCR 技术、定量 PCR 技术检测血清 HBV DNA,是 HBV 存在和复制的最可靠指标,特别是定量 PCR 能测出 DNA 复制数量,有利于观察 DNA 的动态变化。HBV DNA 检测可应用于临床诊断和作为药物疗效考核标准。

(四) 防治原则

1. 一般预防　严格管理传染源和切断传播途径。严格筛选献血员,加强对血液和血制品的管理;提倡使用一次性注射器及输液器;严格消毒医疗器械;对乙肝患者及无症状携带者的血液、分泌物和用具进行严格消毒。

2. 主动免疫　接种乙肝疫苗是预防乙型肝炎最有效的措施。目前常用的是HBV基因工程疫苗。我国规定新生儿和易感人群全面接种乙肝疫苗。新生儿接种疫苗3次(出生后0、1、6个月)后,可获得高达90%的抗-HBs阳性率。HBsAg阳性母亲的婴儿,接种疫苗后保护率可达80%以上。治疗性乙肝疫苗正在研究。

3. 被动免疫　含高效价抗-HBs的人乙肝免疫球蛋白(HBIg)可用于以下情况作紧急预防:①被乙肝患者血液污染伤口者;②母亲为HBsAg、HBeAg阳性的新生儿(先注射HBIg,1～2周后再接种乙肝疫苗,可降低母婴传播率);③HBsAg、HBeAg阳性者的性伴侣;④误用HBsAg阳性的血液或血制品者。

4. 药物治疗　目前尚无治疗乙型肝炎的特效药物。现在使用抗病毒、调节免疫功能和改善肝功能的药物联合治疗,有一定效果。常用的有干扰素、阿昔洛韦和拉米呋啶等。

三、丙型肝炎病毒

丙型肝炎病毒(HCV)是丙型肝炎的病原体。HCV呈球形,大小为50～60nm,是一类具有包膜的RNA病毒,核心含单股RNA。HCV对氯仿、甲醛、乙醚等有机溶剂敏感,加热100℃ 5分钟、20%次氯酸、紫外线照射处理均可将HCV灭活。

丙型肝炎病毒的传染源主要是患者和HCV阳性血制品。HCV主要经血传播,因此也称为输血后肝炎,同性恋者、静脉药物依赖者及接受血液透析的病人是高危人群。此外,HCV也可经性接触、母婴传播和家庭内密切接触传播。丙型肝炎病毒感染潜伏期一般为2～17周,平均为10周。HCV的致病机制有病毒对肝细胞的直接损害、免疫病理损伤以及细胞凋亡导致肝细胞破坏。HCV感染者可表为急性肝炎,但症状较轻,易转为慢性,多数可不出现症状,发现时已经呈慢性过程,约20%可发展为肝硬化甚至肝癌。

丙型肝炎患者恢复后免疫力较弱,容易再次感染。

抗-HCV的检测是诊断HCV感染最常用的方法,也可作疗效评价和筛选献血员。一般预防与乙型肝炎相似,目前尚无特异性预防措施。临床药物治疗常用干扰素、利巴韦林及免疫抑制剂等。

四、丁型肝炎病毒

丁型肝炎病毒(HDV)是丁型肝炎的病原体。丁型肝炎病毒为球形,直径为35～37nm,核心为单股RNA,核衣壳呈二十面立体对称型,衣壳上有HDV抗原(HDAg),核衣壳外包以来自HBV的HBsAg组成的包膜。丁型肝炎病毒不能独立复制,必须在乙型肝炎病毒或其他嗜肝病毒的辅助下才能复制,成为具有传染性的完整病毒颗粒,因此丁型肝炎病毒是一种缺陷病毒。

因为丁型肝炎病毒的包膜是来自乙肝病毒的HBsAg,故灭活乙型肝炎病毒的措施也能灭活丁型肝炎病毒。

HDV主要通过输血或血制品传播,也可以通过密切接触或母婴垂直传播。由于HDV是一种缺陷病毒,因此必须在同时感染HBV或其他嗜肝病毒的条件下,HDV才能复制增殖。HDV的感染有两种形式:①同时感染:同时感染HBV和HDV,同时发生急性乙型肝炎和急性丁型肝炎。这时HBV呈一过性复制,使HDV的复制受到限制,故多数同时感染者的病程具有自限性,转为慢性者较少。②重叠感染:在感染HBV的基础上再感染HDV。多数重叠感染者转为慢性肝炎,则往往导致原有的症状加重或恶化,诱发重症肝炎甚至死亡。故在重症肝炎,应注意是否有HDV共同感染。

用ELISA法或RIA法检测血清中HBsAg或抗-HDV有助于丁型肝炎的诊断。

HDV与HBV有相同的传播途径,预防乙型肝炎的措施同样适用于丁型肝炎。由于HDV是缺陷病毒,凡能抑制HBV复制的药物,亦能抑制HDV。接种乙肝疫苗可预防HDV感染。

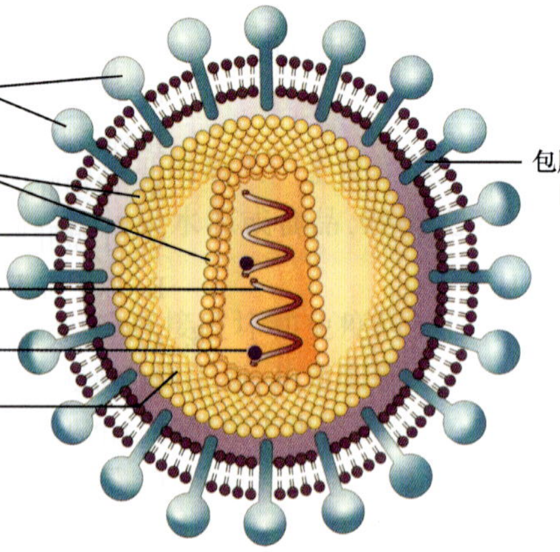

图6-5　HIV结构示意图

及中枢神经组织等标本中，均可分离出病毒。其传播方式主要有三种：①性传播。可通过同性或异性间性行为传播。目前，性传播已经成为我国HIV传播的主要途径。②血液传播。通过输注带HIV的血液、血制品及器官移植等方式传播。③母婴传播。与HIV感染者日常接触（如握手等）及节肢动物叮咬是否会被感染，目前尚无证据。

艾滋病的潜伏期很长，一般为半年至十年。由于CD4是HIV的刺突成分gp120的受体，因此HIV进入人体后选择性侵入带CD4的$CD4^+$T细胞、单核-巨噬细胞和小胶质细胞中，并在其中大量增殖，造成$CD4^+$T细胞大量减少，引起机体免疫功能缺陷等，使感染者出现相应病变。

HIV感染者在感染过程中可经历原发感染期、无症状潜伏期、AIDS相关综合征和典型AIDS四个阶段。在原发感染期，80%以上会表现原发感染的某些症状，如皮疹、恶心、疲劳及盗汗等，持续1～2周；潜伏期可无症状或仅有无痛性淋巴结肿大；AIDS相关综合征表现为发热、盗汗、慢性腹泻及全身淋巴结肿大等；典型AIDS期患者的临床特点出现各种严重机会感染和罕见的恶性肿瘤。常见的机会感染有卡氏肺孢子虫肺炎、白色念珠菌感染、隐孢子虫腹泻及弓形体感染等。恶性肿瘤以恶性淋巴瘤和卡波西肉瘤多见等。另外，40%～90%的艾滋病患者会有神经系统病变，表现出外周神经炎、无菌性脑膜炎及AIDS痴呆综合征等。患者常于出现症状后1～3年内死亡。

HIV侵入人体后，能刺激机体产生相应抗体，如包膜蛋白抗体、核心蛋白抗体等。但这些抗体无病毒清除作用。

三、微生物学检查

艾滋病的微生物检查，常以检测HIV抗体作为感染的标志，常用方法是ELISA，敏感性超过98%。由于HIV与其他反转录病毒之间有交叉反应性，因此ELISA法只能作为HIV感染的筛选试验，阳性者必须作确认试验。常用确认试验是蛋白印迹法，检测p24的抗体和gp120的抗体等。也可用PCR法检测病毒核酸。

四、防治原则

1. 加强卫生宣传，取缔娼妓，严禁性滥交和吸毒。
2. 加强血液制品的检测，严格筛选献血原，确保输血和血液制品的安全性。防止医源性感染。
3. 建立HIV感染的监测系统，掌握流行动态。
4. 严格管理并积极治疗病人及HIV感染者。自1996年临床上开始采用“鸡尾酒疗法”治疗AIDS患者以来，很多患者免疫功能得到一定程度恢复，抗感染能力增强，生命得以延长。HIV疫苗尚在研究中。

考点：HIV的形态结构、传染源、传播途径、致病机制和所致疾病

思考：1. HIV 的形态结构有哪些特点？HIV 通过什么途径感染人体？如何预防 HIV 感染？

2. 对艾滋病患者有必要歧视么？

3. HIV 的致病机制是什么？目前常用治疗方法是什么？

小结

HIV 是 AIDS 的病原体，有两型：HIV-1 型和 HIV-2 型。HIV 呈球形，核心为两条单股正链 RNA 和反转录酶，属于反转录病毒。包膜上有刺突，由蛋白 gp120 及 gp41 组成。传染源有 HIV 感染者和艾滋病患者。传播方式主要有三种：①性传播；②血液传播；③母婴传播。潜伏期一般为 0.5 ~10 年。感染过程中可经历原发感染期、无症状潜伏期、AIDS 相关综合征和典型 AIDS 四个阶段。患者常于出现症状后 1 ~3 年内死亡。目前尚无理想治疗药物，HIV 疫苗尚在研究中。

自测题

一、填空题

1. HIV 有两型：________和________，世界上的艾滋病大多由________型引起。
2. 艾滋病的传染源有________和________。其传播方式主要有三种：________、________和________。
3. 目前诊断 HIV 感染常用的筛查试验是________，查抗-HIV；确诊试验是________，检测 p24 的抗体和 gp120 的抗体等。

二、选择题

1. HIV 可与 T 淋巴细胞表面的 CD4 分子结合的是
   A. 反转录酶　B. P17　C. P24
   D. gp12　E. gp41
2. HIV 的传播途径不包括
   A. 输血　B. 性接触
   C. 垂直传播　D. 握手
   E. 静脉注射毒品
3. HIV 的主要致病机制是
   A. 破坏肝细胞，造成肝功能降低
   B. 杀伤 $CD4^+$T 细胞，使机体免疫功能降低
   C. 抑制骨髓造血功能，使免疫细胞生成减少
   D. 杀伤 B 淋巴细胞，使抗体合成减少
   E. 杀伤中性粒细胞，降低机体免疫功能
4. 下列不是预防 HIV 感染手段的是
   A. 严格筛选献血员　B. 杜绝娼妓
   C. 使用一次性注射器　D. 避免与患者交谈、握手
   E. 严禁吸毒

第五节　其他病毒

一、狂犬病毒

狂犬病是由狂犬病毒侵犯中枢神经系统引起的一种人畜共患急性传染病。我国是狂犬病流行较为严重的国家，2007 年资料显示：中国狂犬病发病数居全球第二位，疫情最严重的地区是广西、贵州、四川、湖南和广东。

狂犬病毒呈弹头状，长 130 ~300nm，宽 60 ~85nm，核心为单股 RNA，有包膜及刺突。只有一个血清型。狂犬病毒在人和动物中枢神经细胞中增殖后，可在细胞质中形成嗜酸性包涵体(内基小体有诊断价值)。抵抗力弱，经 56℃ 30 分钟或 100℃ 2 分钟可灭活。乙醇、乙醚、肥皂水及去垢剂也能将其灭活。

狂犬病毒引起人或动物狂犬病。传染源主要是病犬，其次是病猫。传播途径主要是被传染源狂犬等咬伤或抓伤。潜伏期为 3 ~8 周，长者可达数年。患者的特征性表现是吞咽困难及恐水，因此狂犬病又称为“恐水症”。患者一旦发病，病死率高达 100%。

防治原则：①加强家犬管理，给猫、犬等接种犬用狂犬疫苗，是预防狂犬病的重要措施。②人被犬、猫咬伤、抓伤时，使用 20% 肥皂水清洗伤口，再用 70% 乙醇或碘伏涂擦伤口，消毒在伤口周围和底部浸润注射抗狂犬病人免疫球蛋白。③特异性预防：接种狂犬疫苗作主动免疫或必要时注射抗狂犬病人免疫球蛋白作被动免疫。

二、疱疹病毒

疱疹病毒呈球形，大小为 120 ~200nm，核心含双股 DNA，有包膜及刺突。分为 α、β、γ3 个亚科

100 多种，其中人类疱疹病毒有 8 种，分别是单纯疱疹病毒 1 型（HSV-1）、单纯疱疹病毒 2 型（HSV-2）、水痘带状疱疹病毒、EB 病毒、人巨细胞病毒、人疱疹病毒 6 型（HHV-6）、人疱疹病毒 7 型（HHV-7）、人疱疹病毒 8 型（HHV-8）。

疱疹病毒所致疾病分别是：HSV-1 经接触传播，引起唇疱疹、角膜炎、疱疹性脑膜炎等；HSV-2 经接触传播，引起生殖器疱疹、新生儿疱疹等；水痘带状疱疹病毒经呼吸道飞沫传播或接触传播，引起儿童或成人水痘。部分水痘患者痊愈后，病毒可潜伏在神经根里，当机体免疫力低下时，病毒可再次激活，引起带状疱疹；EB 病毒经唾液的接触或性接触感染，引起传染新单核细胞增多症、非洲儿童恶性淋巴瘤、鼻咽癌等；人巨细胞病毒经接触传播、性传播或胎盘传播等，引起先天性巨细胞病毒感染等；HHV-6 主要经唾液传播，引起幼儿急疹；HHV-7 主要经唾液传播，与疾病的关系有争议；HHV-8 传播途径未明确，性接触可能是主要传播途径，与 Kaposi 肉瘤的发生相关。

三、流行性乙型脑炎病毒

流行性乙型脑炎病毒（简称乙脑病毒），是乙型脑炎的病原体。

乙脑病毒呈球形，大小为 30～40nm，核心含单股 RNA，有包膜。只有一个血清型。经 56℃ 30 分钟或 100℃ 2 分钟可灭活。对多种化学消毒剂敏感。

所致疾病为流行性乙型脑炎（乙脑）。传染源主要是幼猪，传播途径是蚊叮咬。三带喙库蚊是我国乙脑的主要传播媒介。感染者多数为隐性感染，少数出现脑炎表现。易感人群是幼儿，病死率达 10%，约 20% 幸存者留下严重后遗症，出现痴呆、失语或瘫痪等。预防措施：防蚊、灭蚊和接种疫苗。目前尚无特效药物治疗。

四、汉坦病毒

汉坦病毒呈球形、卵圆形或多形体，大小为 78～210nm，核心含单股 RNA，有包膜及刺突。有 10 余个型。抵抗力不强，对多种消毒剂敏感。经 56℃ 30 分钟或紫外线照射 30 分钟能将其灭活。

汉坦病毒的传染源是以鼠类为主的啮齿类动物。传播途径多样，可经呼吸道传播、消化道传播、接触传播、虫媒传播及垂直传播等。所致疾病为流行性出血热（HFRS）、汉坦病毒肺综合征（HPS），HFRS 多发生在我国，约占 90%。目前只有 HFRS 有疫苗作预防，对感染者尚无特效治疗方法。

五、登革病毒

登革病毒呈球形，大小为 45～55nm，核心含单股 RNA，有包膜及刺突。有 4 个血清型（DEN1～DEN4）。

登革病毒的传染源主要是患者和隐性感染者。经蚊虫叮咬传播，主要传播媒介是伊蚊。所致疾病是登革热、登革出血热/登革休克综合征（DHF/DSS），后者发展为出血性休克，病死率高。防蚊、灭蚊是主要预防措施，疫苗还在研究中。目前尚无特效治疗方法。

六、埃博拉病毒

埃博拉（Ebola virus，EBV）是一种引起埃博拉出血热（EBHF）的病毒。埃博拉出血热死亡率高达 50%～90%，是当今世界上最致命的病毒性出血热，生物安全等级为 4 级。WHO 将其列为对人类危害最严重的病毒之一，即“第四级病毒”。2014 年在世界流行的埃博拉出血热，到 2014 年 10 月 20 日止，累计确诊、疑似和可能感染病例超过 9000 例，其中死亡人数超过 4500 人，以西非三国利比里亚、塞拉利昂和几内亚受影响最为严重。

埃博拉病毒属丝状病毒科，呈长丝状，大小为 100nm×（300～1500）nm，核心含单股负链 RNA，外有包膜。EBV 在常温下较稳定，对热有中等度抵抗力，56℃不能完全灭活，60℃ 30 分钟方能破坏其感染性；紫外线照射 2 分钟可使之灭活。对化学药品敏感，乙醚、去氧胆酸钠、甲醛、次氯酸钠等消毒剂可以完全灭活病毒。-70℃条件可长期保存。

埃博拉病毒主要通过病人的血液、唾液、汗液等传播。潜伏期为 2～21 天。感染者突然出现高热、头痛、咽喉疼、虚弱和肌肉疼痛等。然后出现呕吐、腹痛、腹泻。可在 24 小时内死亡。致死原因主要为脑卒中、心肌梗死、低血容量休克或多发性器官衰竭。诊断可用 ELISA 检测特异性 IgG 抗体（出现 IgM 抗体提示感染）；亦可用 ELISA 检测血清中的抗原；可通过细胞培养或豚鼠接种分离病毒。

对感染者目前尚无有效治疗方法，埃博拉病毒疫苗正在研究中。

考点：狂犬病毒的内基小体及意义；狂犬病的临床发展过程；狂犬病防治的具体要求

思考：1. 狂犬病毒的形态结构有哪些特点？狂犬病毒有哪些典型症状？如何有效预防狂犬病？

2. 为什么乙型脑炎好发于幼儿？如何有效预防乙型脑炎？

3. WHO 为何将 EBV 列为“第四级病毒”？

小结

狂犬病毒呈弹头状，核心为单股 RNA。狂犬病毒主要是被传染源咬伤或抓伤引起人或动物狂犬病。狂犬病又称为“恐水症”，患者的特征性表现是吞咽困难及恐水。对受伤处的紧急处理方法是使用 20% 肥皂水清洗伤口，再用 70% 乙醇或碘伏涂擦伤口。特异性预防主要是接种狂犬疫苗。

疱疹病毒呈球形，核心含双股 DNA，有包膜及刺突。人类疱疹病毒有 8 种。可通过直接接触、性接触或飞沫等方式传播，引起不同病变。

乙脑病毒呈球形，核心含单股 RNA，有包膜。传染源主要是幼猪，蚊是其传播媒介。感染者多数为隐性感染，少数出现脑炎表现。主要预防措施是防蚊、灭蚊和接种疫苗。

汉坦病毒呈球形、卵圆形或多形体，核心含单股 RNA，有包膜及刺突。传染源是以鼠类为主的啮齿类动物。可经呼吸道传播、消化道传播、接触传播、虫媒传播及垂直传播等，引起流行性出血热、汉坦病毒肺综合征。

登革病毒呈球形，核心含单股 RNA，有包膜及刺突。传染源主要是患者和隐性感染者。主要传播媒介是伊蚊。所致疾病是登革热等，防蚊、灭蚊是主要预防措施。

埃博拉病毒呈长丝状，核心含单股负链 RNA，外有包膜。主要通过病人的血液、唾液、汗液等传播。对感染者目前尚无有效治疗方法，埃博拉病毒疫苗正在研究中。

自 测 题

一、名词解释

内基小体

二、填空题

1. 狂犬病毒呈________，传染源主要是________，其次是________。传播途径主要是________。
2. 在疱疹病毒中，与鼻咽癌关系密切的是________；HSV-2 经接触传播，引起________和________等。
3. 乙脑病毒传染源主要是________，传播途径是________。易感人群是________。

三、选择题

1. 在神经细胞内发现内基小体，有助诊断的疾病是
   A. 流行性出血热　B. 乙脑　C. 麻疹
   D. 狂犬病　E. 登革热
2. 目前认为与鼻咽癌的发生有关的病毒是
   A. 单纯疱疹病毒 1 型　B. 单纯疱疹病毒 2 型
   C. EB 病毒　D. 脊髓灰质炎病毒
   E. 人巨细胞病毒
3. 下列疾病以蚊作为传播媒介的是
   A. AIDS　B. 脊髓灰质炎　C. 乙脑
   D. SARS　E. 风疹
4. 疾病好转后易潜伏在脊神经根里的病毒是
   A. 水痘带状疱疹病毒　B. 流感病毒
   C. EB 病毒　D. 脊髓灰质炎病毒
   E. 冠状病毒
5. 下列关于乙脑病毒叙述错误的是
   A. 传染源主要是幼猪
   B. 传播媒介是蚊
   C. 感染者多表现为隐性感染
   D. 易感人群是成年人
   E. 病死率高达 10%，幸存者常留下严重后遗症

（6～10 题共用选项）

A. 狂犬病毒　B. 登革病毒
C. EB 病毒　D. 水痘带状疱疹病毒
E. 乙脑病毒

6. 主要以伊蚊为传播媒介的是
7. 引起恐水症的是
8. 与鼻咽癌有关的是
9. 常潜伏在脊神经根的是
10. 我国以三带喙库蚊为主要传播媒介的是

（陈应国）

第7章 其他微生物

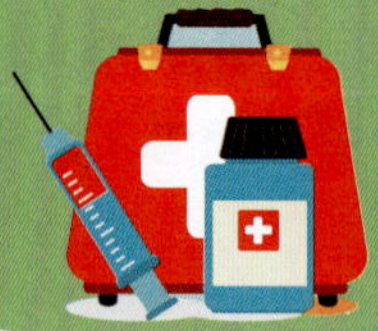

引言：在自然界中的原核细胞型微生物，除细菌外，还存在一些其他类微生物，包括衣原体、支原体、立克次体、螺旋体和放线菌，这些病原体各自有其独特的形态、繁殖方式、致病特点。真菌是真核细胞型微生物，大多数有益于人类，如酿酒、制酱、制造抗生素及提供中草药药源（如灵芝、茯苓、冬虫夏草等），只有少数真菌引起人类的疾病。

第一节 衣 原 体

衣原体是一类能通过细菌滤器、有独特发育周期、严格细胞内寄生的原核细胞型微生物。其介于立克次体和病毒之间，与人类感染有关的主要包括沙眼衣原体和肺炎衣原体，可引起眼部、呼吸道和泌尿生殖道感染。

链接

1955年我国病毒学家汤非凡教授用鸡胚卵黄囊接种法首次分离培养出沙眼衣原体获得成功。为了验证所分离出的沙眼衣原体能否在人的眼睛引起沙眼，他把沙眼衣原体接种进自己的左眼，并以右眼作为对照，为了观察典型沙眼的完整病理过程，肿着眼睛坚持40多天才接受治疗，并重新把自己眼中的沙眼衣原体分离出来，证实了所分离的衣原体对人的致病性。沙眼是使人致盲的第一位病因，因此，他为人类战胜沙眼做出了巨大贡献，并成为世界上发现重要病原体的第一位中国人。

一、生物学性状

衣原体的发育周期有原体和始体两个发育阶段，原体具有感染性。衣原体为专性细胞内寄生，绝大多数能在6～8天龄鸡胚或鸭胚卵黄囊中生长繁殖。形态有球形、杆形、丝状等，革兰染色阳性。衣原体对热敏感，在60℃仅能存活5～10分钟。常用消毒剂能迅速杀灭衣原体。红霉素、多西环素和四环素等有抑制衣原体繁殖的作用。对青霉素不敏感。

二、致 病 性

衣原体内含类似细菌内毒素样的物质，根据抗原构造的不同可分为三个种。引起的疾病包括三类：眼部感染、性传播疾病和呼吸道感染。

（一）沙眼衣原体

沙眼衣原体有三个生物变种和许多血清型。与人类疾病有关的主要是以下几种。

1. 沙眼生物变种引起的疾病

（1）沙眼：由沙眼衣原体沙眼生物变种A、B、C血清型引起，通过眼—手—眼途径或眼—眼途径传播。早期症状主要有流泪、结膜充血、滤泡增生、大量黏液脓性分泌物。晚期症状可有结膜瘢痕、眼睑内翻、倒睫、角膜血管翳等。沙眼是致盲的第一位原因。

（2）包涵体结膜炎：由沙眼衣原体沙眼生物变种D～K及L2a血清型引起，不侵犯角膜，无后遗症。婴儿主要经产道分娩时感染，引起急性化脓性结膜炎。成人主要经性—手—眼或经污染的游泳池水感染，表现为滤泡性结膜炎。

（3）泌尿生殖道感染：主要经性接触传播引起非淋菌性泌尿生殖道感染，是非淋菌性尿道炎最重要的病原菌，约占发病率的50%。感染衣原体后有1～2周的潜伏期。男性主要表现为尿道口流出少量白色的分泌物。尿痛、尿急和排尿困难等症状不如淋病明显，尿道内有痒感，可并发副睾炎和睾丸炎，也可引起前列腺炎、尿道狭窄和不育。女性可表现为尿道炎、子宫颈炎、输卵管炎、盆腔炎等。

2. 性病淋巴肉芽肿生物变种　通过性接触引起性病淋巴肉芽肿。男性主要侵犯腹股沟淋巴结，表现为化脓性淋巴结炎和慢性淋巴肉芽肿溃疡，常形成瘘管。女性可侵犯会阴、肛门和直肠，引起会阴-肛门-直肠组织的狭窄和梗阻。

（二）鹦鹉热衣原体

鹦鹉热衣原体引起鸟类感染，如鹦鹉、鸽子、火鸡等。人若吸入含鹦鹉热衣原体的鸟粪或鼻咽分泌物污染的灰尘，可发生肺炎，并可合并脑炎、心肌炎、败血症等。

（三）肺炎衣原体

肺炎衣原体经呼吸道感染，主要引起青少年急性呼吸道感染，包括引起肺炎、支气管炎、咽炎、鼻炎等。

衣原体的预防主要是注意个人卫生，杜绝不洁性交，避免直接或者间接接触。治疗应早期使用红霉素、利福平、四环素或喹诺酮类药物。

第二节　支　原　体

支原体（图7-1）是一类缺乏细胞壁、具有多形态性、可通过细菌滤器、能在人工培养基上生长的最小原核细胞型微生物。

支原体的大小为0.2～0.3μm，可通过滤菌器，常给细胞培养工作带来污染。无细胞壁，不能维持固定的形态而呈现多形性。革兰染色阴性但不易着色，故常用Giemsa染色法染成淡紫色。营养要求比一般细菌高，大多数兼性厌氧，生长缓慢。

在琼脂含量较少的固体培养基上孵育2～3天出现典型的"荷包蛋样"菌落：圆形，核心部分较厚，向下长入培养基，周边为一层薄的透明颗粒区。

支原体对热的抵抗力与细菌相似。对环境渗透压敏感，对重金属盐、苯酚、甲酚皂和一些表面活性剂较细菌敏感。对青霉素不敏感，对红霉素、四环素、链霉素及氯霉素等抗生素敏感。

支原体在自然界分布广泛，目前发现的支原体已有80多种，其中20余种有致病性，对人有致病性的支原体主要有肺炎支原体和解脲脲原体。

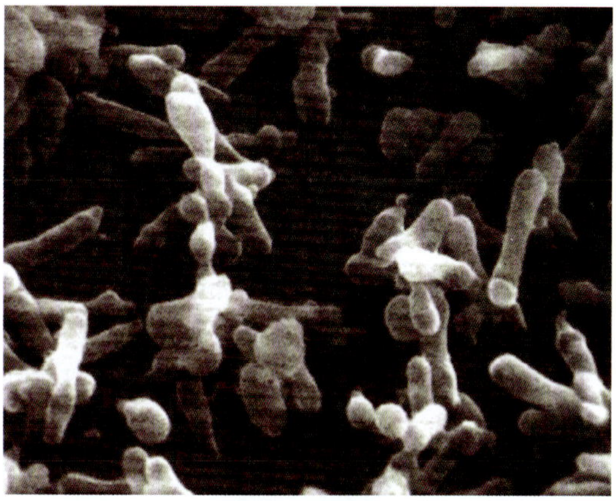

图7-1　支原体

一、肺炎支原体

肺炎支原体引起支原体肺炎（原发性非典型性肺炎）、上呼吸道感染、慢性支气管炎。儿童肺炎中约10%左右、大学生肺炎1/3～1/2为支原体肺炎。肺炎支原体经飞沫传播。多数临床表现不明显，有发热、咳嗽、头痛，持续1～4周缓解。X线下可见肺部有大片边缘不清的阴影。

因支原体有传染性，应注意隔离，治疗可选用红霉素或链霉素等敏感药物。

二、解脲脲原体

解脲脲原体在培养基上形成的菌落很小，仅10～40μm。解脲脲原体可分解尿素产氨对细胞造成损伤，通过性接触引起非淋菌性尿道炎，是当前性传播疾病的主要病原菌之一；也可以引起盆腔炎、输卵管炎，并可通过胎盘感染胎儿，引起早产、流产、死胎等。解脲脲原体可吸附精子，与不育有关。预防主要是防止不洁性生活。治疗可选用红霉素等敏感药物。

第三节　立克次体

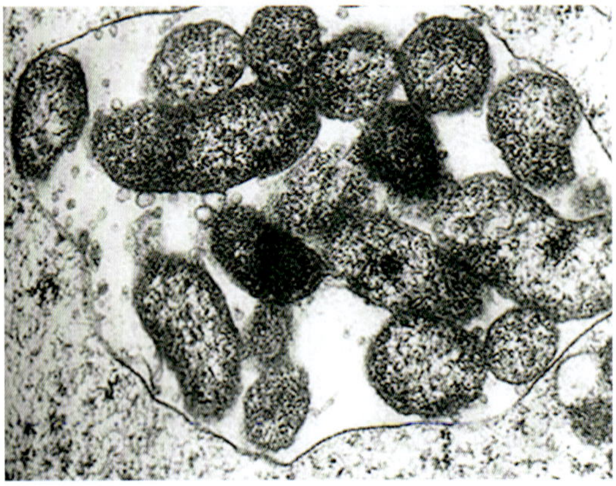

图 7-2　立克次体

立克次体是一类专性细胞内寄生、与吸血节肢动物(虱、蚤、蜱、恙螨)有密切关系的原核细胞型微生物。其介于细菌和病毒之间,人类因自然界中媒介昆虫的叮咬而受到感染,可引起斑疹伤寒、恙虫病等。立克次体细胞大小为(0.3～0.6)μm×(0.8～2.0)μm,一般不能通过细菌滤器。呈球状、杆状或丝状,有的为多形性。有细胞壁,无鞭毛。革兰染色阴性,但不易着色。以二分裂方式进行繁殖,绝大多数立克次体缺乏完整的代谢酶系统,在真核细胞内寄生。大多数不能用人工培养基培养,采用鸡胚、敏感动物及动物组织细胞来培养立克次体(图 7-2)。

链接

立克次体是 1909 年美国病理学副教授立克次(1871～1910)在研究落基山斑疹热时首先发现的。第二年,他不幸因感染斑疹伤寒而为科学献身。1916 年罗恰·利马首先从斑疹伤寒病人的体虱中找到,并建议取名为普氏立克次体,以纪念从事斑疹伤寒研究而牺牲的立克次和捷克科学家普若瓦帅克。1934 年,我国科学工作者谢少文首先应用鸡胚培养立克次体成功,为人类认识立克次体做出了重大的贡献。

立克次体的脂多糖抗原与变形杆菌某些菌株的菌体抗原是共同抗原,因而临床上常用变形杆菌代替立克次体抗原进行非特异性交叉凝集反应,检查立克次体抗体,辅助诊断立克次体病,这种交叉凝集试验称为外斐反应。

立克次体对热、光照、干燥及化学药剂抵抗力差,56℃ 30 分钟即可杀死,对一般消毒剂敏感,对四环素、氯霉素等抗生素敏感。

立克次体的致病物质已证实的有两种,一种为内毒素;另一种为磷脂酶 A。立克次体感染的传播媒介是节肢动物,如虱、蚤、蜱、螨等。虱、蚤的传播方式是含大量病原体的粪便在叮咬处经搔抓皮损处侵入人体;蜱、螨传播则是由叮咬处直接注入体内。

我国主要的致病性立克次体种类及所致疾病见表 7-1。

表 7-1　我国主要的致病性立克次体种类及所致疾病

病原体	所致疾病	媒介昆虫	储存宿主操作要点
普氏立克次体	流行性斑疹伤寒	人虱	人
莫氏立克次体	地方性斑疹伤寒	鼠虱、鼠蚤	鼠
羌虫病立克次体	羌虫热	羌螨	野鼠
Q 热柯克斯体	Q 热	蜱	野生小动物

由于立克次体是严格细胞内寄生的病原体,其抗感染免疫是以细胞免疫为主、体液免疫为辅。病后能获得较强的免疫力。

预防立克次体重点应针对中间宿主及储存宿主(节肢动物),应加以控制和消灭。讲究卫生、消灭体虱有望根绝流行性斑疹伤寒;灭鼠、杀灭媒介节肢动物和个人预防是防止地方性斑疹伤寒、恙虫热的有效措施。接种灭活疫苗或减毒活疫苗后有一定的成效，氯霉素、四环素类抗生素对各种立克次体均有很好的效果。

第四节　螺　旋　体

情境案例 7-1

患者，男性，28岁。在一次不洁性生活一个月后生殖器上出现了一颗圆形硬结，没有任何感觉，故而不在意。一星期后开始溃烂并逐渐增多，到门诊检查后，诊断为生殖器炎症，按照炎症给予治疗，但效果不佳。一个月后，又因突发"发热、疲倦、肌肉痛、关节痛，手掌、足跖有丘疹，生殖器有湿润性增生性斑、丘疹"入院。

情境案例 7-1 临床分析

患者曾有不洁性生活。生殖器上曾有一颗圆形硬结，不痛不痒，1周后溃烂。发热、疲倦、肌肉痛、关节痛，手掌、足跖有丘疹，生殖器有湿润性增生性斑、丘疹。根据病史、症状初步可以诊断为梅毒螺旋体感染。

问题：应如何检查？

螺旋体是一类细长、柔软、弯曲呈螺旋状、运动活泼的原核细胞型微生物。其介于细菌和原虫之间。按菌体螺旋的疏密可分为疏螺旋体属、密螺旋体属和钩端螺旋体属。与人类疾病有关的主要包括梅毒螺旋体和钩端螺旋体，前者引起性传播疾病梅毒，后者引起钩端螺旋体病。

一、梅毒螺旋体

梅毒螺旋体是梅毒的病原体，梅毒是一种广泛流行的性病，近十几年在我国发病率有所回升。

（一）生物学特性

梅毒螺旋体细长，(5～15)μm×(0.1～0.2)μm，形似细密的弹簧，螺旋弯曲规则，两端尖直，运动活泼。镀银染色呈棕褐色（图7-3）。在人工培养基上不能培养。

梅毒螺旋体对温度、干燥均特别敏感，离体干燥1～2小时死亡，4℃中3天死亡，所以血库冷藏3天以上的血液无传染梅毒的可能。对化学消毒剂敏感，对青霉素、四环素、红霉素、砷剂等敏感。

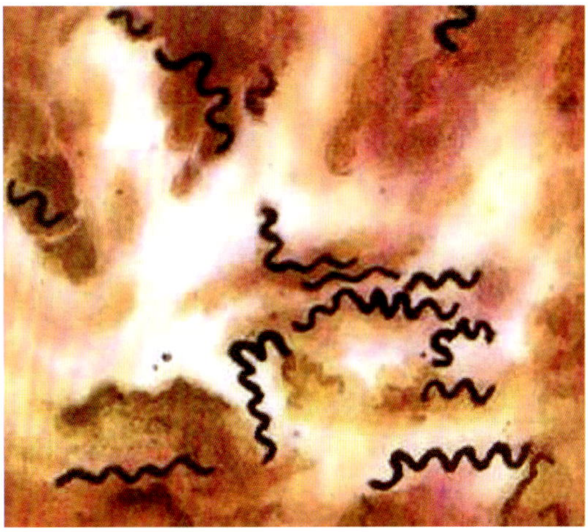
图7-3　螺旋体

（二）致病性和免疫性

病人是梅毒的唯一传染源，由于感染方式不同可分为先天性梅毒和后天性梅毒。前者是患梅毒的孕妇经胎盘传染给胎儿的；后者是出生后感染的，其中95%是由性交直接感染，少数通过输血等间接途径感染。

胎盘传播：先天性梅毒的表现，可导致流产、死胎。婴儿出生后出现皮肤梅毒瘤、骨髓炎、间质性角膜炎、神经性耳聋、锯状齿，称为梅毒儿。

获得性梅毒（后天梅毒）分为三期。

初期梅毒：梅毒螺旋体侵入皮肤黏膜约3周后，在侵入局部出现无痛性硬结及溃疡，称硬性下疳。其溃疡渗出物含有大量梅毒螺旋体，传染性极强。下疳常可自然愈合，经过2～3个月的潜伏期后进入第二期。

二期梅毒：此期的主要表现为全身皮肤黏膜出现梅毒疹，全身淋巴结肿大，有时累及骨、关节、眼及其他器官。在梅毒疹及淋巴结中有大量螺旋体。不经治疗症状一般可在3周～3个月后自然消退；二期梅毒因治疗不当，一般经过2年后进入三期梅素。

三期梅毒：主要表现为皮肤黏膜的溃疡性损害或内脏器官的肉芽肿样病变（梅毒瘤），严重者在经过10～15年后引起心血管及中枢神经系统损害，导致动脉瘤、脊髓痨及全身麻痹等。

机体对梅毒的免疫表现为传染性免疫。体内有梅毒螺旋体存在时可缓慢产生一定的免疫力，经治疗消灭体内螺旋体后，体内免疫力也消退，所以其免疫作用属于传染性免疫，以细胞免疫为主。

（三）微生物学检查

微生物学检查可检查螺旋体，采取初期及二期梅毒硬性下疳、梅毒疹的渗出物等，用暗视野或墨汁显影，如查见有运动活泼的密螺旋体即可诊断。亦可用血清学方法检测。

（四）防治原则

梅毒是一种性病，预防的主要措施是加强卫生宣传教育和社会管理。目前尚无疫苗预防。取缔娼妓。对病人应早诊断、早治疗，现多采用青霉素治疗3个月～1年，以血清中抗体转阴为治愈指标。否则要继续治疗。

二、钩端螺旋体

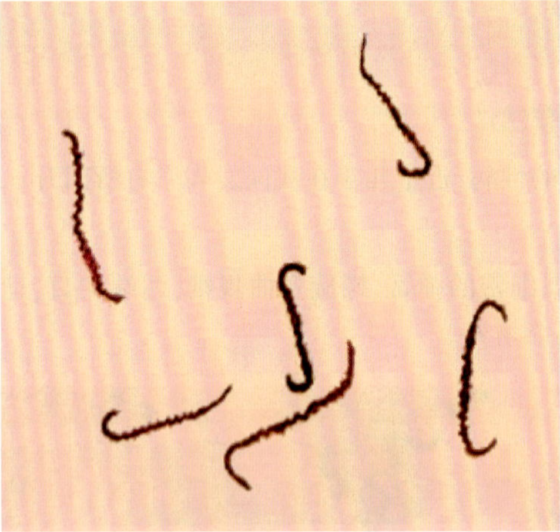

图7-4　钩端螺旋体

钩端螺旋体是钩端螺旋体病的病原体。这种病在全世界广泛存在，尤其是降雨量多的国家和地区。

菌体纤细，长短不一，一般为6～20μm，宽0.1～0.2μm，具有细密而规则的螺旋，菌体一端或两端弯曲呈钩状，常为“C”、“S”等形状（图7-4）。在暗视野显微镜下可见钩体像一串发亮的微细珠粒，运动活泼。镀银染色呈棕褐色。钩体是唯一可用人工培养基培养的螺旋体。

钩端螺旋体对理化因素的抵抗力较其他致病螺旋体强，在水或湿土中可存活数周至数月，对干燥、热、日光直射的抵抗力均较弱，60℃只需10秒就可杀死，对常用消毒剂敏感，对青霉素、庆大霉素敏感。钩体病多流行于夏秋季，鼠和猪为钩端螺旋体的主要储存宿主，表现为隐性感染，菌体随尿液排出，污染水源和土壤。人类因接触疫水和疫土而受感染或通过胎盘垂直传播。

钩端螺旋体病起病急，表现为高热、全身肌肉酸痛，严重者可有明显的肝、肾、肺、中枢神经系统损害，甚至死亡。胎盘垂直传播，可引起流产。

其发病机制与钩端螺旋体产生的内毒素样物质、溶血素、细胞毒性因子等有关。

隐性感染或病后可获得对同型钩端螺旋体的持久免疫力，以体液免疫为主。

病原学检查可在发病一周内取血液，第二周以后取尿液，有脑膜炎症状者取脑脊液进行检查。方法可用形态学或血清学检查法。

钩体病预防以灭鼠为主，加强对带菌家畜的管理。对易感人群接种多价死疫苗，近年国内试用钩端螺旋体外膜亚单位疫苗有一定效果。

治疗首选青霉素，对青霉素过敏者可用庆大霉素、多西环素等。

第五节　放　线　菌

放线菌是一类与分枝杆菌有亲缘关系的原核细胞型微生物，大多不致病，对人有致病性的放线菌主要是衣氏放线菌。

革兰染色阳性,只有营养菌丝,直径小于1μm,有横隔,可断裂成"V"形或"Y"形体。一般为厌氧菌或兼性厌氧菌。菌落为光滑圆形或干燥、蜡样、绒状灰白色或淡黄色的小菌落。

放线菌大多属于口腔正常菌群,是条件致病菌。当拔牙、口腔黏膜损伤、抵抗力下降时,可引起内源性感染。主要引起面颈部软组织化脓性感染。压片镜检可见菊花状、菌丝细长呈放射状的硫黄样颗粒。

机体对放线菌的免疫主要是细胞免疫。

最简单的检查方法是从痰或者脓汁中寻找硫黄样颗粒,也可取活组织染色检查。

治疗首选青霉素,亦可用红霉素或林可霉素等。

链接:抗生素的发现

1929年英国细菌学家弗莱明在培养皿中培养细菌时,发现从空气中偶然落在培养基上的青霉菌长出的菌落周围没有细菌生长。他认为是青霉菌产生了某种化学物质,分泌到培养基里抑制了细菌的生长。这种化学物质便是最先发现的抗生素——青霉素。在第二次世界大战期间他和另外两位科学家经过艰苦努力,终于把青霉素提取出来制成了制服细菌感染的特效药品。因为在战争期间,防止战伤感染的药品是十分重要的战略物资,所以美国把青霉素的研制放在同研制原子弹同等重要的地位。

1943年,这个消息传到中国,当时还在抗日后方从事科学研究工作的微生物学家朱既明,也从长霉的皮鞋上分离到了青霉菌,并且用这种青霉菌制造出了青霉素。

第六节 真 菌

情境案例 7-2

患儿,女性,1岁半。近3天发热、哭闹、流口水、拒绝进食,发现口腔内有白色膜状物而就诊。病史:10天前曾因感冒、咳嗽服用抗生素1周。无其他疾病史。查体:体温38℃,脉搏120次/分,呼吸26次/分。口腔内两侧颊黏膜、牙龈上有白色膜状物,涂片镜检看到出芽的酵母菌和假菌丝。培养见到酵母样菌落。

情境案例 7-1 临床分析

患儿近日发热、哭闹、流口水、拒绝进食,发现口腔内有白色膜状物。查体:体温38℃,脉搏120次/分,呼吸26次/分。口腔内两侧颊黏膜、牙龈上有白色膜状物,涂片镜检看到出芽的酵母菌和假菌丝。培养见到酵母样菌落。根据病史、症状、检查可诊断为口腔内真菌感染。

真菌是一大类有细胞壁,不分根、茎、叶,不含叶绿素的真核细胞型微生物。按细胞结构其可分为单细胞真菌和多细胞真菌。真菌在自然界分布广泛,多数对人类有益处。对人致病的真菌主要是引起各类癣症、过敏、毒素中毒和脏器感染。

一、生物学性状

(一)形态和结构

真菌形态分单细胞和多细胞两类;单细胞真菌主要为酵母和类酵母菌(如隐球菌、念珠菌),呈圆形或椭圆形。多细胞真菌由菌丝和孢子组成,菌丝分枝交织成团形成菌丝体,并长有各种孢子,这类真菌一般称为霉菌。

1. 菌丝 真菌的孢子在环境适宜的情况下长出芽管,逐渐延长呈丝状,称菌丝。菌丝有多种形态:螺旋状、球拍状、结节状、鹿角状和梳状等。不同的真菌有不同形态的菌丝,故菌丝形态有助于真菌的鉴别。

2. 孢子 是真菌的繁殖器官,一条菌丝可长出多个孢子。在适宜条件下孢子可发芽伸出芽管,发育成菌丝。真菌孢子分有性孢子与无性孢子两种。有性孢子是由同一菌体或不同菌体上的2个细胞融合经减数分裂形成的。无性孢子是生殖菌丝上的细胞分化或出芽生成的。病原性真菌大多形成无性孢子。

无性孢子根据形态分为3种:①叶状孢子:由菌丝内细胞直接形成。②分生孢子:由生殖菌丝末端细胞分裂或收缩形成,③孢子囊:孢子菌丝末端膨大成囊状,内含许多孢子,孢子成熟则破囊而出。

(二) 培养与繁殖

病原性真菌大多以出芽、分枝和断裂或形成无性孢子等无性生殖方式进行繁殖。

真菌的营养要求不高,在一般的细菌培养基上能生长,常用沙保培养基培养,最适温度为22~28℃,但深部感染真菌最适宜温度为37℃。需要高温高氧环境。多数病原性真菌生长缓慢,特别是皮肤癣菌,需培养1~2周。酵母型真菌生长较快,一般经24~48小时可形成肉眼可见的菌落。真菌的菌落有两大类:单细胞真菌的菌落为酵母型菌落或类酵母型菌落,多细胞真菌的菌落为丝状菌落。

(三) 抵抗力

真菌对干燥、阳光、紫外线及一般化学消毒剂有耐受力,但充分暴露于阳光、紫外线及干燥情况下大多数真菌可被杀死,对2.5%碘酒、10%甲醛溶液敏感,可用甲醛溶液熏蒸被真菌感染的房间。对热敏感,一般60℃ 1小时可杀死真菌菌丝和孢子。对常用抗生素如青霉素、链霉素等均不敏感;灰黄霉素、制霉菌素、两性霉素B、克霉唑、酮康唑等对多种真菌有抑制作用。

二、致病性与免疫性

不同真菌致病方式不同,真菌引起的疾病大致包括以下几种。

1. 真菌性感染　主要是外源性感染,浅部真菌有亲嗜表皮角质特性,侵犯皮肤、指甲及须发等组织,产生机械刺激损害,同时产生酶及酸等代谢产物,引起炎症反应和细胞病变。深部真菌,可侵犯皮下、内脏及脑膜等处,引起慢性肉芽肿及坏死。

2. 条件性真菌感染　主要是内源性感染(如白色念珠菌),亦有外源性感染(如曲霉菌),此类感染与机体抵抗力、免疫力降低及菌群失调有关,常发生于长期应用抗生素、激素、免疫抑制剂和化疗、放疗的患者。

3. 超敏反应性真菌病　由真菌性变应原(如孢子抗原)引起超敏反应,如哮喘、变态反应性肺泡炎和癣菌疹等。

4. 真菌毒素中毒症　真菌毒素已发现100多种,可侵害肝、肾、脑、中枢神经系统及造血组织。如黄曲霉素可引起肝细胞坏死及肝硬化。

5. 真菌毒素与肿瘤　近年来不断发现真菌毒素与肿瘤有关。其中研究最多的是黄曲霉毒素。此毒素毒性很强,小剂量就可导致癌症。镰刀菌T-2毒素可诱发大鼠胃癌、胰腺癌、垂体和脑肿瘤。

人类对真菌感染有天然免疫力,特异性免疫中细胞免疫是机体排菌杀菌的关键。

三、微生物学检查及防治原则

临床对真菌的检查有直接镜检、培养检查及免疫学检查。

真菌感染尚无特异性预防措施,主要注意公共卫生和个人卫生,碘化物治疗孢子丝菌病、毛霉菌病有一定疗效。制霉菌素、灰黄霉素、克霉唑等外用或内服对癣症和白色念珠菌病等有较好疗效。近年报道5-氟胞嘧啶治疗单细胞真菌感染疗效显著。两性霉素B可用于治疗深部全身真菌感染。

四、常见病原性真菌

(一) 皮肤癣真菌

这类真菌主要引起皮肤等浅部感染。具有嗜角质蛋白的特性,侵犯部位仅限于角化的表皮、毛发和指(趾)甲,引起各种癣症。皮肤癣,特别是手足癣是人类最多见的真菌病。

(二) 白假丝酵母菌(白色念珠菌)

白假丝酵母菌通常存在于人体表和腔道中,一般不致病,当正常菌群失调或免疫力下降时,引起深部组织感染。

菌体为圆形、卵圆形（2μm×4μm）。革兰染色阳性，着色不均匀。以芽生孢子出芽繁殖。孢子伸长成芽管，形成较长的假菌丝。芽生孢子多集中在假菌丝的连接部位（图 7-5）。

本菌在沙保培养基、普通培养基、血平板均可良好生长，需氧，在室温或37℃中培养2 ～3 天，可形成类酵母型菌落。在玉米粉培养基上可长出厚膜孢子。白假丝酵母菌的芽伸长成假菌丝和厚膜孢子有助于鉴定。近年来，随着广谱抗生素、激素和免疫制抑剂的广泛应用，白假丝酵母菌感染日益增多，常见白假丝酵母菌感染有以下几种类型。

1. 皮肤黏膜感染　皮肤念珠菌感染好发于皮肤皱褶处，如腋窝、腹股沟、乳房下、肛门周围、会阴部和指（趾）间等潮湿部位。黏膜感染有鹅口疮、口角糜烂、外阴与阴道炎等，其中以鹅口疮最多，好发于新生儿。本菌还可侵犯指（趾）甲，引起甲沟炎及甲床炎。

2. 内脏感染　主要有肺炎、支气管炎、食管炎、肠炎、膀胱炎和肾盂肾炎等。

3. 中枢神经系统感染　主要有脑膜炎、脑膜脑炎等。

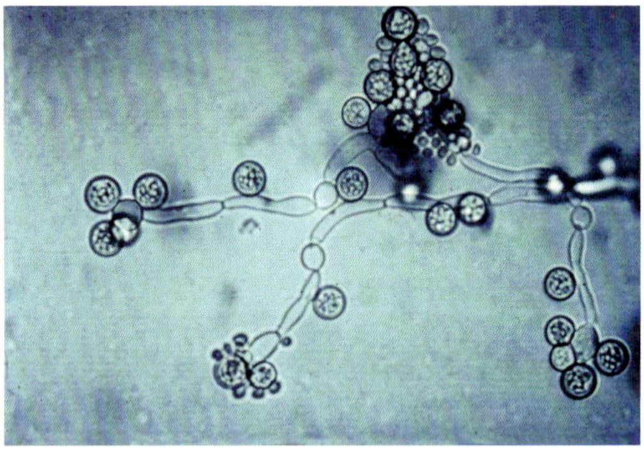

图 7-5　白假丝酵母菌

（三）新生隐球菌

新生隐球菌为圆球形的酵母菌，直径为 4 ~ 20μm，外周有宽大的荚膜，折光性强。一般染色不被着色，难以发现，故称隐球菌。用墨汁负染后镜检，可见黑色背景中有圆形或卵圆形的透亮菌体，内有一个较大与数个小的反光颗粒。菌体常有出芽，但无假菌丝。

新生隐球菌广泛分布于自然界，正常人体表、口腔、粪便有时也能查见此菌。主要传染源是鸽子，在鸽粪中大量存在。人因吸入鸽粪污染的空气而感染，主要引起肺和脑的急性或慢性感染，预后不良。近年来，抗生素、激素和免疫抑制剂的广泛使用，也是新生隐球菌病例增多的原因。

（四）产毒素真菌

约有 150 多种真菌可产毒素，尤其玉米、花生污染霉菌食入后可引起中毒或肿瘤，如黄曲霉菌、橘黄霉菌等。

考点：衣原体、支原体、螺旋体、立克次体、放线菌的致病性、防治原则；真菌的主要生物学性状、致病性、防治原则；常见病原性真菌

思考：引起真菌性阴道炎最常见的是哪种真菌？如何防治？

小结

支原体是一类缺乏细胞壁、具有多形态性、可通过细菌滤器、能在人工培养基上生长的最小原核细胞型微生物。

衣原体是一类介于立克次体和病毒之间的、能通过细菌滤器、有独特发育周期、专性细胞内寄生的原核细胞型微生物。与人类感染有关的主要包括沙眼衣原体和肺炎衣原体，可引起眼部、呼吸道和泌尿生殖道感染。

立克次体是一类介于最小的细菌和病毒之间、专性细胞内寄生、与吸血节肢动物（虱、蚤、蜱、恙螨）有密切关系的原核细胞型微生物。人类因自然界中媒介昆虫的叮咬而受到感染，可引起斑疹伤寒、恙虫病等。

螺旋体是一类介于细菌和原虫之间的细长、柔软、弯曲呈螺旋状、运动活泼的原核细胞型微生物。与人类疾病有关的主要包括梅毒螺旋体和钩端螺旋体，前者引起性传播疾病梅毒，后者引起钩端螺旋体病。

真菌是一大类有细胞壁，不分根、茎、叶，不含叶绿素的真核细胞型微生物，按细胞结构可分为单细胞真菌和多细胞真菌。真菌在自然界分布广泛，多数对人类有益处。对人致病的真菌主要是引起各类癣症、过敏、毒素中毒和脏器感染。

自 测 题

一、名词解释

1. 外裴反应　2. 硫黄样颗粒
3. 孢子

二、选择题

1. 能在无生命培养基上生长繁殖的最小微生物是
   A. 衣原体　B. 支原体
   C. 真菌　D. 细菌
   E. 病毒
2. 梅毒的主要传播方式是
   A. 性接触传播　B. 呼吸道传播
   C. 输血传播　D. 消化道传播
   E. 以上均可
3. 致病性真菌不包括
   A. 皮肤丝状菌　B. 白假丝酵母菌
   C. 酵母菌　D. 黄曲霉菌
   E. 新型隐球菌
4. 下列哪种药物不能治疗真菌性疾病
   A. 克霉唑　B. 灰黄霉素
   C. 两性霉素 B　D. 制霉菌素
   E. 青霉素
5. 患者,男性,28 岁。有不洁性交史,生殖器表面出现无痛性溃疡,有渗出物,可能病原体是
   A. 梅毒螺旋体　B. 淋球菌
   C. 白假丝酵母菌　D. 艾滋病病毒
   E. 以上都可能
6. 患者,女性,45 岁。近日出现下体瘙痒,自述白带增多,有豆渣样分泌物,有异味,应考虑何种病原生物感染
   A. 梅毒螺旋体　B. 衣原体
   C. 白假丝酵母菌　D. 支原体
   E. 淋球菌

三、简答题

1. 简述梅毒螺旋体的生物学特点及防治原则。
2. 真菌可引起哪些疾病?

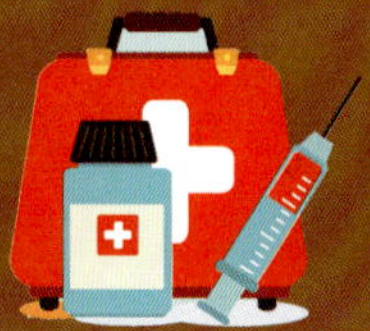

第8章 人体寄生虫学概述

引言：对于寄生虫而言，人体为它们提供了舒适的生存空间。它们通过各种途径千方百计侵入人体，在数十分钟内找到理想的栖息地，并且在人体内长驱直入，到处流窜，为非作歹，几乎可以侵害人体所有的组织和器官。寄生虫病对人类的健康危害极大，不仅会给患者及其家属带来经济负担，也会对社会造成巨大的经济损失，现已成为各国普遍关注的公共卫生问题。

链接：减肥与寄生虫

减肥，已经成为女性最热门的话题。一种新的减肥方式，总是让人趋之若鹜。而现在国外开始流行寄生虫减肥，国内也开始在网络上风行。

所谓"寄生虫减肥"，就是主动感染肠道寄生虫（如蛔虫、绦虫等），利用它们消耗摄入的食物，达到既可以尽情吃喝，又可以减少能量摄入的目的。医学界人士认为，使用寄生虫减肥是一种非常危险的做法，无异于饮鸩止渴。如蛔虫有钻孔的习性，易造成肠穿孔、胆道蛔虫病及其他危险病症（钻入肌肉等）；绦虫的卵更可怕，因为正常消化道感染绦虫是幼虫，它在肠道内发育问题不大，但卵往往进入人的肌肉、血液甚至内脏、大脑，在这里发育成幼虫，造成严重破坏。退一步说，即使只在消化道有寄生虫，也易造成营养不良。

在自然中存在着一些肉眼可见或不可见的低等动物，它们可以随着人的饮食或昆虫作为媒介等途径侵入人体后寄生在人内体表产生损害人健康的作用。我们称这些低等动物为人体寄生虫。

人体寄生虫学是研究与人体健康有关的寄生虫的形态结构、生活史、致病性、实验室诊断方法、流行规律和防治措施的一门基础学科是病原生物学的重要组成部分。人体寄生虫学由医学原虫学、医学蠕虫学和医学节肢动物学三部分组成。学习人体寄生虫学的目的是为了预防、控制与消灭寄生虫病，以及防治与疾病有关的医学节肢动物，保障人类健康。

一、人体寄生虫学的基本概念

（一）寄生

两种生物共同生活，一方受益，另一方受害，受害方为受益方提供营养和居住场所，这种关系称寄生。

（二）寄生虫

某些低等动物逐渐失去自生生活能力，长期或短暂依附于另一种生物体内或体表，获得营养并给对方造成损害，称为寄生虫。

人体寄生虫有200多种，较常见的有数十种。按其与宿主的关系，可分为以下不同类别。

1. 按寄生部位分类　①体内寄生虫（如蛔虫寄生于小肠，疟原虫的红内期寄生于红细胞，红外期寄生于肝细胞）；②体外寄生虫（如虱、蚤寄生于人或动物的体表）。

2. 按寄生性质分类　①专性寄生虫（至少有一个阶段营寄生生活，如血吸虫）；②兼性寄生虫（既可营自生生活，亦可寄生生活，如粪类圆线虫）；③偶然寄生虫（因偶然机会侵入宿主而营寄生生活，如蝇蛆）；④机会致病寄生虫（常隐性感染，当机体免疫力下降时增殖致病，如弓形虫）。

3. 按寄生时间分类　①长期性寄生虫（如蛔虫）；②暂时性寄生虫（如蚊）。

（三）宿主

宿主指被寄生虫寄生的人或者动物。按照寄生关系的性质，宿主可分为以下几类。

1. 终宿主　寄生虫成虫或有性生殖阶段寄生的宿主。

2. 中间宿主　寄生虫幼虫或无性生殖阶段寄生的宿主。有些寄生虫在其发育过程中需要两个或两个以上的中间宿主,按其寄生顺序依次称为第一中间宿主和第二中间宿主等。

3. 保虫宿主　有些寄生虫某一发育阶段既可寄生于人体,也可寄生于某些脊椎动物。在一定条件下可作为传染源传播给人,这些脊椎动物被称为保虫宿主或储存宿主。

(四) 寄生虫的生活史

寄生虫的生活史指寄生虫完成一代生长、发育和繁殖的全过程,包括按顺序发育的各个阶段和所需的外界环境条件。寄生虫的发育一般包括下列五个环节:寄生部位、排出途径、外界发育、感染阶段和途径及体内移行。

(五) 感染阶段

寄生虫生活史各阶段中具有感染人体能力的阶段称为感染阶段,又称感染期。如肝吸虫的生活史中经历虫卵、毛蚴、胞蚴、雷蚴、尾蚴、囊蚴、童虫和成虫阶段,只有活的囊蚴被人误食才能使人感染,所以囊蚴是肝吸虫的感染阶段。

二、寄生虫与宿主的相互关系

寄生虫与宿主的关系,包括寄生虫对宿主的损害、宿主对寄生虫的防御反应和抗损害作用。宿主与寄生虫之间相互作用的结果,一般可归为宿主清除或杀灭寄生虫、寄生虫感染呈带虫状态或患寄生虫病。寄生虫感染而无临床症状者称为带虫者。

(一) 寄生虫对宿主的作用

1. 夺取营养　寄生虫从宿主获取营养,导致宿主营养损耗、抵抗力下降,如蛔虫和某些绦虫。

2. 机械性损伤　寄生虫在其寄生局部造成阻塞、压迫及其他物理损害,如钩虫的钩齿或板齿致肠黏膜损伤;蛔虫引起肠穿孔;棘球蚴引起的压迫症状等。

3. 毒性作用与过敏反应　寄生虫的分泌物、排泄物及死亡虫体的分解产物均可对宿主产生化学刺激或诱发超敏反应,如蛔虫幼虫引起的哮喘;血吸虫虫卵分泌的可溶性抗原引起虫卵肉芽肿而形成肝、肠病变。

(二) 宿主对寄生虫的作用

宿主对寄生虫可产生一系列的防御反应,机体通过非特异性和特异性免疫反应抑制、杀伤或消灭感染的寄生虫,其中特异性免疫起主要作用。

1. 非特异性免疫　即由遗传决定的对致病因子的先天抵抗力,如皮肤、黏膜和胎盘的屏障作用;吞噬细胞的吞噬作用;体液因素对寄生虫的杀伤作用,如补体系统被活化后,可参与机体的防御功能。

2. 特异性免疫　由寄生虫抗原刺激宿主免疫系统所产生的特异性免疫,又称获得性免疫。根据其发生机制可分为体液免疫和细胞免疫;根据其结果可分为消除性免疫和非消除性免疫。

(1) 消除性免疫:指寄生虫感染后,机体所产生的免疫即可清除体内寄生虫,又能对再感染有完全抵抗力。

(2) 非消除性免疫:人体感染寄生虫后产生免疫力,但对宿主体内原有的寄生虫不能完全清除,而仅表现在一定程度上能抵抗再感染。如带虫免疫和伴随免疫。疟疾患者发作停止后,体内仍有低密度原虫,维持机体一定免疫力。

三、寄生虫病的流行与防治

(一) 寄生虫病流行的基本环节

寄生虫病流行的基本环节包括:传染源、传播途径、易感人群。

1. 传染源　人体寄生虫病的传染源是指感染了寄生虫的人和动物,包括患者、带虫者、保虫宿主及含有感染阶段的寄生虫病原存在的外环境。但有些寄生虫感染的早期尚不构成传染源，如疟疾患者在血中配子体出现之前；有些晚期不再排出病原体，如晚期血吸虫病等。

2. 传播途径　指寄生虫从传染源到易感宿主的途径。常见的感染途径有以下几种。

(1) 经口感染：通过食物或饮水等进入机体，如食入感染期蛔虫卵、感染期蛲虫卵等造成感染。

(2) 经皮肤感染：寄生虫的感染阶段经皮肤侵入人体，如钩虫的丝状蚴、血吸虫的尾蚴均可经皮肤侵入人体使人感染。

(3) 经媒介昆虫感染：某些寄生虫必须在昆虫体内才能发育至感染阶段，如蚊传播的疟疾。

(4) 经接触感染：某些寄生虫可通过直接接触或间接接触而感染，如阴道毛滴虫、蠕形螨等。

(5) 其他感染：如弓形虫通过胎盘感染、疟疾通过输血感染等。

3. 易感人群　指对寄生虫缺乏免疫力的人，一般而言，人对寄生虫普遍易感。而一些特定人群如儿童、从非流行区进入流行区即以前未曾接触该病原的人群尤其易感。

(二) 流行因素

1. 自然因素　地理环境、温度、湿度、光照、雨量等自然因素可通过对流行过程三个环节的影响而发挥作用。

2. 生物因素　寄生虫的储存宿主、中间宿主、媒介昆虫或媒介植物及这些生物的天敌和致病微生物，构成了影响寄生虫病流行的复杂生态系统。

3. 社会因素　社会的经济发展、文化、教育、卫生水平以及生产方式、生活习惯等都直接或间接影响寄生虫病流行；另外对寄生虫病流行的人为介入，如防治工作的开展，也是重要影响因素。

(三) 流行特点

1. 地方性　由于地理环境、中间宿主、媒介昆虫等因素的影响，寄生虫病有明显的地域性，多流行于热带、亚热带和温带地区。如吸虫的中间宿主中有螺类，故在我国东南部水域丰富的地区流行，而西北干燥、高寒地区少见。

2. 季节性　外界环境条件直接影响寄生虫病的流行与传播，如蚊传播丝虫和疟疾，而每年的5～10月是蚊的繁殖季节，亦是丝虫病和疟疾的高发季节。

3. 自然疫源性　有的人体寄生虫可在脊椎动物和人之间自然传播，称为人畜共患寄生虫病。某些寄生虫病在荒漠地区的脊椎动物之间传播，当人进入该地区时，可被感染。

(四) 寄生虫病的防治

切断寄生虫病流行的三个环节是防治寄生虫病的基本措施。

1. 消灭传染源　在流行区普查普治带虫者、患者和保虫宿主是控制传染源的重要措施。做好流动人口的监测，控制流行区传染源的输入和扩散也是必要的手段。

2. 切断传播途径　加强粪便和水源管理，注意环境和个人卫生，以及控制和杀灭媒介节肢动物与中间宿主是切断传播途径的重要手段。

3. 保护易感人群　人类对人体寄生虫普遍易感，因此对人群采取必要的保护措施，加强健康教育，改变不良的饮食习惯和行为方式，提高自我保护意识是防止寄生虫感染的最直接方法。必要时可用皮肤涂抹驱避剂，还可预防服药。

对人体寄生虫的防治要根据流行区的实际情况，因地制宜，采取综合防治措施。

考点：人体寄生虫学的基本概念，寄生虫病流行的基本环节，寄生虫与宿主的相互关系，寄生虫病的流行与防治

思考：如何防治寄生虫病？

小结

人体寄生虫为低等动物，可寄生于人或动物体内、体表引起寄生虫病。被寄生的人或动物称宿主，宿主有中间宿主、终宿主、保虫宿主。寄生虫完成一代生长、发育和繁殖的全过程称寄生虫生活史。寄生虫可损害宿主，宿主可对寄生虫产生抑制或清除作用。消灭传染源、切断传播途径和保护易感人群等措施是防治寄生虫的根本原则。

自测题

一、名词解释

1. 寄生虫　2. 宿主
3. 生活史　4. 感染阶段

二、填空题

1. 人体感染寄生虫的主要途径有________、________、________、________和________。
2. 寄生虫对宿主的作用，一般有________、________、________和________。
3. 寄生虫流行的三个基本环节是________、________和________。

三、选择题

1. 寄生虫的幼虫阶段或无性生殖阶段寄生的宿主称
   A. 终宿主　B. 转续宿主
   C. 中间宿主　D. 动物宿主
   E. 保虫宿主
2. 影响寄生虫病流行的主要因素是
   A. 温度、湿度
   B. 土壤、水质
   C. 生物、自然、社会
   D. 社会制度、经济条件
   E. 经济条件
3. 寄生是指
   A. 两种生物在一起，其中一方受益，另一方受害
   B. 两种生物生活在一起，双方受益
   C. 两种生物生活在一起，其中一方得利，另一方不受害也不受益
   D. 两种生物生活在一起，双方受害
   E. 两种生物生活在一起，双方均得利，又均受害

第9章
常见的人体寄生虫

引言：人体寄生虫的大家庭种类繁多，数量庞大。它们寄居在人体内，开拓发育基地，不断剥削宿主，汲取人体营养，随时传播疾病，主要有以下几类：线虫，如蛔虫、钩虫、蛲虫、鞭虫、旋毛虫；吸虫，如肝吸虫、肺吸虫、姜片吸虫、血吸虫；绦虫，如猪带绦虫、牛带绦虫、包生绦虫；原虫，如阿米巴原虫、弓形虫、疟原虫、阴道毛滴虫；医学节肢动物，如蚊、蝇、蚤、虱。我国自然条件复杂，各地区生活习惯与生产方式千差万别。虽经半个多世纪的防治，寄生虫感染率大大下降，但形势仍不乐观，人体寄生虫病仍是我国重要的公共卫生问题，特别是在农村。本章将代表性地介绍几种虫体。

第一节　医学蠕虫

医学蠕虫是一类寄生于人体的软体多细胞无脊椎动物，借肌肉伸缩而蠕动。医学蠕虫是人体寄生虫这个大家族中最重要的成员，生食瓜果蔬菜、饭前便后不洗手、生熟菜刀砧板不分开、生吃鱼虾等日常生活习惯都有可能感染蠕虫。根据医学蠕虫生活史中是否需要中间宿主将其分为：不需要中间宿主的土源性蠕虫和需要中间宿主的生物源性蠕虫。根据形态特征又将医学蠕虫分为线虫、吸虫和绦虫。三类蠕虫的性状比较见表9-1和表9-2。

表 9-1　三类蠕虫的比较及其主要种类

名称	成虫形态体征	生殖器官	生活史	主要种类
线虫	圆柱状，无吸盘，体不分节	雌雄异体	不需中间宿主	蛔虫、钩虫、蛲虫
吸虫	扁而短，有吸盘，体不分节	多数雌雄同体	需中间宿主	肝吸虫、肺吸虫、血吸虫
绦虫	扁而长，有吸盘，体分节	雌雄同体	需中间宿主	猪带绦虫、牛带绦虫

表 9-2　三种线虫的特点比较

种类	感染阶段	感染方式	寄生部位	主要致病作用
蛔虫	感染虫卵	经口	小肠	消化道症状，蛔虫性肠梗阻，胆道蛔虫症
钩虫	丝状蚴	接触疫土	小肠	消化道症状，缺铁性贫血
蛲虫	感染虫卵	经口	回盲部	肛周瘙痒

一、似蚓蛔线虫

似蚓蛔线虫简称蛔虫，成虫寄生于人体的小肠引起蛔虫病，其并发症可对人体造成严重危害，是我国常见寄生虫之一。

（一）形态

1. 成虫　虫体呈长圆柱状，形似蚯蚓。活体呈淡红色，死后呈灰白色。雌雄异体，雌虫长20～35cm，尾端尖直；雄虫长15～31cm，尾端向腹面卷曲（图9-1）。

2. 虫卵　包括受精卵和未受精卵。

（1）受精卵：呈宽椭圆形，棕黄色，大小为（45～75）μm×（35～50）μm，外层为凹凸不平的蛋白质膜，其内卵壳厚而无色，内含一大而圆的卵细胞，卵细胞与卵壳两端常见新月间隙(图 9-2)。

(2) 未受精卵：呈长椭圆形，棕黄色，大小为(88～94)μm×(39～44)μm，卵壳与蛋白质膜均薄，内含许多大小不等的屈光颗粒(图 9-2)。

图 9-1　似蚓蛔线虫成虫

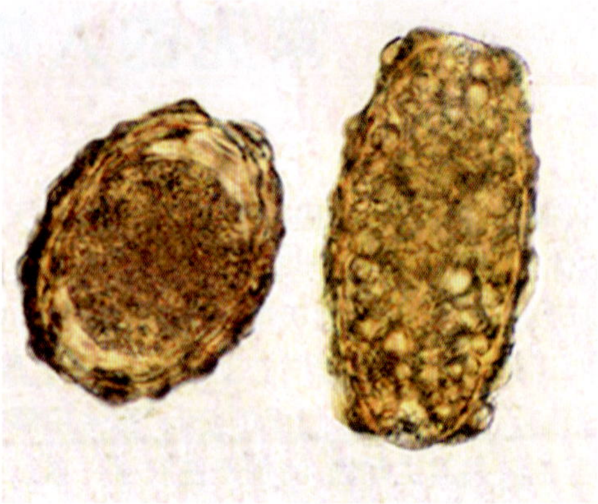

图 9-2　蛔虫受精卵及未受精卵

(二) 生活史

成虫寄生于人体小肠，以肠内容物为食，具有钻孔习性。雌、雄交配后产卵，雌虫每天产卵约 24 万个，卵随粪便排出体外。在潮湿、荫蔽、氧气充足和温度适宜的土壤中，受精卵经 3 周左右的发育，蜕皮 1 次，发育为含蚴虫的感染期卵(即感染阶段)。

感染期卵被人误食后，在小肠内孵出幼虫，幼虫侵入肠壁的微血管和淋巴管，经血液循环和淋巴循环上行至右心，经肺循环，穿过肺部毛细血管壁及肺泡壁入肺泡腔，在此发育 2 周，蜕皮 2 次，沿支气管、气管、咽、食管、胃到小肠，再蜕皮 1 次，发育为成虫。自感染期虫卵进入人体到雌虫开始产卵约需 2 个月，成虫寿命为 1 年左右(图 9-3)。

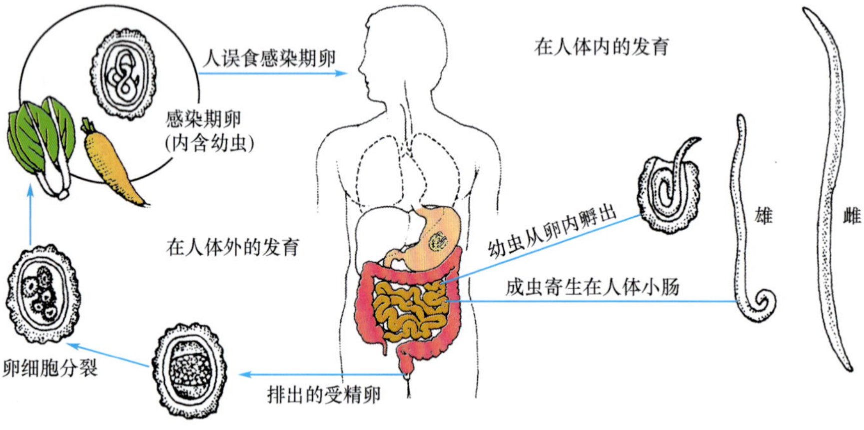

图 9-3　蛔虫的形态与生活史

(三) 致病

1. 幼虫　肺移行时，机械性损伤、蜕皮、虫体本身及代谢产物的化学作用，可引起蛔蚴性肺炎及过敏反应等。症状为发热、咳嗽、血痰、胸闷、荨麻疹及血中嗜酸粒细胞增多等。

2. 成虫　寄生在小肠，夺取营养，机械损伤肠黏膜，可引起营养不良、肠炎等。症状为脐周疼痛、消化不良，腹泻或便秘、恶心、呕吐等。儿童重度感染可引起发育障碍。蛔虫变应原被人体吸收后可出现荨麻疹、皮肤瘙痒、血管神经性水肿等超敏反应。

3. 蛔虫并发症　成虫有钻孔习性，当人体发热、食入刺激性食物及不当的驱虫治疗时，虫体钻入胆道、胰管、阑尾、腹腔等，引起胆道蛔虫病、蛔虫性胰腺炎、蛔虫性阑尾炎、肠穿孔、腹膜炎等。大量蛔虫扭结成团，还可引起肠梗阻。

（四）实验室检查

1. 成虫　粪便或呕吐物中发现成虫，即可确诊。

2. 虫卵　粪便直接涂片法，厚涂片透明法、自然沉淀法、饱和盐水浮聚法检出率更高。

（五）防治原则

加强卫生宣教，讲究饮食卫生，防止食入感染期虫卵，切断感染途径。查治病人、带虫者，消除传染源。常用药物有甲苯咪唑、哌嗪等。加强粪便管理，用无害化处理的粪便施肥，防止虫卵污染土壤。

二、蠕形住肠线虫

蠕形住肠线虫简称蛲虫，成虫寄生于人体肠道的回盲部，可引起蛲虫病，是集体生活儿童的常见病。

（一）形态

1. 成虫　虫体乳白色线头状。雌虫长 8～13mm，虫体中部膨大，尾端长而尖细。雄虫长 2～5mm，尾部向腹侧面卷曲呈“6”字形（图 9-4）。

2. 虫卵　呈柿核形，卵壳厚，无色透明。大小为（50～60）μm×（20～30）μm。虫卵排出时，卵内已含有一幼虫（图 9-4）。

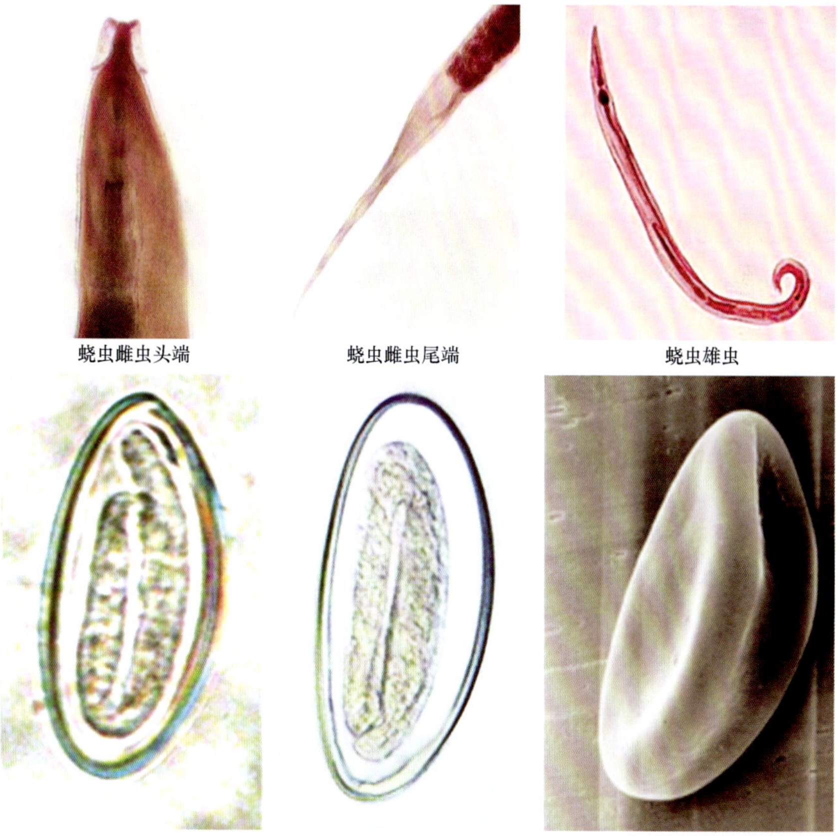

图 9-4　蛲虫成虫、虫卵的形态

（二）生活史

成虫寄生于人体回盲部，以肠内容物为食。雌雄虫交配后，雄虫死亡，雌虫下行至直肠。当宿主入睡后0.5～3小时，雌虫爬到肛周产卵。雌虫产卵后多干枯死亡，少数可经肛门返回肠腔或误入阴道、尿道等处异位寄生。

在肛周的虫卵经6小时的发育，蜕皮1次，发育为感染期虫卵。此卵经口或呼吸道吸入再进入消化道，在小肠内孵出幼虫并向下移行至回盲部蜕皮后发育为成虫。从误食虫卵到成虫产卵需2～4周，雌虫寿命为2～4周。

（三）致病

蛲虫爬至肛门外产卵时，刺激肛门及会阴部皮肤，引起皮肤瘙痒，即蛲虫病。搔抓时抓破皮肤，常可引起继发感染。患者常有烦躁不安、失眠、食欲减退、消瘦、夜惊、夜间磨牙等症状。虫体钻入阑尾，可引起阑尾炎。雌虫钻入尿道、膀胱、阴道、子宫、输卵管等处，可引起相应部位炎症。

（四）实验室检查

1. 成虫　于患儿入睡后1～3小时在肛周或床单、内裤上找到成虫即可确诊。
2. 虫卵　在清晨排便前用透明胶纸法或棉拭子法在肛周取材查到虫卵可确诊。

（五）防治原则

普查普治病人及带虫者；集体生活的儿童要做好蛲虫的普查工作。注意个人卫生和饮食卫生，饭前洗手，勤剪指甲，不吮吸手指，玩具要定期消毒，地面要湿拖。患儿不穿开裆裤。常用驱虫药物有甲苯咪唑、思波维铵等；肛周皮肤涂抹蛲虫膏或2%氯化氨基汞软膏，止痒杀虫。

情境案例 9-1

患者，男性，64岁，农民。下菜地劳动后，手足发痒，次日红肿，形成疱疹，数日后自愈。三个月来腹痛，头晕、乏力，最近1个月来头晕加剧，曾晕厥3次，并每天排出黑色粪便。检查：血红蛋白34 g/l，红细胞200万/mm^3，粪便潜血试验(+)，钩虫卵(+)。

情境案例 9-1 临床分析

下地劳动后，手足发痒，次日红肿。腹痛、头晕、排出黑色粪便。血红蛋白34 g/L、红细胞200万/mm^3、粪便潜血试验(+)、钩虫卵(+)。根据病史、症状、检查可以诊断为钩虫性贫血。

问题

1. 患者可能是通过什么方式感染的钩虫？
2. 患者为什么会出现贫血症状？

三、十二指肠钩口线虫和美洲板口线虫

在我国寄生于人体的钩虫主要有两种，十二指肠钩口线虫和美洲板口线虫，简称十二指肠钩虫和美洲钩虫，成虫寄生于人体小肠上段，以血液为食，引起钩虫病。

（一）形态

1. 成虫　乳白色线头状，长约1cm。活体呈半透明肉红色，死后呈灰白色。十二指肠钩虫比美洲钩虫略大，前端口囊内有两对钩齿，虫体呈“C”形。美洲钩虫口囊内有一对板齿，虫体呈“S”形。两种虫体口囊两侧有头腺一对，分泌抗凝血物质。雄虫尾部有膜状膨大的交合伞和2根交合刺（图9-5）。

2. 虫卵　两种钩虫虫卵形态相似，椭圆形，无色透明，大小为(56～76)μm×(35～40)μm，卵壳极薄，内含4～8个卵细胞，卵细胞与卵壳之间有明显间隙，若粪便放置过久或患者便秘，卵细胞可分裂、发育，成为桑椹期卵或含蚴卵（图9-6）。

3. 钩蚴　分杆状蚴和丝状蚴，均为蛇行，无色透明。大小为0.25～0.7mm，丝状蚴略大于杆状蚴。

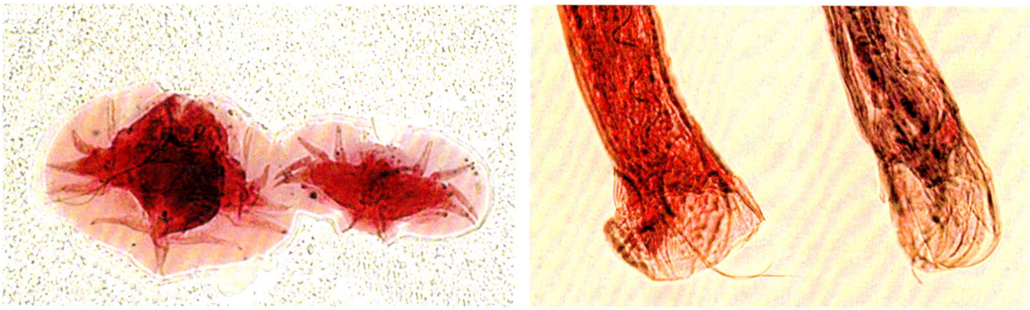

图9-5　十二指肠钩虫(左)和美洲钩虫(右)交合伞和交合刺

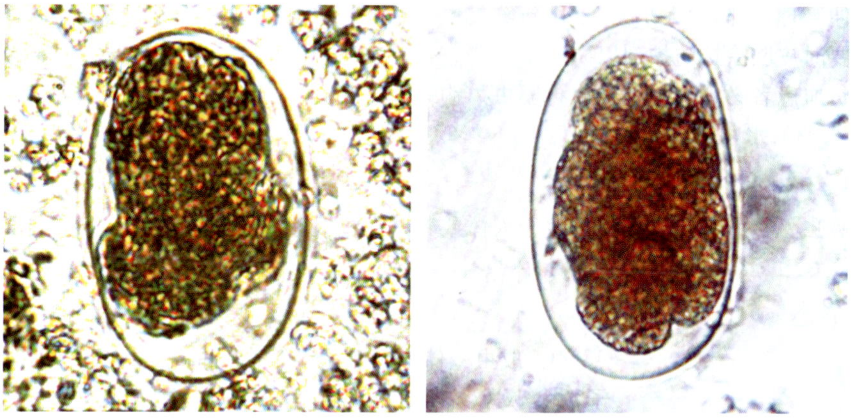

图9-6　钩虫虫卵

(二) 生活史

两种钩虫的生活史基本相同。成虫寄生于小肠上段,借口囊内的钩齿或板齿咬附在肠黏膜上,以血液、组织液和肠黏膜为食,雌、雄交配后产卵,十二指肠钩虫每天产卵10 000～30 000个,美洲钩虫每天产卵5000～10 000个,虫卵随粪便排出体外。虫卵在温暖、潮湿、含氧充足的土壤中,1天左右孵出第1期杆状蚴,经2天,蜕皮1次成为第2期杆状蚴,再经1周蜕皮1次发育为丝状蚴(感染阶段)。

丝状蚴具有向温、向湿、向组织的特性,当触及人或动物的皮肤时借其活跃的穿刺运动和酶的作用,经毛囊、汗腺或破损的皮肤钻入皮下,在局部停留24小时后,随血流至右心再到肺部,穿过肺部毛细血管壁入肺泡腔,再沿支气管、气管、咽、食管、胃到达小肠,蜕皮2次发育为成虫。丝状蚴亦可经消化道或口腔黏膜侵入血液循环,循上述途径到达小肠发育为成虫。自丝状蚴侵入人体至成虫产卵需5～7周,成虫寿命一般为3～5年。

(三) 致病

1. 幼虫

(1) 钩蚴性皮炎:俗称粪毒或着土痒。丝状蚴经皮肤钻入,数分钟至1小时,既可引起局部皮肤出现针刺、烧灼、奇痒的感觉,还可形成丘疹、水疱。抓破后继发感染可形成脓疱。

(2) 钩蚴性肺炎:丝状蚴肺移行时,穿破微血管,机械损伤及异物刺激作用。患者可出现阵发性咳嗽、血痰、畏寒、发热、血中嗜酸粒细胞增多等症状。

2. 成虫

(1) 贫血:为钩虫的主要致病作用。钩虫借钩齿或板齿咬附肠黏膜吸血,其头腺分泌的抗凝物质

12)mm×(4～6)mm×(3.5～5)mm。口、腹吸盘各1个，卵巢与子宫左右并列于腹吸盘的两侧，两个分支状的睾丸左右并列于虫体的后1/3处。

2. 虫卵　椭圆形，金黄色，大小为(80～118)μm×(48～60)μm。有一卵盖，卵壳薄厚不均，窄端多有增厚。内含1个卵细胞和多个卵黄细胞(图9-9)。

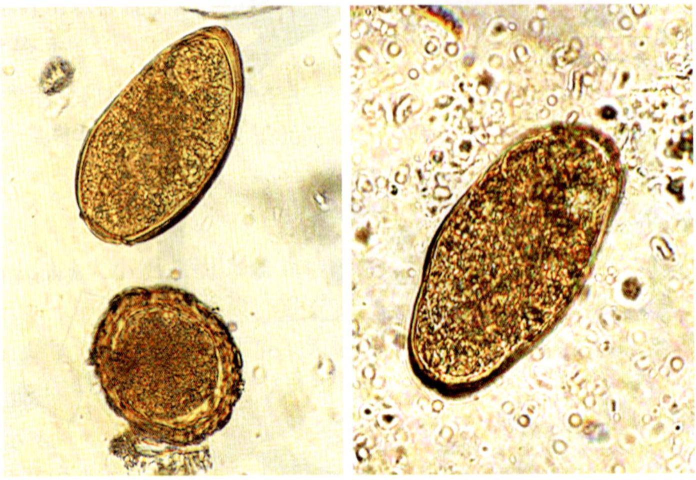

图9-9　卫氏并殖吸虫虫卵

(二) 生活史

成虫主要寄生于人或猫、犬、狼、狐、虎等食肉哺乳动物的肺部，以血液和坏死的组织为食，虫卵随痰液或粪便排出体外，虫卵入水，在25～30℃的水中，经3周左右的发育孵出毛蚴。毛蚴侵入第一中间宿主川卷螺的体内，经胞蚴、母雷蚴、子雷蚴、尾蚴等无性生殖阶段的发育。成熟尾蚴自螺体逸出，侵入第二中间宿主溪蟹或蝲蛄体内，发育为囊蚴(感染阶段)。

当人或哺乳动物生食或半生食含有活囊蚴的溪蟹或蝲蛄时，囊蚴进入小肠，在消化液的作用下，幼虫逸出发育为童虫，童虫穿过肠壁进入腹腔，徘徊于各器官及邻近组织之间。经1～3周窜扰后，穿过横膈经胸腔进入肺发育为成虫。童虫在移行过程中也可侵入其他的组织器官，引起异位寄生。自囊蚴进入宿主体内到成虫产卵，需2～3个月。成虫寿命一般为5～6年，少数可达20年。

(三) 致病

卫氏并殖吸虫的童虫、成虫在组织内寄生，童虫移行或窜绕造成的机械性损伤，引起腹腔各脏器表面炎症、粘连；其分泌物、排泄物等代谢产物可引起过敏反应。成虫寄生于人的肺部引起肺囊肿，胸部X线表现为多个窟穴病灶并以隧道相通。继发感染可引起肺脓肿。临床表现为胸痛、咳嗽、咳铁锈色痰等；若虫体寄生在脑部，可引起癫痫、偏瘫等；若虫体寄生在皮下组织，引起皮下移行性包块及结节等。

(四) 实验室检查

1. 病原学检查

(1) 虫卵检查：取痰液或粪便以沉淀法检查虫卵，查到虫卵即可确诊。

(2) 活检：皮下包块或结节手术摘除或肺囊肿的穿刺物涂片，发现虫卵、童虫、成虫均可确诊。

2. 免疫学检查　皮内试验、酶联免疫吸附试验可用于辅助诊断或流行病学调查。

(五) 防治原则

注意个人卫生和饮食卫生，不生食溪蟹和蝲蛄，生熟刀具、砧板分开使用，不随地吐痰。加强粪便管理，严禁将新鲜粪便入水，防止污染水源，消灭川卷螺。查治病人、带虫者，首选药物吡喹酮。

六、日本裂体吸虫

情境案例 9-2

患者，男性，21 岁，战士。在参加抗洪抢险时在水中浸泡 24 小时。次日高热寒战、淋巴结肿大、全身酸痛、乏力，经抗感冒治疗后无效。一个月后出现肝区疼痛、腹痛、腹泻、痢疾样脓血便。查体：体温 39℃，肝肋下 2cm、有压痛，大便直接涂片镜检见血吸虫卵。

情境案例 9-2 临床分析

水中浸泡 24 小时。高热寒战、淋巴结肿大、全身酸痛、乏力，后肝区疼痛、腹痛、腹泻、痢疾样脓血便。体温 39℃，肝肋下 2cm 有压痛，大便涂片镜检：血吸虫虫卵(+)。根据病史、症状、检查诊断为血吸虫病。

问题

1. 根据什么形态特点判断在大便中找到的虫卵是血吸虫卵？
2. 你认为还需要做哪些检查来帮助确诊？

日本裂体吸虫又称日本血吸虫，简称血吸虫。成虫主要寄生于人或牛、羊、猪、马等家畜的肠系膜静脉内，可致血吸虫病。

（一）形态

1. 成虫　虫体细长，外观似线虫。雌雄异体，成虫在宿主体内呈雌雄合抱状态。雄虫为圆柱状较粗短，乳白色或灰白色，大小为(10～22)mm×(0.5～0.55)mm，虫体两侧向腹面卷曲，形成抱雌沟。雌虫细长，虫体灰褐色，大小为(12～26)mm×(0.1～0.3)mm，常居于抱雌沟内(图 9-10)。

雄虫前段　　　　雌雄合抱

图 9-10　日本裂体吸虫成虫形态

2. 虫卵　虫卵呈椭圆形或类圆形，淡黄色，大小为(74～106)μm×(55～80)μm，卵壳薄，无卵盖，卵壳的一侧亚顶端有一小棘，由于虫卵周围附着坏死组织、粪渣等污物，有时不易见到小棘。卵内含有一毛蚴(图 9-11)。

（二）生活史

成虫寄生于人或牛、羊、猪、马等哺乳动物的门静脉及肠系膜静脉内，以血液为食。雌虫产卵于肠黏膜下层的静脉末梢内，虫卵大部分随血流到达肝脏死亡钙化，少数虫卵在结肠壁内沉积，随粪便排出体外。虫卵入水，在 20～30℃水中经 2～32 小时孵出毛蚴。毛蚴遇到中间宿主钉螺，即钻入钉螺体内，经母胞蚴、子胞蚴的无性繁殖，最后发育为成千上万条尾蚴(感染阶段)，成熟尾蚴逸出螺体，悬浮或游动于近岸的水面下。

人或动物与含尾蚴的疫水接触后，尾蚴钻入宿主皮肤，脱去尾部发育为童虫。童虫侵入宿主末梢

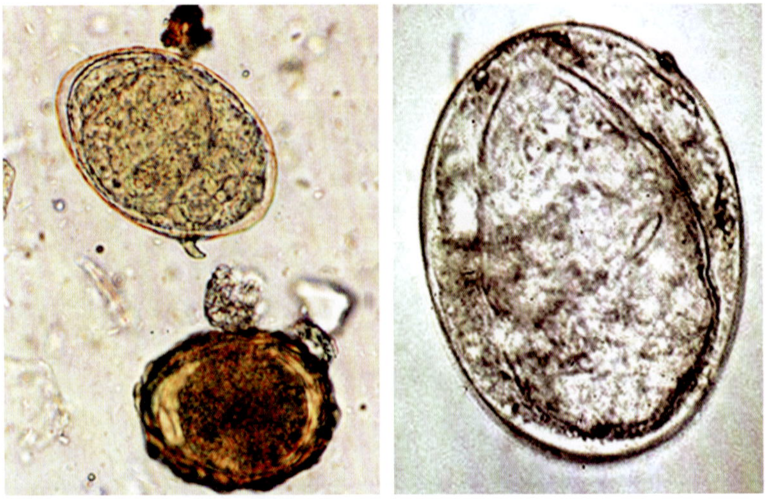

图 9-11　日本裂体吸虫虫卵

的小静脉或淋巴管内，随血流至右心，经肺、左心进入体循环，到达肠系膜动脉，穿过毛细血管网进入肝门静脉，待发育到一定程度，雌、雄成虫合抱，再移行至肠系膜静脉中发育成熟。自尾蚴侵入人体到雌虫产卵约需 24 天，成虫寿命平均为 4.5 年，最长可达 40 年(图 9-12)。

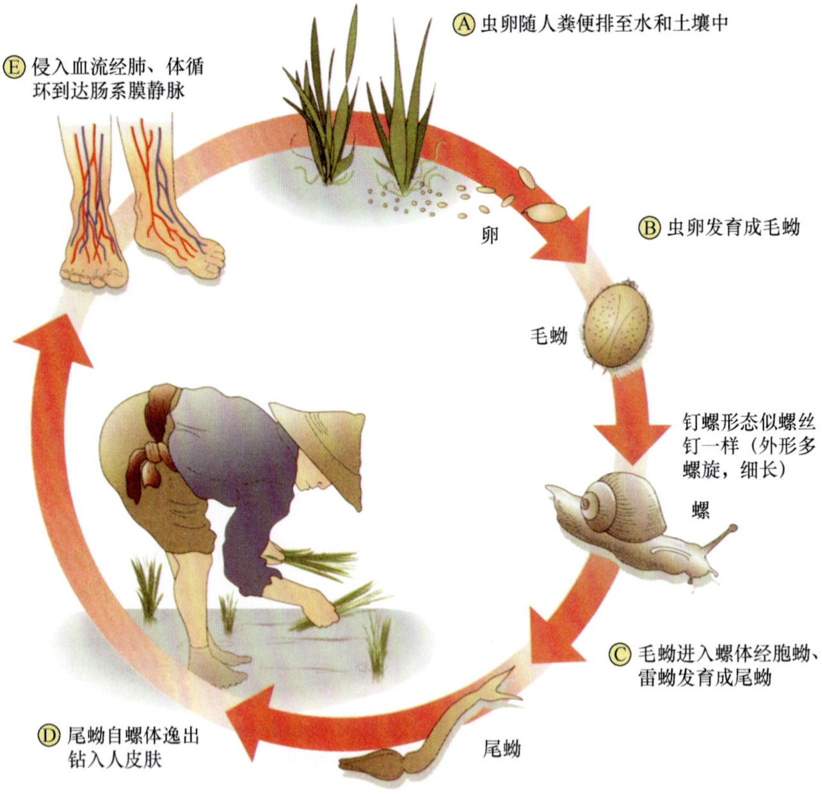

图 9-12　日本裂体吸虫生活史

（三）致病

血吸虫发育的各个阶段均可对宿主造成不同程度的损害，其中以虫卵的致病作用最为显著。

1. 尾蚴及童虫　尾蚴钻入人体皮肤，因其机械性损伤及头腺分泌物的化学毒性作用可导致局部皮肤炎症和超敏反应，局部皮肤出现丘疹，有瘙痒感，称尾蚴性皮炎；童虫移行时可引起所经过器官（特别是肺）的病变，患者可出现发热、咳嗽、痰中带血、血中嗜酸粒细胞增高等，称尾蚴性肺炎。

2. 成虫　成虫的机械性损伤及免疫复合物的形成，可致静脉内膜炎和静脉周围炎。

3. 虫卵　虫卵内毛蚴不断释放可溶性虫卵抗原，刺激宿主发生Ⅳ型超敏反应，形成以虫卵为中心的肉芽肿和纤维化，病变部位常见于肝脏和结肠。

（1）急性血吸虫病：主要见于初次感染无免疫力者。有发热、干咳、食欲减退、黏液血便、肝区疼痛等症状。

（2）慢性血吸虫病：主要见于流行区的病人，因小量多次感染，机体获得一定的免疫力。病人不出现明显的症状，或有间歇性腹泻、腹痛、黏液血便、消瘦、乏力等症状。

（3）晚期血吸虫病：随着病情的发展，肝、肠组织纤维化逐渐加重，可出现肝硬化、门静脉高压、巨脾、腹水等。病人常因胃底、食管静脉曲张破裂、大出血而死亡。另外，儿童期反复感染可影响脑腺垂体的功能，致生长发育障碍，形成侏儒症（表9-3）。

表9-3　三种吸虫的特点比较

种类	形态		中间宿主		感染阶段	感染方式	寄生部位	致病作用
	成虫	虫卵	第一	第二				
肝吸虫	葵花子仁状	最小	豆螺等	淡水鱼虾	囊蚴	经口	肝胆管	阻塞性黄疸
肺吸虫	半颗黄豆	歪坛状	川卷螺	蟹、蝲蛄	囊蚴	经口	肺与他处	胸肺等病变
血吸虫	圆柱状，雌雄异体，雌雄合抱	无盖，含毛蚴	钉螺		尾蚴	接触疫水	肠系膜下静脉	虫卵沉积引起肝肠等组织病变

（四）实验室检查

1. 病原学检查　粪便直接涂片法适用于重度感染的早期病人，自然沉淀法和毛蚴孵化法检出率高。直肠黏膜或组织检查法适用于便检虫卵有困难的慢性期及晚期血吸虫病患者。

2. 免疫学检查　常用方法有皮内试验、环卵沉淀试验、间接血凝试验、酶联免疫吸附试验等。

（五）防治原则

采取有效措施，控制和消灭钉螺。加强人、畜粪便管理，防止污染水源。加强个人防护，不饮生水，通过加热或含氯石灰杀灭水中尾蚴，皮肤可涂抹防护剂如碘酊或口服氯硝柳胺预防等。查治病人、带虫者、病畜，首选药物吡喹酮。对晚期血吸虫病患者常用中药调理后，再做杀虫治疗和外科手术治疗。

七、链状带绦虫

情境案例9-3

患者，男性，46岁，因肌肉酸痛1个月，头痛、头昏、恶心、呕吐、少语入院。既往有高血压。询问患者饮食习惯，患者经常吃“烤猪肉串”。查体：胸前区皮下活动性结节，手术摘除后确定为猪囊尾蚴，免疫诊断囊虫抗体阳性。双侧视盘轻度水肿，无出血，脑脊液压力2.16kPa，蛋白(+)。颅脑CT示额叶2cm×3cm大小低密度灶，第四脑室轻度扩大。

情境案例 9-3 临床分析

经常吃"烤猪肉串"。头痛、头昏、恶心、呕吐、肌肉酸痛。检查:胸前区皮下活动性结节,手术摘除后确定为猪囊尾蚴,免疫诊断囊虫抗体阳性。脑脊液压力为2.16kPa,蛋白(+)。颅脑CT示额叶2cm×3cm大小低密度灶,第四脑室轻度扩大。根据病史、症状、检查可以诊断为猪囊尾蚴病。

问题

1. 患者误食什么导致感染?
2. 确诊本病的主要依据是什么?

链状带绦虫又称猪带绦虫、猪肉绦虫或有钩绦虫,古代医籍中称之为寸白虫或白虫。成虫寄生在人体小肠内,引起猪带绦虫病。幼虫寄生于人或猪的肌肉等组织内,引起猪囊尾蚴病。

(一)形态

1. 成虫　乳白色,扁长如带,薄而透明,长2~4m,前端较细,向后渐扁阔。头节近球形,直径为0.6~1mm,上有4个吸盘,顶端具顶突,其上有25~50个小钩。颈部纤细,直径仅为头节一半。链体由700~1 000个节片构成,幼节节片宽大于长,成节近方形。成节具有成熟的雌、雄生殖器官各一套。孕节长大于宽,除充满虫卵的子宫外,其他器官均退化。子宫由主干向两侧分支,每侧7~13支,每一孕节中含3万~5万个虫卵(图9-13)。

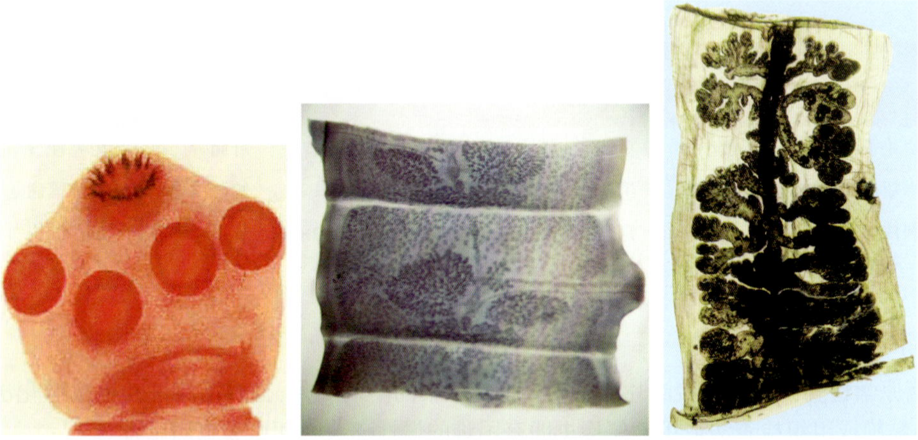

头节　成节　孕节

图9-13　链状带绦虫的形态

2. 囊尾蚴　又称囊虫,为白色半透明的囊状物,囊内充满透明液体,黄豆大小,为5mm×(8~10)mm。囊壁分为两层,有一向内凹陷的头节,受胆汁刺激后可翻出,其构造与成虫头节相同(图9-14)。

图9-14　猪囊尾蚴

3. 虫卵　呈球形或近似球形,棕黄色,直径为31~43μm。胚膜很厚,其上有放射状条纹。胚膜内含六钩蚴(图9-15)。

(二)生活史

人是猪带绦虫的终宿主,也可作为中间宿主。成虫寄生于人体小肠,末端的孕节或散出的虫卵随粪便排出,猪或野猪等中间宿主吞食后,在小肠消化液的作用下经1~3天孵出六钩蚴,六钩蚴钻入小肠壁血管或淋巴管,随血流或淋巴系统到达猪身体各处,尤以运动较多的肌肉如股、肩、心、舌、颈等处为多,经60~70天发育成为囊尾蚴。含囊尾蚴的猪肉俗称"米猪肉"或"豆猪肉"。人误食生的或未熟透的含囊尾蚴的肉后,在小肠经胆汁刺激，囊尾蚴的头节翻出，附着于小肠壁上，经 2～3 个月发育为成虫，成虫寿命可长达 25 年（图 9-16）。

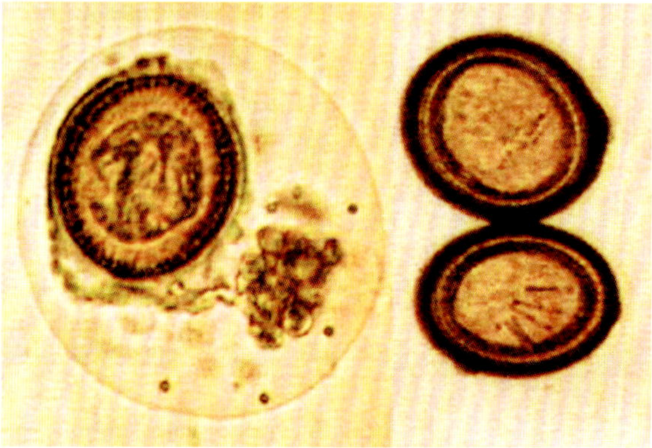

图 9-15　带绦虫虫卵

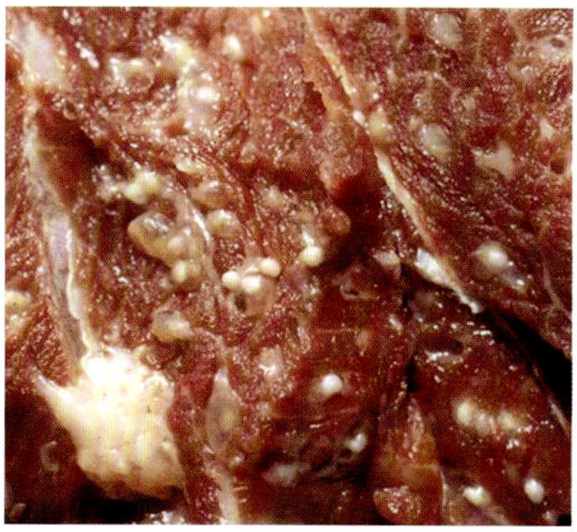

图 9-16　米猪肉

人若误食绦虫卵，卵在人体内发育为囊尾蚴，致人患囊尾蚴病（即囊虫病）。囊尾蚴在人体的寿命为 3～5 年，不能继续发育为成虫（图 9-17）。

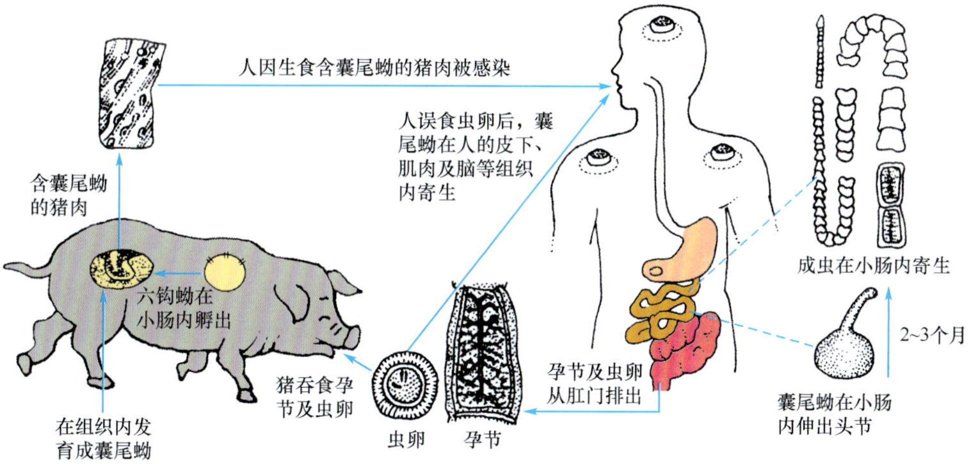

图 9-17　链状带绦虫生活史

（三）致病

1. 成虫　寄生人体一般为 1 条，多可达 6～7 条。患者多无明显症状，粪便中发现节片是患者求医最常见的原因。少数患者表现为腹部不适、恶心、饥痛、食欲亢进、腹泻等胃肠道症状。

2. 幼虫　囊尾蚴在寄生部位造成占位性病变，压迫周围组织，刺激邻近组织产生炎症，危害程度因囊尾蚴的数量和寄生部位而不同。临床常见以下几种类型。

（1）皮下及肌肉囊尾蚴病：结节呈圆形或椭圆形，直径为 0.5～1.5cm，硬度近似软骨，多可活动，无压痛。患者可出现肌肉酸痛、发胀、肌肉痉挛等症状。

（2）脑囊尾蚴病：临床症状极为复杂，以癫痫发作最多见。表现为头痛、恶心、呕吐、失语、瘫痪、痴呆等。

（3）眼囊尾蚴病：症状轻者表现为视力障碍。当虫体死亡后，产生强烈的刺激，可导致视网膜脱离，并发白内障、青光眼，甚至失明（表 9-4）。

表 9-4 猪带绦虫和牛带绦虫的特点比较

特点	猪带绦虫	牛带绦虫
体长	2～4m	4～8m
头节	圆形，有顶突和小钩	方形，无顶突和小钩
子宫分支	7～13 个侧支	15～30 个侧支
节片数量	700～1000 节	1000～2000 节
中间宿主	猪和人	牛
感染阶段	囊尾蚴、虫卵	囊尾蚴
感染方式	食含囊尾蚴未煮熟的猪肉，误食虫卵	食含囊尾蚴未煮熟的牛肉
寄生部位	成虫在肠道，囊尾蚴在组织	在小肠上段
致病作用	猪带绦虫病，猪囊尾蚴病	牛带绦虫病

（四）实验室检查

1. 成虫　询问有无食用“米猪肉”及节片排出史有助于诊断。对可疑的患者应连续粪便检查，必要时可试验驱虫，若查得头节或孕节可以确定。

2. 囊尾蚴　询问有无绦虫病史有重要意义。对皮肤和肌肉囊尾蚴病可手术摘取皮下结节或浅部肌肉包块查囊尾蚴。脑和深部组织囊尾蚴可用 CT、MRI 等影像仪器检查。眼囊尾蚴病做检眼镜检查。免疫诊断对深部组织囊尾蚴病有重要价值。

（五）防治原则

注意个人卫生和饮食卫生，不食生的或未熟透的猪肉。切生肉和熟肉的菜刀和砧板要分开使用。饭前便后要洗手。严格肉类检查，严禁出售“米猪肉”。猪要圈养，防止猪吃人粪。加强粪便管理，防止虫卵污染蔬菜、水源。绦虫病人应及早驱虫，槟榔、南瓜子合剂驱虫疗法效果良好，氯硝柳胺、吡喹酮、甲苯咪唑等也有良好疗效。囊尾蚴病也可用吡喹酮或阿苯达唑治疗。眼囊尾蚴病唯一合理疗法是手术摘除虫体。脑囊尾蚴病往往不宜施行手术，可使用杀虫药+降颅压+抗癫痫药物+激素等。

考点：蛔虫、钩虫、蛲虫、肝吸虫、肺吸虫、血吸虫、猪带绦虫、牛带绦虫的形态、生活史和致病性。

思考：血吸虫对人危害最严重的是哪个阶段？引起的疾病主要表现有哪些？

小结

本节介绍的是最常见的几种医学蠕虫，其中蛔虫、钩虫、蛲虫都是肠道寄生虫，生活史较为简单。蛔虫和蛲虫感染期卵经口感染人体，钩虫丝状蚴主要经皮肤钻入人体感染。蛔虫成虫引起肠炎、营养不良、胆道蛔虫症、肠梗阻等；钩虫引起慢性缺铁性贫血、肠炎和钩蚴性皮炎等；蛲虫引起肛周瘙痒等。

吸虫生活史复杂，均需中间宿主，大多以囊尾蚴感染人体，血吸虫以尾蚴感染人体。肝吸虫成虫寄生在人体肝胆管内，引起肝吸虫病；肺吸虫寄生在人体肺部，引起卫氏并殖吸虫病；血吸虫寄生在人体门静脉系统，引起血吸虫病，晚期可导致肝硬化。

链状带绦虫生活史复杂，需要 1～2 个中间宿主，历经虫卵、六钩蚴、囊尾蚴和成虫等发育阶段。成虫寄生在人体肠道，引起猪绦虫病；幼虫囊尾蚴可寄生在人体脑、眼、肌肉等处，引起猪囊尾蚴病。

自 测 题

一、名词解释

1. 医学蠕虫　2. 囊尾蚴

二、填空题

1. 蛔虫最常见的并发症是________。

2. 蛲虫在宿主的________产卵。

3. 肝吸虫的第一中间宿主是________和________，第二中间宿主是________和________。

4. 可寄生在人体肺组织的重要吸虫是________。

5. 日本血吸虫的流行范围与其中间宿主________的分布基本一致。
6. 人患猪囊尾蚴病是由于误食________引起的。
7. 能寄生于脑部引起癫痫发作的绦虫幼虫是________。

三、选择题

1. 我国感染率最高的寄生虫是
   A. 疟原虫　　B. 猪带绦虫
   C. 钩虫　　D. 蛔虫
   E. 血吸虫
2. 蛔虫的感染阶段是
   A. 丝状蚴　　B. 微丝蚴
   C. 尾蚴　　D. 受精卵
   E. 感染期虫卵
3. 钩虫感染人体的主要方式和途径是
   A. 经口　　B. 经胎盘
   C. 经皮肤　　D. 经节肢动物传播
   E. 经输血
4. 出现异嗜症的患者,可因为哪种寄生虫感染
   A. 蛔虫　　B. 蛲虫　　C. 鞭虫
   D. 钩虫　　E. 旋毛虫
5. 防治蛲虫病尤应注意
   A. 加强粪便管理　　B. 搞好环境卫生
   C. 治疗患者　　D. 加强水源管理
   E. 防止再感染
6. 肝吸虫的寄生部位是
   A. 小肠　　B. 盲肠
   C. 十二指肠　　D. 肝胆管
   E. 回盲部
7. 人感染日本血吸虫是由于
   A. 与粪便接触　　B. 媒介昆虫叮咬
   C. 与疫水接触　　D. 食入污染的食物
   E. 接触病人
8. 日本血吸虫成虫最终寄生于
   A. 肠系膜静脉　　B. 肝脏
   C. 主动脉　　D. 肠壁
   E. 肠腔
9. 消灭日本血吸虫应采取的措施是
   A. 治疗病人　　B. 加强粪便管理
   C. 消灭钉螺　　D. 加强水管理
   E. 以上都是
10. 人体感染猪带绦虫成虫是因为食入
    A. 猪肉内的囊尾蚴
    B. 淡水鱼、虾内的囊蚴
    C. 牛肉内的囊尾蚴
    D. 水生植物上的囊蚴
    E. 猪带绦虫虫卵
11. 驱虫治疗猪带绦虫病后,检获下列哪项适于确定疗效
    A. 链体　　B. 幼节　　C. 成节
    D. 孕节　　E. 头节

(12～14题共用选项)

A. 蛔虫　　B. 丝虫　　C. 钩虫
D. 蛲虫　　E. 日本血吸虫

12. 成虫寄生于小肠,可引起严重并发症的是
13. 成虫寄生于盲肠,可引起肛门瘙痒的是
14. 成虫寄生于小肠,可引起缺铁性贫血的是

(15～17题共用选项)

A. 以血液淋巴液为食
B. 以肠内半消化食物为食
C. 以肠内容物、组织或血液为食
D. 以组织液和体液为食
E. 以血液、淋巴液和肠黏膜为食

15. 蛲虫
16. 钩虫
17. 蛔虫

(18～20题共用选项)

A. 粪便直接涂片法
B. 活组织检查法
C. 水洗沉淀集卵法
D. 痰液消化法
E. 粪便集卵孵化法

18. 诊断肝吸虫感染较有效的方法是
19. 诊断肌肉猪囊尾蚴感染较有效的方法是
20. 诊断日本血吸虫感染较有效的方法是

四、简答题

1. 为什么蛔虫在我国感染率较高?
2. 简述钩虫为什么会引起人体贫血?
3. 人为什么会反复感染蛲虫?
4. 简述肝吸虫的生活史。

第二节　医学原虫

引言:原虫为自然界中最低等的单细胞真核动物,分布广泛,种类繁多,绝大多数营自生生活,少数营寄生生活。寄生于人体的原虫有40多种,称为医学原虫,其中能引起人体发病的原虫只有十余种。我国严重危害人类健康的主要有溶组织阿米巴、黑热病原虫、阴道毛滴虫、疟原虫、弓形虫等。

一、溶组织内阿米巴

溶组织内阿米巴又称痢疾阿米巴，寄生于人体结肠，在一定条件下侵入肠壁组织引起阿米巴痢疾。还可侵入其他组织，引起炎症或脓肿，也称为肠外阿米巴病。

（一）形态

溶组织内阿米巴生活史中有滋养体和包囊两个时期。

1. 滋养体　是虫体摄食、运动及增殖的阶段。根据其大小、生理和寄生部位不同又分为大滋养体和小滋养体（图 9-18）。

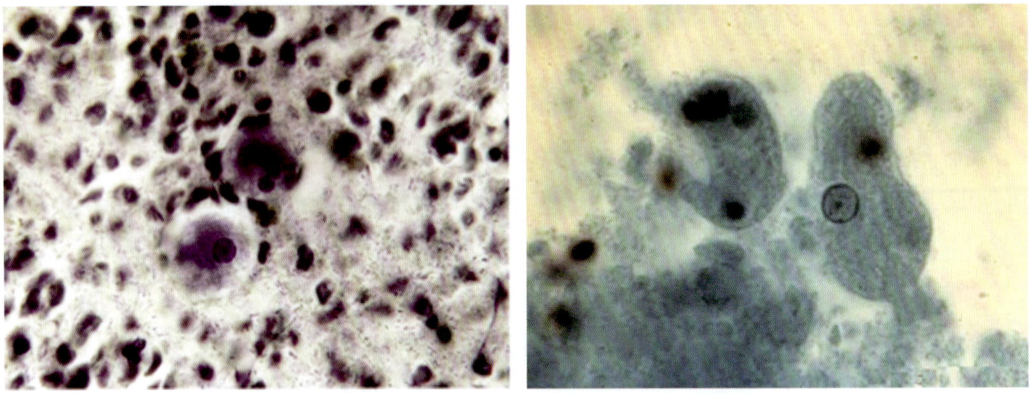

图 9-18　溶组织内阿米巴滋养体和包囊形态

（1）大滋养体：又称组织型滋养体。体积较大，直径为 20～60μm。运动活泼。虫体分为内质和外质，内外质界限明显。外质均匀，无色透明，常伸出伪足做定向阿米巴运动，运动活泼。内质呈颗粒状，内含细胞核、食物泡及吞噬的红细胞等。内质中有无被吞噬的红细胞是溶组织内阿米巴大滋养体与其他肠内阿米巴区别的重要依据。铁苏木精染色后，滋养体结构清晰，外质不着色。内质呈蓝灰色颗粒状，可见 1 个典型的泡状核，蓝黑色。核膜较薄，内缘有一层排列均匀整齐的染色质粒，核仁居中，核膜与核仁之间有网状的核纤维。内质中被吞噬的红细胞被染成蓝黑色，其大小与数目不等。

（2）小滋养体：又称肠腔型或共栖型滋养体。虫体呈圆形或椭圆形，直径为 12～30μm。寄生于肠腔中，无致病力。运动较慢，内外质界限不明显，内质中含有许多细菌而无红细胞。苏木精染色后，核的结构特征与大滋养体相同。

2. 包囊　分为成熟包囊和未成熟包囊（图 9-18、图 9-19）。

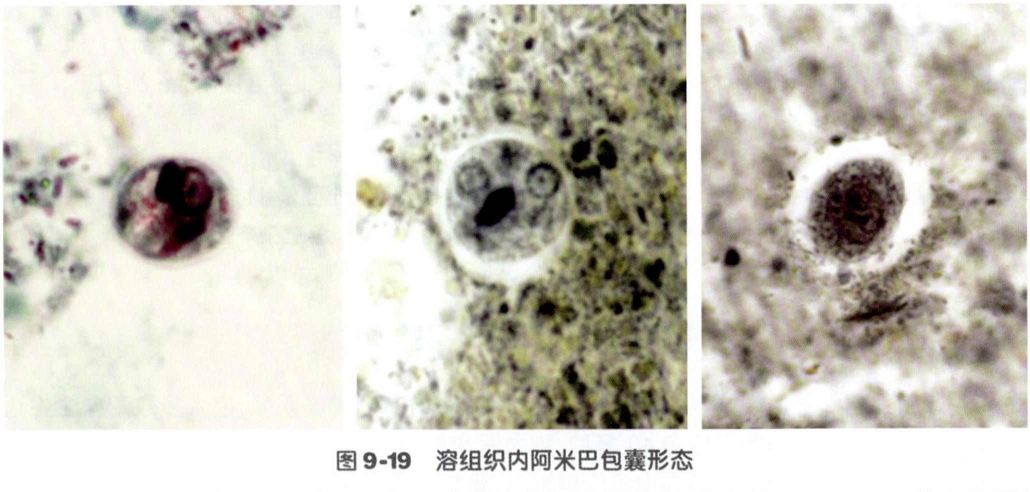

图 9-19　溶组织内阿米巴包囊形态

（1）成熟包囊：又称四核包囊，圆球形，碘液染色后呈淡黄色，直径为 10～20μm，外有较厚的囊壁，内有 4 个细胞核。核的构造同滋养体，但体积较小，四核包囊具有感染性。

（2）未成熟包囊：碘液染色后可见有 1～2 个细胞核、棕色的糖原泡和无色透明的棒状的拟染色体。经苏木精染色后，包囊呈蓝灰色，囊壁不着色，拟染色体呈蓝黑色，糖原泡在染色过程中被溶解成空泡，细胞核结构清晰可见。

（二）生活史

溶组织阿米巴生活史的基本过程是包囊→滋养体→包囊（图 9-20）。四核包囊污染水源和食物，人因误食而感染。四核包囊在消化液的作用下，囊壁变薄，很快分裂为 4 个小滋养体。小滋养体主要寄生于回盲部，以宿主的肠黏液、细菌及已消化的食物为营养，并不断以二分裂方式繁殖。当机体处于健康状态时，部分小滋养体可随宿主肠内容物下移，由于营养和水分减少，小滋养体活动渐停止，排出内含物，缩成圆形，此时胞质内可出现糖原泡和拟染色体，随后胞质分泌囊壁，形成包囊。小滋养体在成囊前也可直接随粪便排出体外，在外界环境下很快死亡。当宿主免疫力下降或肠壁组织受损时，小滋养体可借其伪足以及其分泌溶组织酶等作用侵入肠壁组织，吞噬红细胞和组织细胞，形成大滋养体，并大量繁殖，致使局部肠黏膜和组织坏死，形成溃疡。在肠壁组织内的大滋养体有时还可随血流到达肝、肺、脑等其他组织器官中寄生繁殖。肠壁组织内的大滋养体可随溃烂组织落入肠腔，随粪便排出体外而死亡，或在肠腔中变为小滋养体后再形成包囊而排出体外，但不能直接转变为包囊。

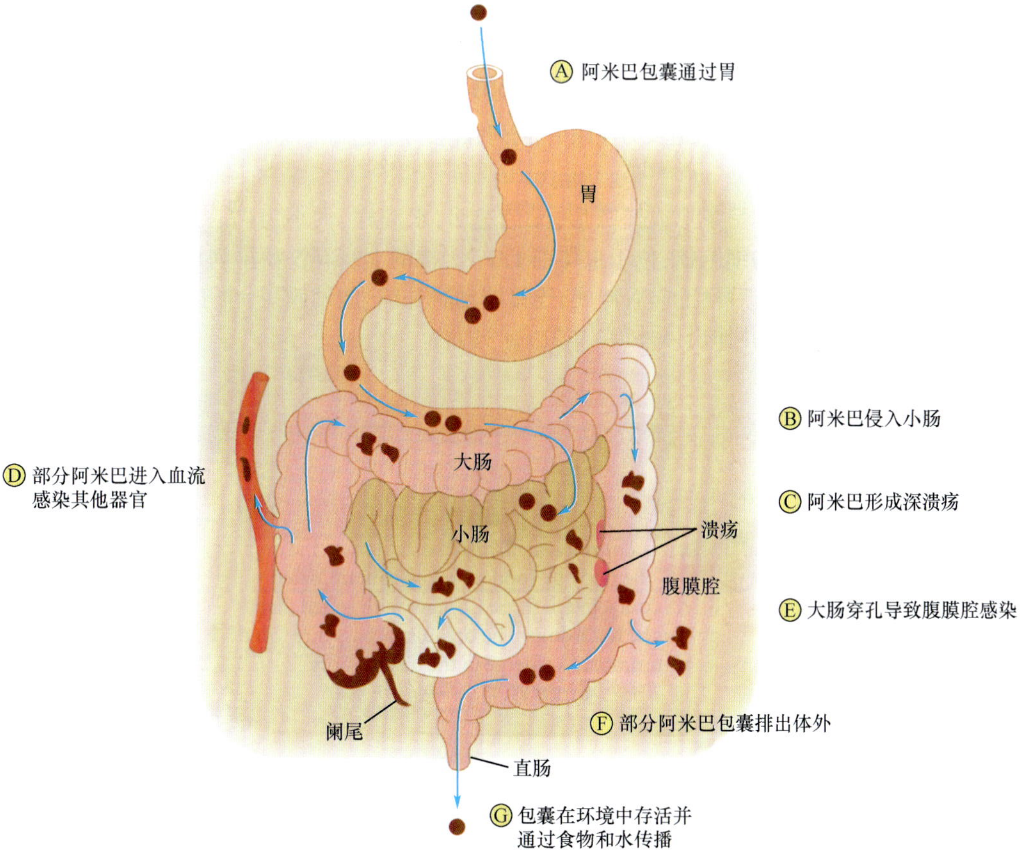

图 9-20　溶组织内阿米巴生活史

（三）致病

人被感染后，多数人无症状，呈带虫状态，带虫者为重要传染源。当宿主全身或局部免疫力下降时，则有利于阿米巴滋养体侵入组织而致病。根据致病部位可分为以下两种。

1. 阿米巴痢疾　虫体侵入肠黏膜下层，并在黏膜下层繁殖扩散，形成口小底大的烧瓶样溃疡。

坏死的肠黏膜、血液和滋养体落入肠腔。患者出现腹痛、腹泻、大便次数增多，排出酱红色、具有特殊腥臭味的脓血黏液便，形成阿米巴痢疾。

2. 肠外阿米巴病　以肝脏多见，其次是肺脏。患者有发热、肝脏肿大、肝区疼痛等症状。肺脓肿病人可咳出酱红色痰液。

（四）实验室检查

1. 病原学检查

（1）滋养体检查：挑取脓血黏液便或稀便涂片镜检，找到大滋养体即可确诊。用乙状结肠镜、直肠镜自溃疡边缘或深层取活组织涂片检查。肠外阿米巴病可取穿刺液、痰液等涂片检查。滋养体在外界极易死亡，取材时要无污染，取材后立即送检，并注意保温。

（2）包囊检查：取成形粪便标本以碘液直接涂片镜下查找包囊。用硫酸锌离心浮聚法或汞碘醛离心沉淀法浓集包囊，可大大提高检出率。

2. 免疫学检查　对查不到病原体的可疑患者，可用间接血凝试验、间接荧光抗体试验和酶联免疫吸附试验等免疫学诊断方法辅助诊断。

（五）防治原则

加强卫生宣传，搞好环境卫生、个人卫生和饮食卫生。加强粪便管理，注意保护水源，切断传播途径。消灭苍蝇、蟑螂等传播媒介。治疗病人和带虫者，甲硝唑为首选药物，中药鸭胆子、大蒜素、白头翁等有一定疗效。

二、阴道毛滴虫

阴道毛滴虫寄生于女性阴道、尿道及男性尿道、前列腺内，可引起滴虫性阴道炎、尿道炎及前列腺炎等。

（一）形态

本虫仅有滋养体期，虫体呈梨形或椭圆形，无色透明，水滴样，大小为（7～32）μm×（5～15）μm。经染色后，可见一个椭圆形的细胞核，位于虫体前1/3处，核的上缘有5颗排列成杯状的基体，由此发出4根前鞭毛和1根后鞭毛，后鞭毛向后伸展，连接波动膜外缘，波动膜短，位于虫体前1/2处。一根轴柱由前向后纵贯虫体中央并伸出体外（图9-21）。

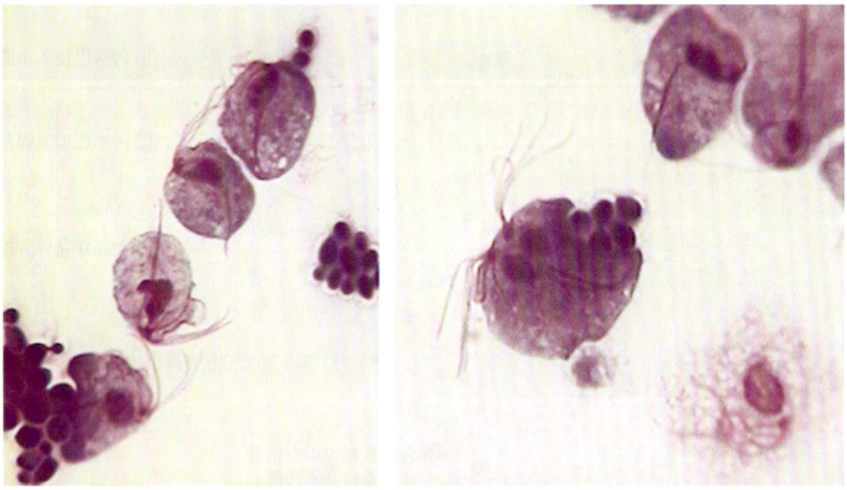

图9-21　阴道毛滴虫形态

（二）生活史

阴道毛滴虫的生活史简单，仅有滋养体期，无包囊期。滋养体期既是繁殖阶段又是感染阶段，以二分裂法繁殖。通过吞噬和吞饮摄取食物，虫体对外界有较强的抵抗力，可通过直接接触或间接接触的方式进行传播。

（三）致病

正常情况下，健康女性的阴道内因乳酸杆菌的酵解作用而保持酸性环境，有自净作用，可抑制虫体或其他细菌生长繁殖。但在月经前后、妊娠或哺乳期，阴道内环境发生改变，有利于滴虫寄生。滴虫寄生后，消耗阴道上皮细胞的糖原，妨碍乳酸杆菌的酵解，从而破坏了阴道的自净作用，滴虫得以大量繁殖，更促进细菌感染，导致滴虫性阴道炎。表现为外阴瘙痒、腰部酸痛、白带增多，呈黄白色泡沫状，伴有特殊气味。尿道寄生可引起滴虫性尿道炎。男性感染可引起滴虫性尿道炎或前列腺炎。

（四）实验室检查

取阴道后穹隆分泌物、尿液沉淀物做生理盐水涂片或染色涂片，镜检，查到滋养体即可确诊。也可用培养法提高检出率。

（五）防治原则

加强卫生宣教，提倡淋浴，采用蹲式公厕。注意个人卫生，尤其是月经期卫生。治疗患者和无症状带虫者，夫妻双方应同时治疗才能根治。首选口服药物为甲硝唑，局部可用乙酰胺胂、蛇床子药膏等，还可用 1∶5000 高锰酸钾、1% 乳酸或 0.5% 乙酸冲洗阴道。

三、疟　原　虫

疟原虫寄生于人体红细胞、肝细胞中，引起疟疾。疟疾是新中国成立前五大寄生虫病之一。在我国主要是间日疟原虫和恶性疟原虫。

（一）形态

不同种类疟原虫各期形态各异，现以我国常见的间日疟原虫为代表予以说明。

1. 早期滋养体　又称为环状体，胞质呈环状，中间出现大空泡，细胞核点状，位于胞质的一侧，虫体似一枚宝石戒指。红细胞没有明显变化。

2. 晚期滋养体　又称大滋养体，由环状体发育而来，虫体增大，胞质中出现少量棕褐色丝状疟色素和少量空泡。被寄生的红细胞胀大，颜色变淡，并出现薛氏小点。

3. 裂殖体　晚期滋养体发育成熟，虫体变圆，核开始分裂，但胞质尚未分裂，疟色素开始增多，此时称未成熟裂殖体。当胞核分裂到 12～24 个时，胞质随之分裂，分裂的每一小部分胞质包绕一个胞核，形成裂殖子，含裂殖子的虫体称为成熟裂殖体。

4. 配子体　疟原虫经过几次红细胞内裂体增殖后，部分裂殖子在红细胞内不再进行裂体增殖，而发育为雌、雄配子体。雌配子体积较大，胞质深蓝色，核多位于虫体一侧；雄配子体较小，胞质浅蓝而略带红色，核多位于虫体中央。

（二）生活史

疟原虫的生活史包括在人体和雌性按蚊体内两个发育阶段。在人体内进行无性生殖，在雌性按蚊体内完成有性生殖。现以间日疟原虫生活史为例叙述如下（图 9-22）。

1. 在人体内的发育　分红细胞外期（红外期）和红细胞内期（红内期）两个阶段。

（1）红细胞外期：当体内含有子孢子的雌性按蚊叮咬人吸血时，子孢子随蚊的唾液进入人体约 30 分钟，后部分子孢子侵入肝细胞进行裂体增殖形成大量裂殖子。肝细胞胀破，裂殖子散出，一部分被吞噬细胞吞噬，一部分随血流侵入红细胞。间日疟原虫的子孢子分为速发型和迟发型两种类型。速发型子孢子先完成肝细胞内的发育；迟发型子孢子经不同时间休眠后才被激活，进行红外期裂体增殖，然后再侵入红细胞内发育增殖，引起疟疾复发。

（2）红细胞内期：红外期裂殖子侵入红细胞后，逐渐发育为大滋养体，继而发育为裂殖体。裂殖体成熟后胀破红细胞释出裂殖子，一部分被吞噬，一部分侵入其他正常的红细胞，重复其裂殖体增殖过程。疟原虫经过几代红细胞内期裂体增殖后，部分裂殖子侵入红细胞后直接发育为雌、雄配子体，此时若被按蚊吸入，则进入蚊体开始发育。

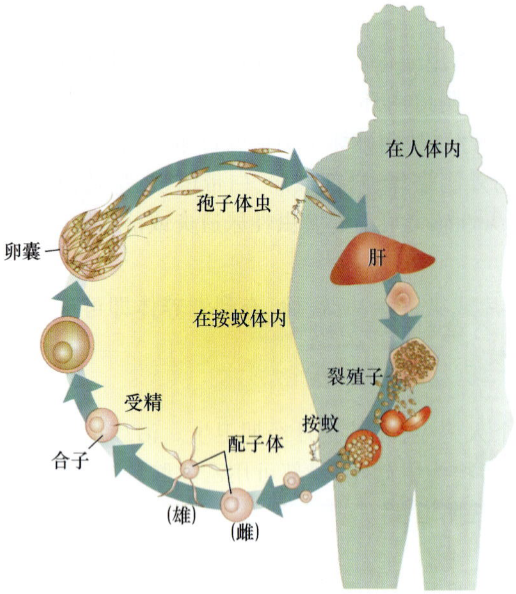

图 9-22 间日疟原虫的形态和生活史

2. 在按蚊体内的发育 当按蚊叮咬疟疾患者或带虫者后，疟原虫被吸入蚊胃，环状体、大滋养体、裂殖体被消化，只有雌、雄配子体发育为雌、雄配子，雌雄配子受精形成合子。合子继续发育为动合子，动合子进一步发育为囊合子，囊合子不断分裂，形成大量的子孢子，最后到达蚊的唾液腺内。子孢子是疟原虫的感染阶段，当含子孢子的按蚊再叮咬人时，子孢子随蚊的唾液进入人体，重新开始在人体内发育。

（三）致病

红细胞内期是疟原虫的致病阶段。其致病随虫株、侵入数量和宿主的免疫状况而异。

1. 疟疾发作 典型的疟疾发作表现为周期性的寒战、发热和出汗退热三个阶段。这种周期性特点与疟原虫红内期裂体增殖周期一致。间日疟疾和卵形疟疾隔日发作一次；三日疟疾隔两天发作一次；恶性疟疾起初为隔日发作一次，以后则每天发作或间歇期不规则。

2. 再燃与复发 急性疟疾发作停止后，在无重复感染的情况下，又出现疟疾发作，称为再燃。再燃主要是由于宿主体内残存的少量红内期疟原虫在一定条件下重新大量繁殖所致。疟疾初发停止后，若血液中红内期疟原虫已被彻底清除，而肝细胞内迟发型子孢子开始其红外期发育，继之侵入红细胞进行裂体增殖，引起临床症状，称为复发。

3. 贫血 在疟疾多次发作后，可出现贫血，发作次数越多，病程越长，贫血越严重。

4. 脾肿大 初发患者多发作 3 ~ 4 天后，脾开始肿大，长期不愈或反复感染者，脾肿大十分明显。

5. 凶险型疟疾 无免疫力或因各种原因延误治疗的疟疾患者，可因血中原虫数量剧增而出现凶险症状。常见的有脑型、超高热型等，多表现为持续高热、抽搐、昏迷、重症贫血、肾衰竭等，若不及时诊治，死亡率很高。

（四）实验室检查

1. 病原学检查 从受检者耳垂或指尖采血做薄血膜和厚血膜，经姬氏或瑞氏染液染色后镜检。间日疟和三日疟的采血在发作后数小时至 10 余小时，恶性疟在发作开始时采血。

2. 免疫学检查 多用于流行病学调查，常用的方法有间接荧光抗体试验、间接血凝试验和酶联免疫吸附试验等。

（五）防治原则

消灭疟疾必须贯彻治疗、灭蚊、防护三结合的综合性防治措施。治疗病人和带虫者；灭蚊、防蚊，减少蚊幼虫孳生地为辅的综合措施；对易感人群进行服药或接种疫苗，是防止疟疾传播和降低流行高峰的有效措施。治疗药物有氯喹、奎宁、乙胺嘧啶等。

四、弓 形 虫

情境案例 9-4

患者，女性，34 岁，护士。不明原因低热 12 年，期间曾做过两次手术，一次因甲状腺肿大，另一次因膝关节滑膜炎。但低热一直未能治愈。时年，其子 7 岁，患不明原因肝炎伴脾肿大，严重贫血，行脾切除手术，术后病理报告，弓形虫阳性。检查：弓形虫血清学检测，其抗体滴度为 1 : 2056（阳性效价 1 : 64）；随对该护士进行弓形虫血清学检测，其抗体滴度为 1 : 1028。

情境案例 9-4 临床分析

患者不明原因低热 12 年，其子 7 岁，患不明原因肝炎伴脾肿大，严重贫血，行脾切除手术后病理报告弓形虫阳性。检查：其子弓形虫血清学检测抗体滴度为 1∶2056（阳性效价 1∶64）；患者弓形虫血清学检测，抗体滴度为 1∶1028。根据病史、症状、检查诊断为：母子均为弓形虫病。

问题

1. 护士所患的弓形虫病属于哪种类型？
2. 孩子是通过哪种方式感染弓形虫而致病的？

弓形虫又称弓浆虫，广泛寄生于人和多种动物的各种有核细胞内。该虫是条件致病性原虫，当宿主免疫力低下时，可引起弓形虫病，造成严重后果。

（一）形态

在弓形虫的发育全过程中，有 5 种不同的形态：滋养体、包囊、裂殖体、配子体和卵囊。对人体致病及与传播有关的发育期是滋养体、包囊和卵囊。在终宿主（猫和猫科动物）体内 5 种形态均可存在；在中间宿主（人、哺乳动物、鸟类、鱼类）体内仅有滋养体和包囊（图 9-23）。

图 9-23　弓形虫形态和生活史

1. 滋养体　又称速殖子，游离的虫体呈香蕉形或新月形，大小为（4～7）μm×（2～4）μm。

2. 包囊　圆形或椭圆形，直径 5～100μm，多在 30～60μm，外有一层坚韧的囊壁，内含大量缓殖子。缓殖子形态与速殖子相似。

3. 卵囊　圆形或椭圆形，大小为 10μm×12μm，囊壁光滑，成熟卵囊内含 2 个孢子囊，每个孢子囊内有 4 个新月形子孢子。

（二）生活史

弓形虫生活史复杂，完成生活史需要一种以上的脊椎动物宿主（图 9-23）。

1. 在中间宿主内的发育　当成熟卵囊或动物肉类中的包囊或假包囊被人和其他中间宿主吞食后，子孢子或滋养体在肠内逸出后侵入肠壁，经血流或淋巴循环扩散至脑、心、肝、肺、肌肉及淋巴结内进行无性增殖，形成假包囊。宿主细胞破裂时，假包囊内释出的速殖子重新侵入新的组织细胞，如此反复繁殖。当机体免疫功能正常时，虫体繁殖减慢，分泌囊壁，形成包囊。包囊可在中间宿主的脑、眼及骨骼肌中长期存活。

2. 在终宿主内的发育　当猫或猫科动物食入成熟卵囊或动物肉中包囊及假包囊后，子孢子或滋养体逸出并侵入其小肠上皮细胞内发育繁殖。经数次裂体增殖后，部分裂殖子发育为雌、雄配子体，并发育雌、雄配子，受精后成为合子，逐渐发育为卵囊。卵囊落入肠腔随粪便排出体外，在适宜环境中经 2 ~ 4 天发育为具感染性的成熟卵囊，可感染中间宿主或再感染终宿主。卵囊对外界的抵抗力很强。

（三）致病

速殖子是其主要致病阶段，虫体在细胞内寄生和反复迅速繁殖，使细胞破坏，因而引起组织炎症和水肿。包囊在宿主体内一般不引起明显的病理反应，若包囊破裂可能导致炎症和组织坏死，或形成肉芽肿。

1. 先天性弓形虫病　是妊娠妇女感染后经胎盘传给胎儿的，多表现为隐性感染，也可造成孕妇流产、畸胎或死胎，若在早孕期感染，畸胎发生率高。

2. 后天性弓形虫病　食入受卵囊污染的水、食物及未熟的含包囊、假包囊的肉类均可能感染。最常见的是淋巴结肿大、脑炎、脑膜脑炎、癫痫和精神异常、视网膜脉络膜炎等。

（四）实验室检查

1. 病原学检查　取急性期患者的腹水、胸腔积液、羊水、脑脊液或血液等离心后取沉淀物作涂片镜检滋养体。动物接种或细胞培养法检出率更高。

2. 免疫学检查　常用的有弓形虫染色试验、间接血凝试验、间接荧光素标记抗体试验、酶联免疫吸附试验。近年来 PCR 及 DNA 探针技术已应用于该病的检查，具有敏感、特异性强的优点。

（五）防治原则

加强肉类检疫制度和饮食卫生管理。加强对家畜、家禽与可疑动物的监测和隔离。孕妇不养猫，不接触猫，定期做弓形虫常规检查，减少先天性弓形虫病的发生。及时治疗急性期病人，常用的药物为复方磺胺甲噁唑、乙酰嘧啶，联合用药提高疗效。

表 9-5　医学原虫的主要特征

种类	感染阶段	感染方式	寄生部位	所致疾病
溶组织内阿米巴	四核包囊	经口	回盲部	阿米巴痢疾、肠外阿米巴病
疟原虫	子孢子	蚊刺吸血	肝细胞、红细胞	疟疾
阴道滴虫	滋养体	接触传播	阴道、尿道等	滴虫性阴道炎、尿道炎
弓形虫	包囊、囊合子	经口或垂直感染	人体有核细胞	弓形虫病

考点：溶组织内阿米巴、阴道毛滴虫、疟原虫、弓形虫的形态、生活史、致病、实验室检查及防治

思考：1. 与优生优育有密切关系的人体寄生虫是哪个？

2. 疟原虫的传播媒介是什么？

小结

溶组织内阿米巴以伪足为运动细胞器，以二分裂方式繁殖，生活史有滋养体和包囊两个阶段。食物、水源等被污染后经口感染人体，引起肠内阿米巴病和肠外阿米巴脓肿。阴道毛滴虫生活史简单，只有滋养体时期，以二分裂方式繁殖，通过直接或间接接触传播，引起滴虫性阴道炎、尿道炎或男性前列腺炎等。疟原虫和弓形虫都主要寄生在细胞内，生活史复杂，包括有性生殖与无性生殖，疟原虫生活史包括人体内的裂体增殖和蚊体内的配子生殖与孢子生殖。子孢子经蚊注入人体后引起疟疾发作、再燃、复发。猫和猫科动物是弓形虫的主要终宿主，人和其他脊椎动物为中间宿主，主要因误食卵囊、包囊、假包囊受染，引起先天性和获得性弓形虫病。

自 测 题

一、名词解释

1. 疟疾再燃　2. 疟疾复发

二、填空题

1. 溶组织内阿米巴原虫可引起________和________病。
2. 疟原虫在人体红细胞内的发育分为________、________、________和________四个阶段。
3. 人是弓形虫的________宿主。
4. 目前治疗各型阿米巴病的首选药物是________。
5. 疟疾的防治应采取________、________和________。

三、选择题

1. 间日疟原虫的一个红细胞内周期需
   A. 24小时　B. 48小时
   C. 72小时　D. 36小时
   E. 28小时
2. 溶组织内阿米巴原虫的致病阶段是
   A. 包囊　B. 大滋养体
   C. 小滋养体　D. 四核包囊
   E. 虫卵
3. 阴道毛滴虫生活史只有
   A. 包囊　B. 小滋养体
   C. 虫卵　D. 大滋养体
   E. 滋养体
4. 可以引起痢疾的原虫是
   A. 溶组织内阿米巴原虫
   B. 结肠内阿米巴原虫
   C. 疟原虫
   D. 阴道毛滴虫
   E. 弓形虫
5. 疟原虫的裂殖体与大滋养体的重要区别是
   A. 在红细胞内
   B. 有疟色素
   C. 核开始分裂
   D. 核变形
   E. 胞质呈蓝色

（6～8题共用选项）

A. 经口　B. 经媒介
C. 经接触　D. 经输血
E. 经皮肤

6. 阴道毛滴虫的感染途径与方式是
7. 溶组织内阿米巴原虫的感染途径是
8. 疟原虫的主要感染途径是

（9～11题共用选项）

A. 疟原虫
B. 溶组织内阿米巴原虫
C. 弓形虫
D. 阴道毛滴虫
E. 卡氏肺孢子虫

9. 须经红细胞内寄生的是
10. 可以引起胎儿流产的是
11. 可通过性生活传播的是

四、简答题

1. 简述溶组织内阿米巴原虫的致病作用。
2. 后天弓形虫病的临床表现有哪些？

第三节　医学节肢动物

节肢动物在分类上属于节肢动物门，种类繁多，有13个纲，约有100多万种。以叮咬、骚扰、吸血、寄生、传播疾病等方式危害人体健康的节肢动物称为医学节肢动物。医学节肢动物学是研究节肢动物形态、分类、生活史、生态、地理分布与疾病关系及防治措施的科学。我国较为常见的医学节肢动物有蚊、蝇、蚤、虱、蜱、疥螨等。

一、蚊

蚊种类很多，全世界已知有3350多种，我国已知的有350余种。与医学有关的蚊类是按蚊属、库蚊属和伊蚊属（图9-24）。

（一）形态

蚊发育属于全变态，生活史分卵、幼虫、蛹、成虫4个阶段，前3期生活在水中，成虫生活于陆地。蚊卵产于水中。在30℃时经2～3天孵出幼虫。经3次蜕皮后发育为4龄幼虫。5～7天化蛹，2～3天后羽化成蚊。完成一个世代需7～15天，一年可繁殖7～8代。雌蚊的寿命为1～2个月，雄蚊的寿命为1～3周。

（二）生活习性

雌蚊在10℃以上开始叮人吸血，伊蚊主要在白天吸血，其他蚊种多在夜晚吸血。气温低于10℃时，蚊卵巢发育停滞，营养物质转化为脂肪，进入越冬。大多蚊虫以成蚊越冬，而微小按蚊以幼虫越冬，伊蚊则以卵越冬。在热带和亚热带全年平均温度在10℃以上的地区，无越冬现象。

（三）传播疾病

蚊除叮咬吸血、骚扰人体外，主要传播以下疾病：疟疾、丝虫病、登革热、流行性乙型脑炎。

（四）防制原则

1. 物理防制　安装纱窗纱门、挂蚊帐、人工扑打、灯光诱杀、使用蚊香等捕杀或驱走蚊子。
2. 化学防制　常用的杀虫剂主要是菊酯类药物。
3. 生物防制　将鲤鱼、鲫鱼和草鱼放养于稻田和池塘中，可大量减少蚊幼虫的密度。
4. 遗传防制　通过改变和取代遗传物质的方法，降低蚊的生殖潜能来达到灭蚊的目的。

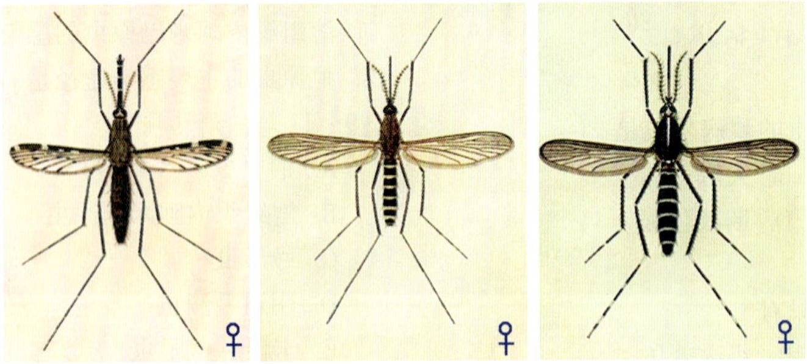

中华按蚊　　白纹伊蚊　　淡色库蚊

图9-24　中华按蚊、淡色库蚊和伊蚊

二、蝇

蝇的成虫体型大小差别很大，呈黑色、黄褐色、暗褐色、带金属光泽的绿色等。蝇的全身长满鬃毛，多数蝇的口器为舐吸式口器，上有一对肥大的唇瓣（图9-25），其上有许多凹沟式小管与食管相通用以舔食。在足跗节末端爪垫上密布黏毛，并能分泌黏液，可携带多种病原体。

（一）生活史

除有些种类如麻蝇和某些家蝇直接产幼虫外，绝大多数的蝇类发育为完全变态，生活史可分卵、幼虫、蛹、成虫4个时期。蝇类多数产卵于人畜粪便、垃圾及腐败的动、植物中，在较适宜的条件下卵期为1天，幼虫期为4～8天，蛹为3～6天，完成一个世代需8～10天，一年中可有10～12代（图9-25）。

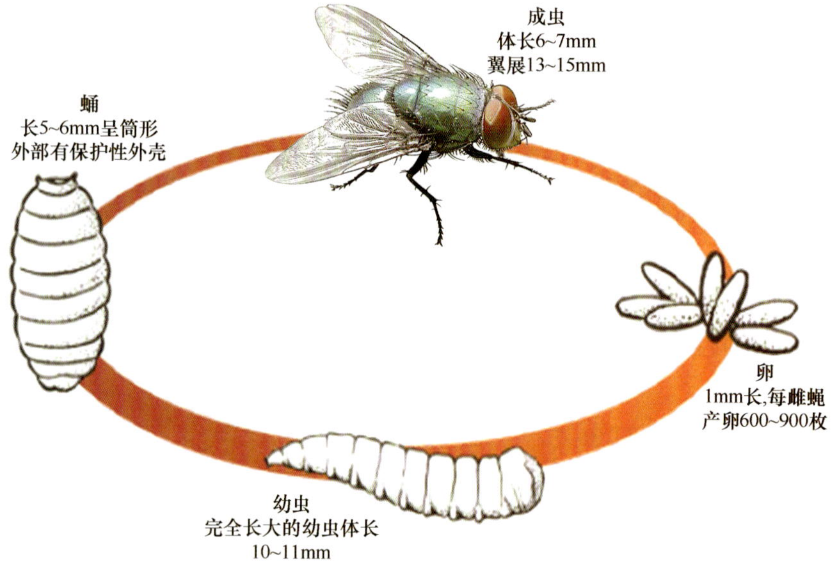

图 9-25　蝇的形态和生活史

(二) 生活习性

蝇类孳生于富含有机物质的场所,蝇嗜食香甜食品和腐烂食品及动物的分泌物、排泄物等,且有边食、边吐、边排泄的习性。由于蝇的食性特点、孳生习性和特有的形态结构,使成蝇可黏附(携带)大量的病原体,而成为重要的传病媒介。

(三) 传播疾病

蝇可传播消化道疾病(如痢疾、伤寒、阿米巴病、肠道蠕虫等)、呼吸道疾病(如结核)、眼病(如沙眼、结膜炎)、皮肤病(如皮肤利什曼病、炭疽、破伤风)等。有些蝇类如果蝇可作为眼结膜吸吮线虫的中间宿主。

(四) 防制原则

控制消除孳生地,消灭蝇蛆,冬季灭蛹,杀死成蝇(物理、化学性),搞好环境卫生、食品卫生和个人卫生。

三、蚤

蚤俗称跳蚤,成虫体小,长 2 ~ 4mm,棕黄至黑褐色,体侧扁,体表有毛、鬃和刺,均向后生长。头部较小,胸部 3 节,无翅,足 3 对(图 9-26)。蚤属完全变态。雌蚤通常产卵于宿主皮毛上或窝巢中,孵出幼虫以宿主脱落的皮屑、成虫粪便、血块为食,经蛹羽化为成虫后立即交配,并开始吸血,1 ~ 2 天后雌蚤产卵。人被蚤叮刺后,皮肤瘙痒,出现红斑或丘疹等,严重者可影响休息或因搔破皮肤而继发感染。蚤可传播鼠疫、地方性斑疹伤寒;蚤可作为犬复孔绦虫、缩小膜壳绦虫及微小膜壳绦虫的中间宿主,人因误食含似囊尾蚴的蚤幼虫而感染。防制应清除蚤的孳生地,灭鼠防鼠,防蚤灭蚤,加强对犬、猫等畜舍的清理,并定期用药物喷洒,对与人接触较多的宠物可用药液洗澡。

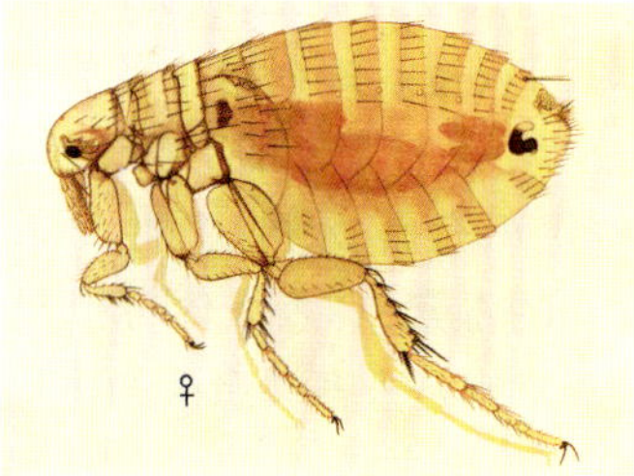

印鼠客蚤成虫(雌)

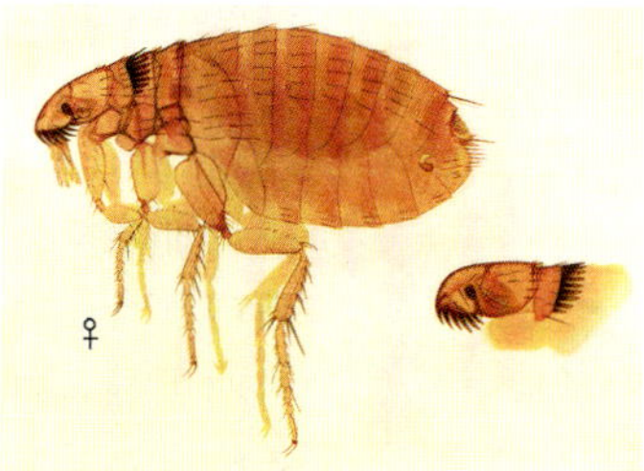

猫栉首蚤雌虫(附犬栉首蚤头部)

图 9-26　蚤成虫的形态

四、虱

虱为人体永久性体外寄生虫。寄生于人体的虱有体虱、头虱和阴虱。体虱、头虱为菱形，灰黑或灰白色，体长约4.4mm，无翅，足3对。阴虱体形似蟹，灰白色，胸腹相连而宽短，足3对，中、后足爪较粗壮（图9-27）。头虱多寄生于后颈及耳后毛发根上，体虱多寄生于内衣、裤的皱缝内，卵表面有胶性，常黏着于衣裤的织物纤维上。阴虱多寄生在阴毛和肛周毛等处。虱为不完全变态，生活史分卵、若虫及成虫3个时期。若虫、雌雄成虫均吸人血，每天吸血数次，常边吸血边排粪。虱对温度极为敏感，最适宜的温度为29～30℃。当人体温升高、出汗或死后变冷时，则迅速爬离，另觅新宿主寄生。此习性与传播疾病有关。人虱主要通过互相穿衣戴帽、共用被褥等传播；阴虱多因性接触而传播。虱传播的疾病主要为流行性斑疹伤寒和流行性回归热等。注意个人卫生、保持衣被清洁是预防生虱的重要措施（表9-6）。

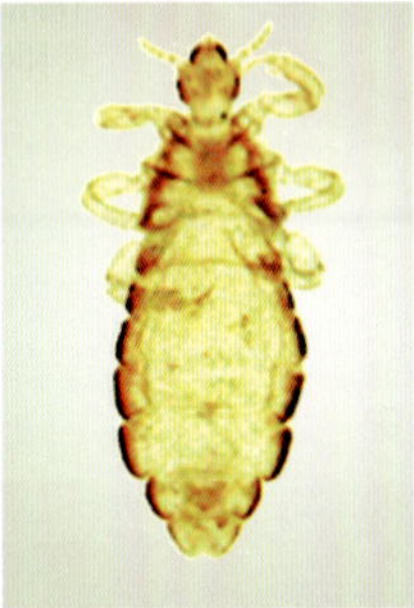
体虱成虫(雌)

头虱成虫(雄)

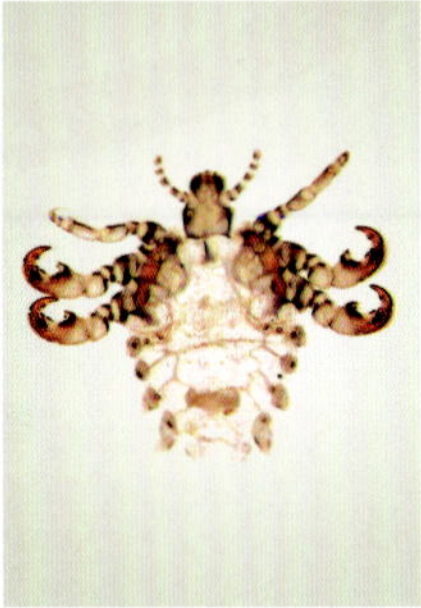
耻阴虱成虫(雌)

图9-27 虱成虫的形态

表9-6 昆虫纲重要节肢动物比较

虫种	生活史	传病途径	虫媒病
蚊	全变态	雌蚊对人、动物叮刺和吸血	疟疾、丝虫病、流行性乙型脑炎、登革热
蝇	全变态	蝇体黏附大量多种病原体，污染食品、饮水	痢疾、伤寒、霍乱、阿米巴痢疾、肠道蠕虫病
蚤	全变态	成虫对人、动物叮刺和吸血	鼠疫、鼠型斑疹伤寒
虱	半变态	若虫与成虫对人叮刺和吸血	虱媒回归热、流行性斑疹伤寒

五、蜱

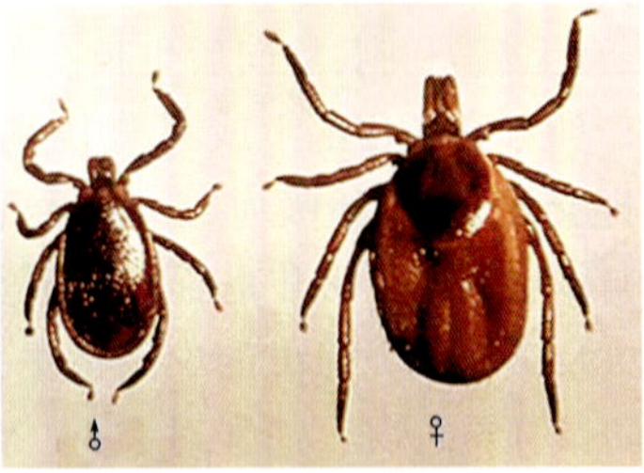

全沟硬蜱雌雄成虫

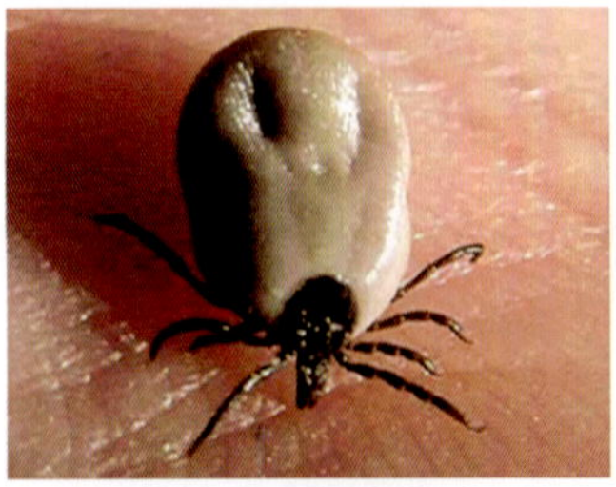
饱血后雌虫

图9-28 蜱成虫的形态

蜱分硬蜱和软蜱。硬蜱成虫虫体呈袋状，较大，大多为暗褐色，两侧对称，背面观可见颚体及盾板（图9-28）。软蜱基本形态和构造与硬蜱相似，但颚体较小，位于虫体腹面，躯体背面无背板。从外形看不易区别雌雄（图9-28）。蜱的发育过程分卵、幼虫、若虫和成虫4个时期。硬蜱多栖息于森林、灌木丛、开阔的牧场、山地的泥土中等。软蜱多栖息于家畜的圈舍、鸟巢及人房的缝隙中。硬蜱多在白天侵袭宿主，吸血时间较长。软蜱多在夜间侵袭宿主，吸血时间较短。蜱在宿主的寄生部位有一定的选择性，一般在皮肤较薄不易被骚动的部位。蜱叮刺吸血时可损伤宿主局部组织，可致组织充血、水肿、急性炎症反应等；某些硬蜱唾液内含有麻痹神经的毒素，释入人体可引起上行性肌肉麻痹，严重时可导致蜱瘫痪。蜱是人畜共患病的重要传播媒介，所传播的疾病有森林脑炎、新疆出血热、Q热、蜱媒回归热、鼠疫、布氏杆菌病等。值得注意的是，蜱不仅作为传病媒介，而且蜱能将多种病原体整合到卵内经卵传递给下一代,在流行病学上起到储存病原的作用。搞好环境卫生,消除孳生地,灭鼠、药物杀虫、加强个人防护等是对蜱的主要防制措施。

六、疥　螨

疥螨成虫呈乳白色或浅黄色,体长 0.2 ~0.5mm,背面隆起,腹面较平。躯体背面有横形的波状横纹、皮棘和刚毛,腹面有 4 对短粗似圆锥形的足。疥螨的生活史分卵、幼虫、前若虫、后若虫及成虫 5 个时期。主要寄生在表皮角质层深处,啮食角质层组织和取食渗出淋巴液,并以螯肢和足在皮下开凿,逐渐形成蜿蜒隧道。疥螨的寄生部位多见于手指、手腕屈面、肘窝、脐周、生殖器、腹股沟、下肢、踝和趾间等皮肤嫩薄皱褶处,女性乳房下部也有寄生,儿童则不拘部位均可被侵袭。疥螨是疥疮的病原体。疥疮初期,于隧道口出现红色点状丘疹,以后即转为水疱。人入睡后,被褥中温度升高,促使疥螨加剧活动和啮食,其分泌物和排泄物刺激皮肤,引起奇痒,因剧痒而抓破皮肤可致继发性感染,产生脓疮、毛囊炎等。

疥疮多发生于学龄前儿童和青年集体中,疥螨的传播主要为直接传播,特别在夜间睡眠时,疥螨在宿主皮肤上爬行交配,传播机会更多。亦可经患者的衣物、用具而间接传播。预防感染的措施主要是加强卫生宣传教育,注意个人卫生,避免和疥疮患者直接接触及使用其衣物。患者的衣物要消毒。治疗疥疮常用 10% 硫黄软膏等涂擦患处。

七、蠕　形　螨

蠕形螨俗称毛囊虫,是一种永久性寄生螨。寄生于人体的蠕形螨有毛囊蠕形螨和皮脂蠕形螨两种。成虫细长,呈蠕虫状,长 0.1 ~0.4mm,乳白色,半透明,环纹明显。两种蠕形螨的生活史相似,分卵、幼虫、前若虫、若虫和成虫 5 个时期。蠕形螨一般寄生在人体皮肤皮脂腺较发达的部位,以上皮细胞、腺细胞和皮脂为食。毛囊蠕形螨多群居,皮蠕形螨多单个寄生。蠕形螨具负光性,但对温度较敏感,相对温度较高有利虫体生存,干燥易使虫体死亡。蠕形螨为条件致病螨,可引起丘疹、疱疹、毛囊炎、疖肿、痤疮、酒渣鼻、脂溢性皮炎、睑缘炎、外耳道瘙痒等,镜检出蠕形螨即可确诊。常用方法有皮肤刮拭法或透明胶纸法。人体蠕形螨呈世界性分布,感染率很高,人与人之间通常是直接接触感染,也可通过共用毛巾、脸盆、枕巾等间接感染。避免和带螨者、患者直接接触,以防蠕形螨感染。治疗患者可外用 10% 硫黄软膏等,亦可内服甲硝唑,均有一定疗效。

八、恙　螨

恙螨又称恙虫,仅幼虫寄生于人或动物皮肤薄嫩处。幼虫体为椭圆形,呈红、橙、淡黄或乳白色,大小为 0.2 ~0.5mm。躯体背部扁平,背板上有盾板及背毛。恙螨发育分卵、前若虫、幼虫、若蛹、若虫、成蛹和成虫 7 个时期。幼虫宿主广泛,主要是鼠类,有些种类也可侵袭人,人体被侵袭部位常见于腰、腋窝、腹股沟、阴部等处。恙螨幼虫叮咬能引起恙螨性皮炎,有时可继发细菌感染。恙螨可传播恙虫立克次体导致恙虫病。病原体可经卵传递到下一代幼虫。恙螨分布于温暖潮湿地区,尤其为热带雨林地区更多见。清除杂草、堵填鼠洞和灭鼠是防制恙螨的主要措施。此外可用药物涂于裸露部位或用驱避剂浸渍布带敷于袖口、裤脚,以防恙螨叮咬(表 9-7)。

表 9-7　蛛形纲重要节肢动物比较

虫种	生活史	传病途径或致病方式	传播疾病或致病
蜱	卵—幼虫—若虫—成虫	若虫、成虫对人、动物叮刺和吸血	森林脑炎、新疆出血热
疥螨	卵—幼虫—前若虫—若虫—成虫	成虫与后若虫在皮肤内开掘隧道,损伤致病	疥疮
蠕形螨	卵—幼虫—前若虫—若虫—成虫	成虫吸食破坏毛囊上皮细胞,阻塞皮脂腺分泌,机械刺激。属于条件致病螨	与毛囊炎、酒渣鼻、痤疮等有关
恙螨	卵—前幼虫—幼虫—若蛹—若虫—成蛹—成虫	幼虫对人和鼠类叮刺	恙虫热

考点：蚊、蝇、蚤、虱、蜱、疥螨、恙螨、蠕形螨传播或引起的疾病

思考：蝇传播疾病的方式是什么？可传播哪些疾病？

小结

蚊为刺吸式口器，可传播疟病、丝虫病、流行性乙型脑炎等。蝇体全身多毛，舐吸式口器，杂食性，有边吃边排粪的习性，可传播多种胃肠道传染病。蚤可传播鼠疫、地方性斑疹伤寒等，虱可传播回归热、流行性斑疹伤寒等。蜱可传播森林脑炎、新疆出血热等。疥螨、恙螨、蠕形螨体积较小，分别引起疥疮、毛囊炎、皮脂腺炎等。

自测题

一、名词解释

医学节肢动物

二、填空题

1. 我国主要传病蚊属于________、________、________三属。
2. 蝇的口器多为________式，蝇爪末端密布________，可分泌黏液，携带病原体。
3. 寄生于人体的蠕形螨有________和________两种。
4. 某些蜱叮咬人后引起肌肉麻痹，是因为其唾液内含________。

三、单项选择题

1. 蚤传播的疾病主要是
   A. 地方性斑疹伤寒
   B. 流行性斑疹伤寒
   C. 流行性乙型脑炎
   D. 疟疾
   E. 登革热
2. 下列由虱传播引起的疾病为
   A. 脊髓灰质炎
   B. 流行性斑疹伤寒
   C. 登革热
   D. 黑热病
   E. 流行性乙型脑炎
3. 硬蜱传播的疾病是
   A. 丝虫病　B. 痢疾
   C. 斑疹伤寒　D. 森林脑炎
   E. 疟疾
4. 寄生于人的毛囊和皮脂腺内条件致病的螨是
   A. 尘螨　B. 革螨
   C. 恙螨　D. 蠕形螨
   E. 人疥螨

（高玉龙）

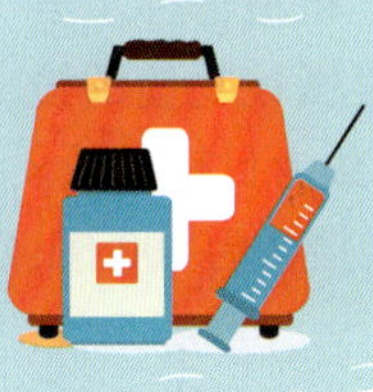

实 验 指 导

一、实 验 目 的

使学生加深和巩固对讲课内容的理解和体会，在掌握系统理论知识的基础上，学会及掌握本学科实验的基本操作，掌握基本操作技能和无菌技术，建立无菌观念，为后续课程的学习打下良好的基础。

二、实 验 要 求

每次实验前务必作好复习，明确实验目的、内容、操作中的注意点及其理论依据等。实验过程中，仔细观察、认真操作，养成严肃、严格与严密的学习素养。对实验结果真实记录，根据理论知识进行分析，得出结论，及时写出实验报告。

三、实验室规则

本课程实验操作对象多为致病性微生物，因此必须严格遵守实验室规则，按正规要求进行操作，注意避免发生实验室感染。

四、微生物学实验室的规则

1. 进实验室要穿工作服，工作服要经常清洗，保持洁净。
2. 上实验课只需带入与实验、学习有关的物品。带入的文具等物品放置时要远离操作台。
3. 实验室禁止带入饮水和食品，禁止在实验室内吃东西。
4. 实验室内保持肃静，禁止谈笑和高声说话，集中精力完成实验操作。
5. 凡具有传染性的培养物、带菌材料、动物、器具等，均需按要求处理，不得随便乱放或用水冲洗。酒精灯使用完毕后应及时盖灭火焰。实验室内任何物品不得携出室外。
6. 实验中一旦发生意外，如划破皮肤，细菌污染实验台、地面、手或衣物时，应立即报告老师处理。
7. 爱护公物、节约实验材料，如损坏实验器材，应向老师报告并进行登记。
8. 保持实验室内清洁整齐，实验完毕应整理实验物品，清理桌面、地面，检查水电和门窗。
9. 实验完毕，用消毒液泡手，并用清水冲洗后再离开实验室。

实验一　显微镜油镜的使用及细菌形态观察

一、实 验 目 的

1. 学会使用和保护显微镜油镜。
2. 会辨认细菌的基本形态和特殊结构。
3. 学会细菌标本制片和革兰染色法，绘制并分析结果。

二、实验内容和方法

（一）显微镜的操作及油镜的使用和保护法（操作）

1. 显微镜的使用和保护

（1）普通光学显微镜的基本构造：显微镜的基本结构包括三部分，即光学系统、机械部件和附加装置。光学系统包括物镜、目镜以及由聚光镜和反光镜（或电光源）组成的照明装置。机械部件主要包括调焦系统、载物台和物镜转换器等运动部件以及底座、镜臂、镜筒等支持部件。显微镜物镜的镜头外环的颜色一般为红色、黄色、白色，分别对应10、40、100等数字。显微镜的放大倍数为目镜倍数×物镜倍数。使用红色（10）的物镜时，放大倍数为100倍；使用黄色（40）的物镜时，放大倍数为400倍；使用白色（100）的物镜时，放大倍数为1000倍（即油镜）。

（2）对光检查：不染色标本宜用弱光，即将聚光器降低或缩小光圈；检查染色标本时光线宜强，应将光圈开大并升高聚光器。以自然光为光源或光线较强时，用平面反光镜；以灯光为光源或光线较暗时，用凹面反光镜；并用低倍镜对好光。

（3）观察方法：将载玻片放在载物台上，用夹片器固定，先用低倍镜找到标本所在处，再换油镜观察。使用油镜时，需在载玻片的标本部位滴香柏油一滴，从旁观察并扭动粗调螺旋使载物台上升，将油镜头浸入油内接近标本表面处，但不要碰到玻片，再反向转动粗调螺旋使载物台徐徐下降，至视野中看到标本轮廓。

（4）注意事项：①物镜及目镜需经常保持清洁，使用完毕后，应立即用擦镜纸滴加少许专用清洁剂（75%乙醇与乙醚等量混合）将镜头的油擦掉，再用干的擦镜纸擦干。②显微镜使用完毕应将物镜转成“八”字形，使之不正对光路，降下聚光器，以防止因物镜镜头直接接触载物台或聚光器而损坏光学镜片。③调节螺旋是显微镜机械装置中较精细又容易损坏的元件，拧到了限位以后绝不能强拧。④新型一体光源的显微镜有调节光强度的旋钮，每次使用显微镜结束时将此旋钮旋至低光强，以防止下次通电时损坏电路保险。⑤显微镜应放置在干燥避光的地方，防发霉，防暴晒（实验图1-1）。

2. 油镜的使用

（1）原理：细菌须用显微镜放大400～1000倍才能看到。放大倍数越大，物镜的直径就越小，则进入到物镜中的光量越少；加之部分光线由于折射的原因，没有进入物镜中，所以视野很暗，不宜观察。滴加香柏油后，由于其折射率与玻璃近似，所以先前折射出去的那部分光线就按原路继续前行，进入了物镜，使得视野变亮，从而便于观察（实验图1-2）。

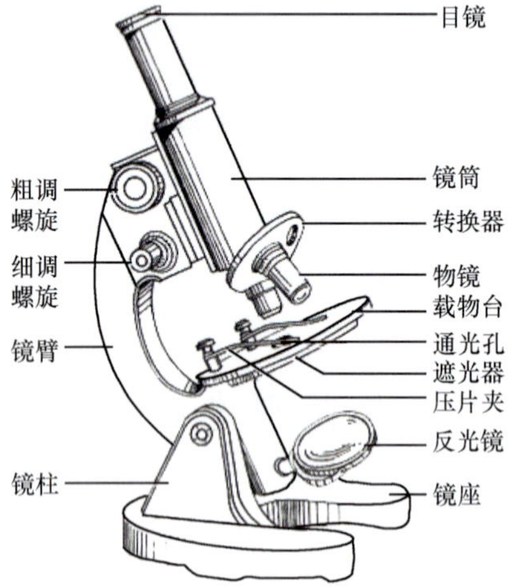

实验图1-1 显微镜的结构

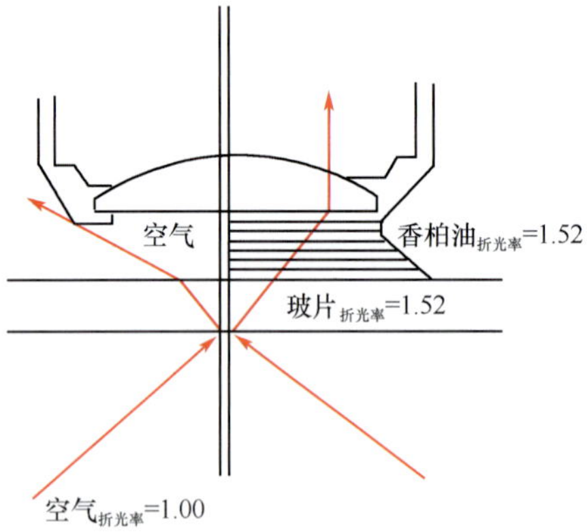

实验图1-2 显微镜油镜的原理

（2）注意事项：①使用油镜时，不要将镜台倾斜，以免镜油流出污染镜台。②观察时，先用低倍镜（10×，色圈为红色）找到染色区域并对焦，然后移开低倍镜头，并在载玻片上滴1滴香柏油，再转换至油镜头（100×，色圈为白色），同时放大光圈和升高聚光器。③左眼注视目镜视野内，用细调节器调至物像清晰。观察标本时，用左眼、右眼轮换观看镜内影像，观察时宜两眼同时睁开，以减少眼睛疲劳。

④使用完毕，用擦镜纸擦掉香柏油。如油迹干枯，可蘸少许二甲苯再行擦拭。

（二）细菌的基本形态和特殊结构观察（示教）

［材料］ 显微镜、香柏油、擦镜纸、细菌标本片。

［方法］

（1）基本形态观察：使用显微镜油镜，观察各种球菌、杆菌和弧菌的革兰染色标本片，以认识细菌的基本形态。观察时应注意细菌的形状、大小、排列和染色性，同时绘图。

球菌：金黄色葡萄球菌、化脓性链球菌、脑膜炎奈瑟菌。

杆菌：伤寒沙门菌、痢疾志贺菌、炭疽芽孢杆菌。

弧菌：霍乱弧菌。

（2）特殊结构观察：使用显微镜油镜，观察荚膜、鞭毛和芽孢的染色标本片，以认识细菌的特殊结构。观察时应注意鞭毛的分布及芽孢的形状、大小和位置，同时绘图。

荚膜：肺炎链球菌的荚膜。

鞭毛：伤寒沙门菌的鞭毛。

芽孢：破伤风梭菌的芽孢。

三、实验报告

1. 低倍镜、高倍镜、油镜的放大倍数分别是多少？
2. 使用油镜后的总放大倍数是多少？使用油镜镜头时，为何要滴加香柏油？
3. 绘制金黄色葡萄球菌、痢疾志贺菌、霍乱弧菌的形态图。
4. 绘制肺炎链球菌、伤寒沙门菌、破伤风梭菌的特殊结构。

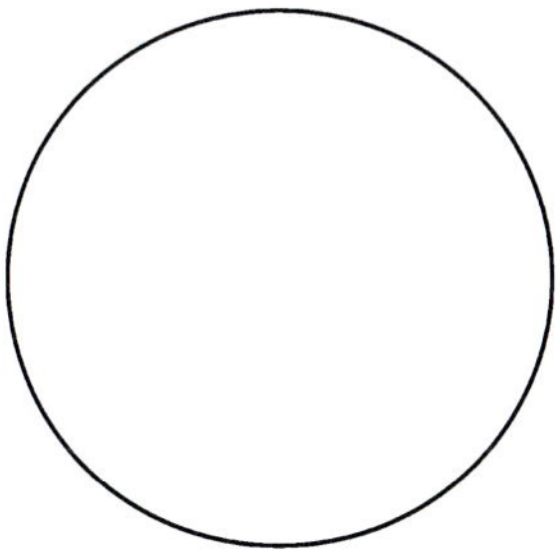

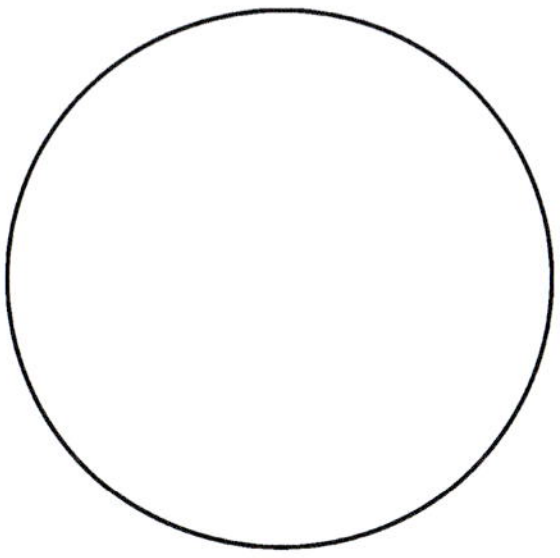

实验二　细菌的革兰染色及观察

一、实验目的

1. 熟练地使用和保护显微镜油镜。
2. 学会细菌标本制片和革兰染色法，绘制并分析结果。

二、实验内容和方法（操作）

［原理］ 由于细胞壁结构的差异等原因，革兰阳性菌能牢固结合初染的紫蓝色，不易被乙醇脱色，故不能染上复染的红色，仍保持初染的紫蓝色；革兰阴性菌结合初染的紫蓝色不牢同，易被乙醇脱色，故最后染上复染的红色。

［材料］

（1）大肠埃希菌、葡萄球菌培养物。

（2）其他：革兰染色液、载玻片、0.9% 氯化钠溶液、酒精灯、接种环等。

[方法]

(1) 细菌涂片制作:步骤为涂片—干燥—固定。

1) 涂片:取洁净的载玻片两张,分别用于染色大肠埃希菌和葡萄球菌。用玻璃铅笔在玻片一面的中部划两条与载玻片等宽的垂直竖线,使之成为一个方形区域,用以限定涂片的范围,防止液体溢出。再滴0. 9%氯化钠溶液1滴在玻璃铅笔围出的区域内,将接种环在酒精灯火焰中烧灼灭菌后冷却,从培养基上刮取少许菌落(每次在培养基上刮取细菌时,必须先烧灼灭菌),在盐水中磨匀,涂布成直径约1. 5cm大小的圆形薄膜。

2) 干燥:置室温中自然干燥,也可将涂膜背面置火焰上方不烤手的高处略加烘烤,但切不可将涂膜烤焦。

3) 固定:将已经干燥的涂片菌膜面向上,手持载玻片的远端,以钟摆速度通过火焰外焰(温度最高)处3次。注意切勿将菌体烤焦。固定的作用是杀死细菌并使细菌牢固地附着在玻片上,以使染料得以进入细菌内,并避免在染色中被水冲洗掉。

(2) 染色

染色步骤:

初染(结晶紫)1分钟——水洗。

媒染(碘液)1分钟——水洗。

脱色(乙醇)0. 5~1分钟——水洗。

复染(复红) 0. 5分钟——水洗。

具体操作如下:

1) 初染:滴加甲紫染液于涂片菌膜上,迅速水平晃动玻片,以使染色均匀。染色1分钟后,用水轻轻冲洗。

2) 媒染:滴加卢戈碘液,手法同上,约1分钟后,水洗。

3) 脱色:滴加95%乙醇溶液数滴,轻轻水平摇动玻片至无紫色脱下为止,30秒至1分钟后水洗。脱色操作的准确性对细菌的染色成功影响很大。

4) 复染:滴加稀释复红染液,手法同上,30秒钟后,水洗。

5) 自然晾干或用滤纸轻轻吸干(切不可擦拭),加一滴香柏油后用油镜观察。

染色结果:葡萄球菌染成紫色,系革兰阳性菌;大肠埃希菌染成红色,系革兰阴性菌。

三、实验报告

1. 记录革兰染色的操作步骤及染色结果。
2. 革兰染色步骤中最重要的是哪一步? 为什么?
3. 绘制本次革兰染色细菌的镜下图,并注明染色性。

实验三　细菌培养及其代谢产物观察

一、实验目的

1. 熟悉培养基的制备程序，知道常用培养基的种类和用途。
2. 学会细菌平板培养基接种法。
3. 观察细菌在不同培养基中的生长现象。
4. 观察糖发酵试验并会判断结果。

二、实验内容和方法

（一）培养基的制备原则和种类介绍（示教）

1. 制备原则　①适当的营养成分；②合适的酸碱度；③配制后经灭菌备用。
2. 原料准备　牛肉膏、蛋白胨、琼脂、化学纯 NaCl、蒸馏水等。
3. 制备程序　配料—熔化—测定及矫正 pH—滤过—分装—灭菌—备用。
4. 常用培养基的种类

（1）按物理性状可分：①液体培养基；②固体培养基；③半固体培养基。

（2）按用途不同可分：①基础培养基；②营养培养基；③鉴别培养基；④选择培养基；⑤厌氧培养基。

（二）细菌接种法（操作）

平板划线分离培养法

平板划线分离培养法的目的是分离出所需要的细菌，以获得纯种的细菌。常用的是分区划线法。

［材料］

（1）葡萄球菌菌液；大肠埃希菌菌液。

（2）培养基：普通琼脂平板。

［方法］

（1）取一含灭菌培养基的培养皿，用玻璃铅笔在平皿底的外面写上将要接种的菌名、操作者的姓名、实验日期等。

（2）将接种环在火焰上烧灼灭菌。以无菌操作方法用接种环蘸取葡萄球菌或大肠埃希菌菌液 1 环。

（3）左手持平板培养基平皿底部，以拇指和示指开启平皿盖一侧，右手将蘸有菌液的接种环在平板最深处的表面边缘部分进行涂抹（注意：切勿将接种环刺入琼脂培养基物质内）。然后烧灼接种环，冷却后自涂抹部分开始，连续在平板表面左右轻快地作“S”形划线，划出的第 1 区划线占平板表面的 1/5～1/4。

（4）接种环再次烧灼灭菌，将培养基转动约 80°，进行第 2 区划线，第 2 区划线与第 1 区划线开始相交 2～3 条，以后可不相交。每次换区划线之前，对接种环进行一次烧灼灭菌；用相同方法进行第 3 区、第 4 区、第 5 区划线（实验图 3-1、实验图 3-2）。每区划线呈相对独立的一片，这样操作有利于后面生成单个菌落。

（5）接种完毕后，将接种环经火焰灭菌后放好。平皿倒置于培养箱中，37℃培养 18～24 小后，观察结果。

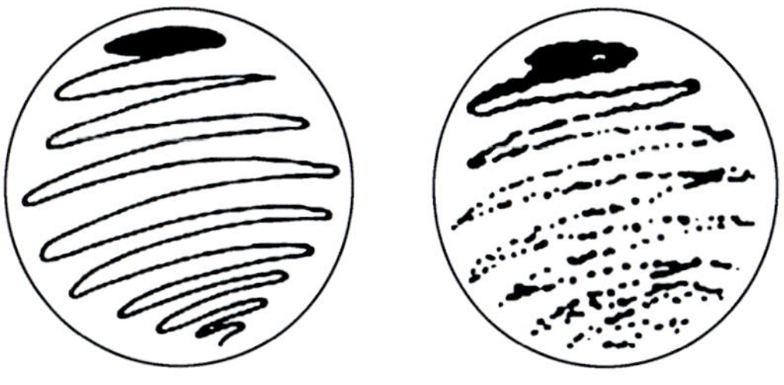

实验图 3-1　连续划线接种法及培养后效果示意图

［注意事项］　①划线接种时，力量要适中。②接种环与培养基表面的角度以 30°～40°为宜，角度过大会划破培养基表面。③划线要密而不重复。④严格无菌操作。

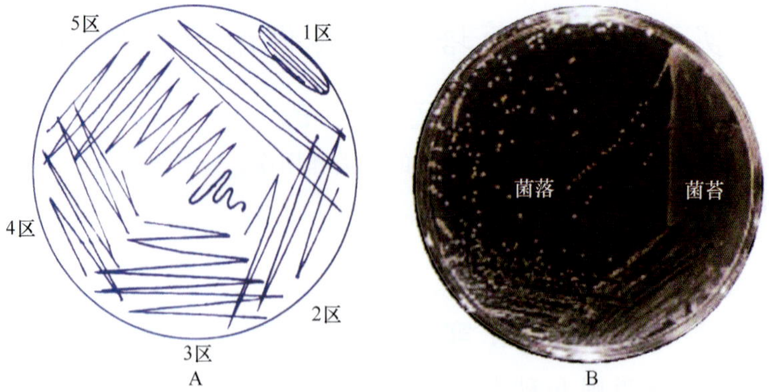

实验图 3-2　分区划线接种法及接种后培养效果

A. 分区划线示意图；B. 培养后菌落分布情况

半固体培养基接种法

半固体培养基接种法(示教)：主要用于观察细菌的动力，在肠道杆菌鉴别中较为重要。

[材料]

(1) 变形杆菌、葡萄球菌斜面培养物。

(2) 培养基：半固体琼脂培养基。

[方法]

(1) 左手拇指、示指、中指、环指分别握持菌种试管与待接种的斜面培养基试管，拇指压住试管底部上方，菌种试管位于左侧，培养基试管位于右侧，斜面均向上(实验图 3-3)。

(2) 左手拇指和示指分别松动两管棉塞，右手持接种针火焰灭菌。

(3) 以右手小指与手掌、小指与环指分别拔取两管棉塞(先外后内)，将两管口迅速通过火焰灭菌。

(4) 右手持接种针灭菌冷却后，以接种针挑取少许菌苔，垂直刺入半固体培养基的中心，深入底部约 3/4 处，然后循原路退出。做好标记，平皿倒置于培养箱，37℃培养 18 ~ 24 小时，观察结果(实验图 3-4)。

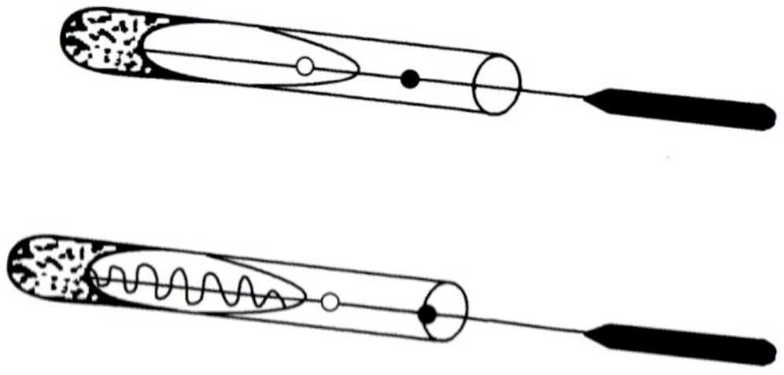

实验图 3-3　斜面双管移种法

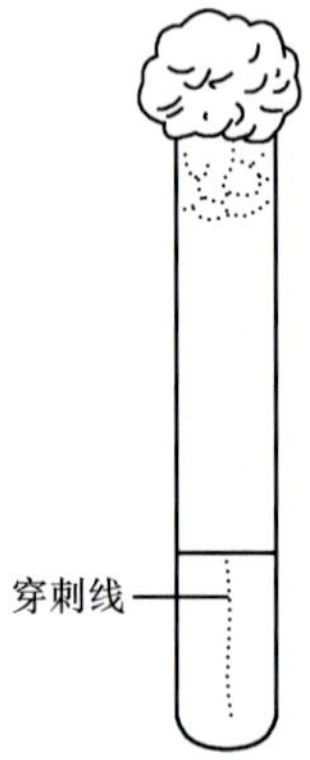

实验图 3-4　半固体培养基穿刺接种法

(三) 细菌生长现象的观察(示教)

1. 细菌在培养基中的生长现象观察

(1) 液体培养基：均匀混浊生长(葡萄球菌)、菌膜形成(枯草杆菌芽孢)、沉淀生长(链球菌)。

(2) 固体培养基：形成菌落和菌苔。观察菌落的大小、形态、透明度、颜色、菌落周围有无透明溶血环等。

(3) 半固体培养基：可用于观察细菌有无动力(鞭毛)。痢疾志贺菌沿穿刺线生长，穿刺线清晰、周围培养基仍为透明，动力阴性；大肠埃希菌沿穿刺线向周围生长，穿刺线模糊，整个培养基变为混浊,动力阳性。

2. 细菌代谢产物观察　将大肠埃希菌和伤寒沙门菌分别接种于葡萄糖、乳糖发酵培养基中,平皿倒置于培养箱中,37℃温箱培养 24 小时后观察结果。大肠埃希菌分解葡萄糖、乳糖,产酸产气;伤寒沙门菌分解葡萄糖产酸不产气,不分解乳糖(实验表 3-1)。

实验表 3-1　大肠埃希菌与伤寒沙门菌的糖分解实验结果

细菌名称	葡萄糖	乳糖
大肠埃希菌	⊕	⊕
伤寒沙门菌	+	-

⊕:产酸产气;+:产酸不产气;-:不分解。

三、实验报告

1. 记录并分析平板分区划线接种法的培养结果。
2. 描述细菌在固体、液体和半固体培养基上的生长现象。

实验四　细菌的分布检查与消毒灭菌

一、实验目的

1. 学会不同部位细菌的检查方法,认识细菌的分布情况。
2. 知道常用消毒、灭菌的方法。
3. 认识常用的灭菌器。
4. 初步学会做药物敏感实验。

二、实验内容和方法

(一)细菌分布的检查(操作)

[材料]　灭菌的普通琼脂平板、血琼脂平板、无菌棉签、特种铅笔、酒精灯、接种环等。

[方法]

(1)空气中细菌的检查:取普通琼脂平板 2 个,一个放实验室内打开平皿盖,在空气中暴露 10 分钟后盖上平皿盖,另一个平板放在消毒过的无菌室或超净工作台上,暴露 10 分钟后盖上平皿盖,然后分别做好标记,置 37℃培养 18~24 小时,观察并记录实验结果。

(2)咽喉部细菌的检查(以下两种方法任选一种)

1)咽拭子法:每两位同学为一组,取血琼脂平板 1 个,在平板底部正中画一直线分为两部分,分别做好标记。由两位同学相互用无菌棉拭子采集咽部标本,分别将标本涂于血平板表面的相应位置;然后再无菌操作,用接种环划线,置 37℃培养 18~24 小时,观察并记录实验结果。

2)咳碟法:取血琼脂平板 1 个,打开盖子,置于距口 10cm 左右处,用力咳几次,盖好盖子,在平板底部做好标记,置 37℃培养 18~24 小时,观察并记录实验结果。

(二)消毒与灭菌试验(操作)

[材料]　大肠埃希菌、枯草芽孢杆菌培养物;灭菌的普通琼脂平板、肉汤培养基、酒精灯、接种环、碘伏消毒剂、镊子、黑色纸片等。

[方法]

(1)皮肤消毒试验:每两名学生为一组,取 1 个普通琼脂平板。先在平板底部用记号笔放射状划分为 5 格,标明序号,两人用未消毒手指分别在 1、2 格内轻轻接触,然后用碘伏消毒手指,再分别接触 3、4 格,余下第 5 格作为空白对照,盖上平皿盖,置 37℃培养 18~24 小时,观察并记录实验结果。

(2)热力灭菌试验:取 6 支无菌肉汤培养基,分别做好标记后无菌操作。2 支接种大肠埃希菌;2 支接种枯草芽孢杆菌;2 支不接种细菌,作为阴性对照。取接种大肠埃希菌、枯草芽孢杆菌、阴性对照培养管各1支，放入水浴锅中煮沸5～10分钟后取出，然后将6支试管培养基置37℃培养18～24小时，观察并记录实验结果。

（3）紫外线杀菌试验：取普通琼脂平板1个，用接种环无菌操作密集划线（米字格划线法），接种大肠埃希菌。用无菌小镊子把灭菌的长方形黑色纸片轻放于平板表面中央部分。打开平皿盖，置于紫外线灯20～30cm处照射30分钟，将黑纸片弃入消毒缸中，盖好平皿盖，置37℃恒温箱培养18～24小时，观察并记录实验结果。

（三）常用消毒灭菌及除菌方法介绍（示教）

1. 高压蒸汽灭菌法　是应用最广的灭菌法，凡耐湿、耐高温、耐高压的普通培养基以及0.9%氯化钠溶液、敷料、手术器械、注射用液体、玻璃器皿等，均可用此法灭菌。

［原理］　水的沸点因大气压力而改变，当在海平面大气压力为一个大气压时，水的沸点为100℃，海拔高于海平面，大气压力变小，沸点随之变低；海拔低于海平面，大气压力增大，沸点随之增高。对盛水容器密闭后加热，因水蒸气无法外泄，压力增大，因而沸点上升。

实验图4-1　手提式高压蒸汽灭菌器

［构造］　高压蒸汽灭菌器是一个双层的金属圆筒，两层之间盛水，外层坚厚，其上或前方有金属厚盖。盖旁附有螺旋，借以紧闭盖门，使蒸汽不能外溢。随着蒸汽压力升高，筒内的压力也会升高。高压蒸汽灭菌器上装有排气阀、安全阀，以调节器内压力，装有的温度计及压力表以示内部温度和压力。器内装有带孔的金属搁板，用以放置灭菌对象（实验图4-1）。

［使用方法］

（1）加水至锅内达规定的水平面，放入欲灭菌物品，把锅盖按对称的螺旋先后对称用力（切勿单个依次）扭紧，使锅盖确实均衡密闭。

（2）通电加热，同时打开排气阀门，使器内冷空气逸出，保证器内温度和压力表所示一致。待空气全部排出后，关闭排气阀。专人看守，不得离开。

（3）继续加热注视压力表，器内压力又逐渐升高，直到压力表指在所需压力和温度数值（如103.425 kPa、121.3℃），即调节或断开电源，维持所需压力15～20分钟，可完全杀死细菌的繁殖体和芽孢。

（4）灭菌时间到达后，停止加热，待压力自行下降至零时方可徐徐开放排气阀，排尽余气，打开锅盖，取出灭菌物品。

［使用注意事项］

（1）检查排气活塞及安全阀门，特别是压力表的性能是否正常，以免发生危险。

（2）灭菌物品放置过挤，妨碍蒸汽流通，影响灭菌效果。

（3）灭菌开始时必须将高压蒸汽灭菌器内冷空气完全排出，否则压力表上所示压力并非全部是热蒸汽压力，灭菌将不彻底。

（4）灭菌过程中及灭菌完毕，切不可突然打开排气阀门放气减压，以免瓶内液体外溢。

（5）高压灭菌设备有多种，规模较大的医院装备有大型的高压灭菌器。现代化的高压灭菌器已实现设置程序后自动化运行，不必专人看守。

［实验方法］

（1）将枯草芽孢杆菌和葡萄球菌分别接种于普通液体培养基中。

（2）先向高压蒸汽灭菌器的外筒内加水，把需灭菌的物品放入内筒，不能太挤，盖好盖并将螺旋拧紧使之密封，打开排气阀开始加热，详细过程见前述。灭菌完毕，关掉热源，待压力下降到零时，开放排气阀排出余气后，开盖取物。

（3）将经过高压蒸汽灭菌器灭菌的培养基取出，置37℃培养18～24小时，观察并记录、分析实验结果。

2. 干热灭菌法　主要用于玻璃器皿、试管、吸管、三角烧瓶、粉剂等的灭菌。用时将需要灭菌的物品经清洗、晾干和包装之后整齐摆放于烤箱内，不宜过挤。关闭两层箱门，通电，待温度升到160～170℃时，维持2小时即可达到灭菌目的。温度不可过高，以免棉塞或包装纸烤焦甚至燃烧。灭菌完毕，关闭电源，待温度自然下降到50℃以下再开门取物，以防玻璃器皿骤冷发生破裂。

3. 滤过除菌法　用物理阻隔的方法机械地将液体中的细菌除去，以达到无菌的目的。常用于不耐热的液体培养基、血清和生物药品的除菌，也用于细菌外毒素及病毒的除菌分离。常用的滤菌器有薄膜滤菌器、玻璃滤菌器、石棉滤菌器等。

（四）药物敏感实验（纸片法）（操作）

［材料］　大肠埃希菌、葡萄球菌菌液；灭菌的普通琼脂平板、各种抗生素滤纸片（青霉素、链霉素、氯霉素、红霉素、庆大霉素等）。

［方法］

（1）取普通琼脂平板1个，用记号笔在平板底部间隔均匀、等距标记4～6个位置。

（2）用无菌棉拭子蘸取菌液，在培养基表面均匀涂布，每次涂抹后将平板旋转60°，共涂抹3次，最后沿平板周边涂抹2圈，以保证均匀。

（3）无菌操作，用镊子取药敏纸片，按标记位置放置在涂布细菌的培养基表面，用镊尖轻压，使其贴平。每取一种药敏纸片前，均须先灭菌镊子并冷却。每张纸片中心间距不少于24mm，纸片中心距平板边缘距离不少于15mm。直径为90mm的平板最多贴6片（实验图4-2）。

（4）贴上纸片后，须在15分钟内置37℃培养18～24小时，观察结果。

（5）结果报告：用直尺测量抑菌圈的直径，结合实验表4-1的判定标准，以敏感、中度敏感、耐药3个等级报告结果。

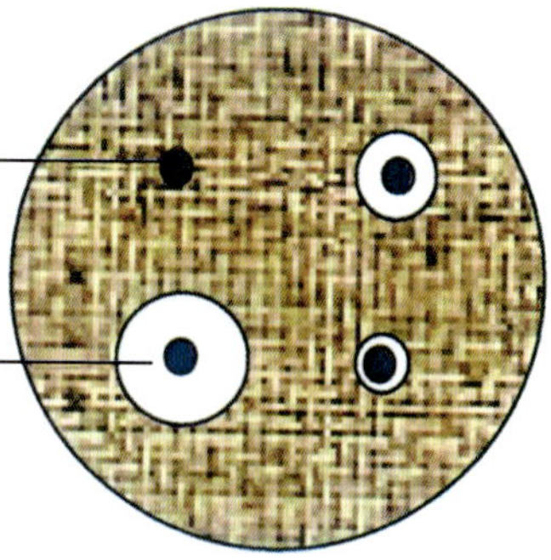

实验图4-2　药物敏感实验示意图

实验表4-1　药物敏感实验判定标准

抑菌圈直径（mm）	敏感度
20以上	极度敏感
15～20	高度敏感
10～14	中度敏感
10以下	低度敏感
0	不敏感

［影响因素］

（1）培养基：细菌药敏试验的培养基厚度大约为4mm，若培养基厚度大于4mm，会使细菌出现耐药；若小于4mm，本应耐药的易出现敏感。

（2）试纸片：药敏纸片的厚度要求大于1mm，这样才有利于细菌的生长和药物的扩散。药敏纸片的直径为6.00～6.35mm，纸片的厚度和直径大小都会影响药物敏感实验的结果。

（3）细菌：由于各种菌对药物的敏感性不同，产生的抑菌环大小不同，若菌液浓度过高，该菌会对所有药物产生耐药；反之，菌液浓度过低，该菌会对所有药物均敏感。

贴药敏纸片时，每取一种药敏纸片必须烧一下镊子口，避免药敏纸片之间相互混淆，以提高药敏的准确性。

根据一种药物抑菌圈的有无或者大小，只能判断出该药对细菌有没有效果，但其敏感性的高低需要通过科学严谨的实验来确定，而片面地根据药敏圈的大小来决定敏感与否，结果不够准确。

三、实验报告

1. 记录空气、咽喉部位细菌检查的结果。
2. 记录皮肤消毒试验的结果。
3. 记录热力灭菌试验和紫外线杀菌试验的结果。
4. 记录药物敏感试验的结果，并解释其意义。

实验五　免疫学基础实验

一、实验目的

1. 观察动物过敏性休克现象，并能解释其原因。
2. 观察E花环、淋巴细胞转化、中性粒细胞吞噬淋球菌标本片。
3. 学会玻片凝集试验的操作，观察其他几种抗原抗体反应的现象，学会分析结果。
4. 认识常用免疫防治的生物制品。

二、实验内容和方法

(一) 豚鼠过敏反应(示教或观看视频)

1. 致敏注射　取体重250g左右的健康豚鼠2只，分别标记为甲和乙。两只豚鼠均在皮下注射1∶10稀释的马血清0.1ml，使之致敏。

2. 发敏注射　2周后，甲豚鼠心内注射马血清原液0.5～1.5ml，乙豚鼠心内注射鸡蛋清0.5～1.5ml。

3. 结果观察　甲豚鼠在发敏注射后数分钟，表现为不安、竖毛、抓鼻，继而发生呼吸困难、抽搐、痉挛性跳跃、大小便失禁等症状，严重者会导致死亡。解剖可见肺气肿，胀满整个胸腔，这是支气管平滑肌痉挛的结果。乙豚鼠应不出现任何异常现象。

(二) 免疫细胞标本片观察(示教)

1. E花环试验标本片　油镜下观察E花环标本片，淋巴细胞较大，呈蓝色。绵羊红细胞较小，呈红色。凡表面黏附≥3个绵羊红细胞的淋巴细胞为花环形成细胞(即T淋巴细胞)(实验图5-1)。

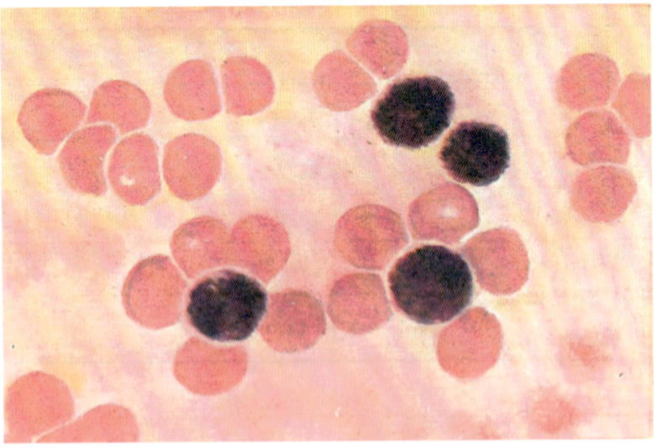

实验图5-1　E玫瑰花环平镜检

2. 淋巴细胞转化试验标本片

(1) 未转化的淋巴细胞特点：细胞体积小，核大，深紫色。核染色体致密。细胞质少，染成蓝色(实验图5-2A)。

(2) 已转化的淋巴细胞：包括淋巴母细胞和过渡型细胞。①淋巴母细胞特点：体积明显增大，是成熟淋巴细胞的3～4倍，染色质疏松呈网状，核膜清晰，核内可见明显核仁1～4个。胞质丰富，嗜碱性，有伪足样突起(实验图5-2B)。②过渡型细胞特点：细胞体积略大，核质较疏松，胞质较多，嗜碱性，核内可见核仁。

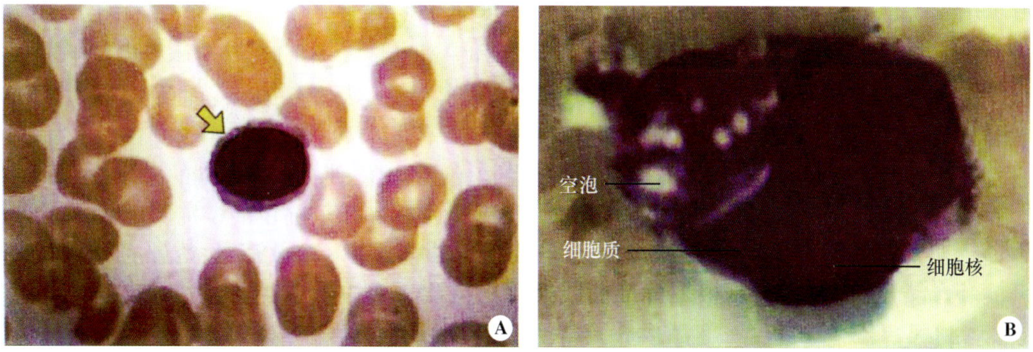

实验图 5-2 淋巴细胞转化试验图

A. 未转化的淋巴细胞；B. 转化后的淋巴细胞——淋巴母细胞

3. 中性粒细胞吞噬淋病奈瑟菌标本片 油镜下观察标本片上中性粒细胞内有吞噬的革兰阴性双球菌(实验图 5-3)。

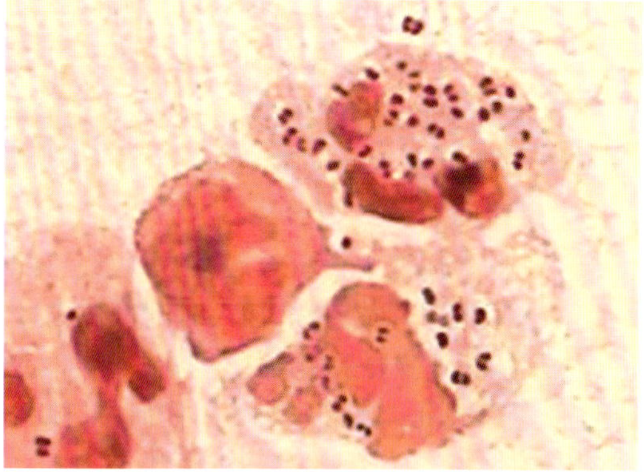

实验图 5-3 中性粒细胞吞噬淋病奈瑟菌

(三) 玻片直接凝集试验——血型鉴定(操作)

[原理] 颗粒性抗原与相应抗体结合后，在一定条件下(电解质、温度、pH 等)，出现肉眼可见的凝集物。

[材料] 红细胞抗 A、抗 B 标准血清，载玻片，采血针，消毒棉球，采血棒等。

[方法]

(1) 标记：取洁净载玻片一张，在玻片两侧左右上角分别标明 A、B 字样。

(2) 加血清：用一毛细滴管吸取抗 A 血清一滴置于玻片 A 侧，再用另一毛细滴管吸取抗 B 血清一滴置于玻片 B 侧。

(3) 加血液(红细胞)：在左手环指指尖用 75% 乙醇(或碘伏)消毒，用一次性采血针刺入指尖 2～3mm，轻轻挤压指尖，待血液流出后用采血棒两端分别蘸采血液，然后分别加入抗 A、抗 B 血清中(注：采血棒两端在加血液时切不可互相混合)，充分混匀，5 分钟后观察结果。如果均匀的红细胞悬液发生了变化，红细胞集聚成细小的团块，则发生了凝集，说明红细胞上有与相应的红细胞抗血清对应的抗原(实验图 5-4)。

[结果] 根据玻片两侧凝集情况来判断血型，见实验表 5-1。

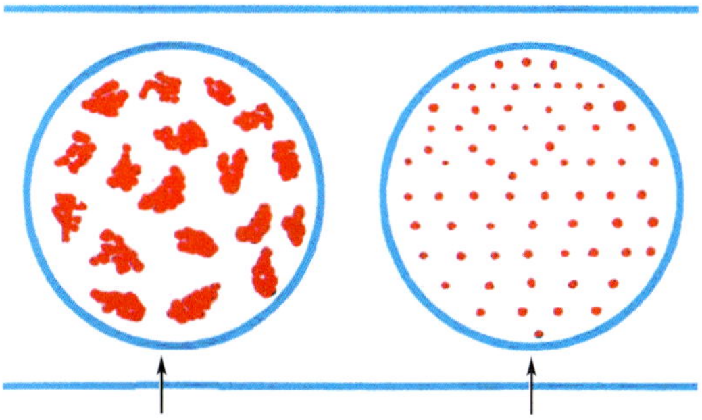

实验图 5-4 A 型血的检测结果

实验表 5-1 血型鉴定结果

血清	标准血清	
	抗 A 标准血清	抗 B 标准血清
A 型	+	-
B 型	-	+
AB 型	+	+
O 型	-	-

+为凝集；-为不凝集。

（四）金标记斑点免疫层析试验——妊娠试验（操作）

［原理］ 这项试验通过早孕试纸检测。当女性卵子受精植入子宫后，女性体内就产生了绒毛膜促性腺激素（hCG），其生理作用在于维持妊娠。这种激素在受孕后 7～10 天就能通过高敏度的早孕试纸从尿中检测出来。

该试验是以硝酸纤维薄膜为载体，利用微孔膜的毛细管作用，使板条测试端的尿液慢慢向另一端渗移，尿液将金标抗 α-hCG 溶解并带动它向前移动，结合尿中 hCG 至抗 β-hCG 抗体处形成复合物，并在抗 β-hCG 抗体固定处显示胶体金特有红色，提示试验阳性。尿中无 hCG 时，溶解的抗 α-hCG 至固定有金标二抗的 MC 膜处显示胶体金特有红色（质控线条），提示试验阴性。

［材料］ 待检尿液、测试条。

［方法］ 取测试条，将测试端插入尿液至标记线处，3～5 秒后，取出平放，置室温下 3 分钟观察结果。

［结果判定］ 阳性：在检测线位置及对照线位置各出现一条红色反应线，也就是说试纸会出现两条红线；检测线比对照线颜色深表示为强阳性，表示已经怀孕一段时间。

阴性：仅在对照线位置出现一条红色反应线，表示没有怀孕。

无效：测试纸无红色反应线出现，或仅在检测线位置出现一条反应线，表明实验失败或测试纸失效，需要用新测试纸重试（实验图 5-5）。

［注意事项］

（1）强阳性尿液中含 hCG 较多，对照线可能不出现或极浅淡，仅在反应区出现淡紫色区带。测试条一端插入尿液过深或过浅、插入时间过长或过短也影响试验结果。

（2）尿妊娠试验要采用晨尿，因晨尿浓缩，激素水平较高。为了提高试验的阳性率，在前一夜还应尽量减少饮水量。收集尿液可用任何广口瓶，但需洗净并用沸水冲洗。收集晨尿约 10ml 后，化验，如时间耽搁过久，可影响化验的正确性。

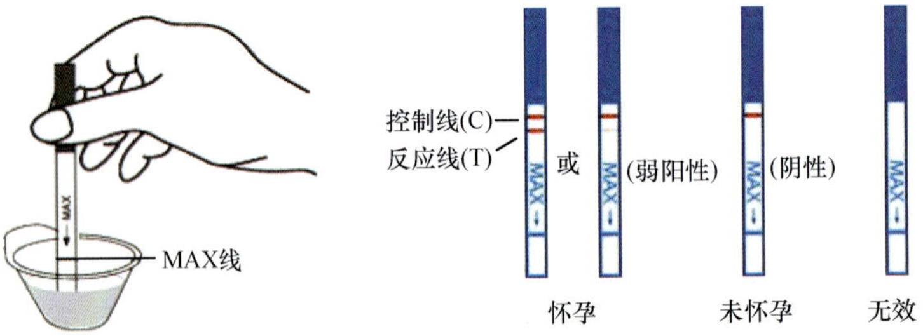

实验图 5-5 检测结果判读

（五）常用生物制品介绍（示教）

1. 人工自动免疫常用生物制品

（1）疫苗：卡介苗、乙型肝炎疫苗、脊髓灰质炎疫苗、麻疹疫苗、百白破三联疫苗、脑膜炎奈瑟菌多糖菌苗、乙型脑炎疫苗、狂犬病疫苗、腮腺炎疫苗、甲型肝炎疫苗、百日咳菌苗、流感疫苗等。

（2）类毒素：白喉类毒素、破伤风类毒素。

2. 人工被动免疫常用生物制品　破伤风抗毒素、白喉抗毒素、抗狂犬病病毒免疫血清、多价肉毒抗毒素血清、丙种球蛋白、胎盘球蛋白等。

3. 免疫治疗常用生物制品　干扰素、IL-2、转移因子等。

4. 免疫诊断常用生物制品　伤寒 O 菌液，甲型副伤寒 H 菌液、乙型副伤寒 H 菌液、丙型副伤寒 H 菌液，伤寒 O 诊断血清、伤寒 H 诊断血清，志贺菌诊断血清等。

三、实验报告

1. 绘出镜下所见 E 瑰玫花环、转化的 T 淋巴细胞、中性粒细胞吞噬现象图。
2. 分析豚鼠过敏反应的现象及原理。
3. 记录玻片凝集试验、金标记斑点免疫层析试验结果,写出其意义。
4. 相对于人工被动免疫,人工自动免疫都有哪些特点?

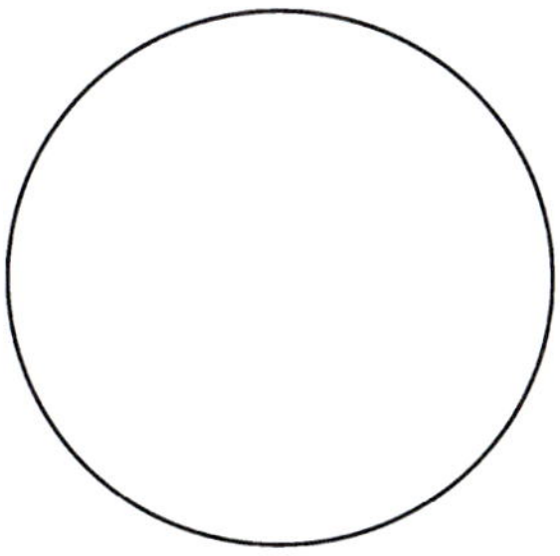

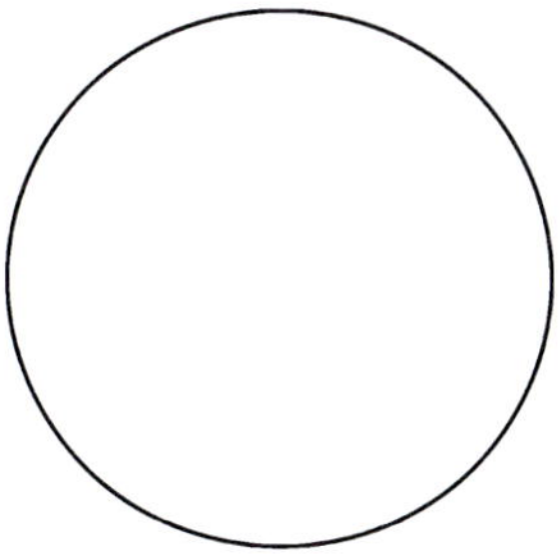

实验六　微生物各论实验

一、实验目的

1. 识别各种常见病原菌的形态、结构、排列和染色性。
2. 辨认常见病原菌培养物的特点。认识厌氧培养常用方法。
3. 初步学会血浆凝固酶试验操作,简述其临床意义。
4. 观察抗“O”试验、肥达试验和抗酸染色试验,学会判断结果,分别说出其临床意义。

二、实验内容和方法

(一) 常见病原菌形态结构观察(示教)

[材料]

(1) 常见病原菌染色标本片(葡萄球菌、链球菌、肺炎链球菌、脑膜炎奈瑟菌、淋病奈瑟菌、大肠埃希菌、伤寒沙门菌、霍乱弧菌的革兰染色标本片;结核分枝杆菌抗酸染色标本片、白喉棒状杆菌异染颗粒标本片)。

(2) 钩端螺旋体、梅毒螺旋体、白假丝酵母菌、新生隐球菌标本片。

[方法] 形态观察:用油镜观察各种病原微生物,注意比较形态、大小、排列、染色性。

(二) 血浆凝固酶试验——玻片法(示教)

[实验原理] 大多数致病性葡萄球菌能产生血浆凝固酶,而非致病性葡萄球菌不能产生此酶。该酶能使含抗凝剂的兔血浆或人血浆中的纤维蛋白原变成纤维蛋白,从而使血浆出现凝固现象。

[材料] 金黄色葡萄球菌及表皮葡萄球菌 18 ~24 小时培养物、兔血浆、0.9% 氯化钠溶液、载玻片等。

[方法]

(1) 取 0.9% 氯化钠溶液,分别在载玻片两侧各加一滴。

(2) 用接种环烧灼灭菌后取金黄色葡萄球菌培养物少许于玻片左侧盐水中研磨均匀,同法取表皮葡萄球菌于玻片右侧 0.9% 氯化钠溶液中磨匀作对照,观察有无自凝现象。

(3) 如无自凝,则在玻片左右两侧菌液中各加兔血浆一滴,摇匀。2 分钟内如出现颗粒状凝集,即为阳性。

[结果判定] 金黄色葡萄球菌血浆凝固酶试验阳性,表皮葡萄球菌血浆凝固酶试验阴性。

[临床意义] 血浆凝固酶试验是鉴别葡萄球菌有无致病性的重要指标。

（三）皮肤丝状菌的检查

［材料］ 病变头发、皮屑、指（趾）甲屑、载玻片、盖玻片、香柏油、擦镜纸、手术刀片、镊子、10% KOH 溶液、酒精灯等。

［方法］

（1）用小镊子将病变头发、皮屑、指（趾）甲屑少许放在载玻片中央。加 1～2 滴 10% KOH 溶液，覆加一盖玻片，在火焰上缓慢加热，以加速角质软化及溶解，使标本透明，然后轻轻加压使成薄片，驱走气泡并吸去周围溢液。

（2）先用低倍镜观察有无真菌菌丝或孢子，再用高倍镜观察菌丝、孢子的特征。

（四）酶联免疫吸附试验（ELISA）——检测 HBsAg（示教）

［材料］ HBsAg 酶标试剂盒、待检血清、加样器、吸头等。

［原理］ ELISA 是一种用酶标记抗原或抗体，以提高抗原抗体反应灵敏度的免疫学检测方法。HBsAg 常用 ELISA 双抗体夹心法检测。

采用单克隆抗-HBs 包被反应板，加入待检血清标本，当标本中存在 HBsAg 时，则与反应板中抗-HBs 结合，形成抗-HBs-HBsAg。然后加入酶标抗体（辣根过氧化物酶标记），形成抗 HBs-HBsAg-酶标抗体复合物（双抗体夹心法），再加入底物 TMP（四甲基联苯胺），酶催化底物呈显色反应。根据颜色反应的程度进行该抗原的定性或定量测定。

［方法］

（1）于已包被抗-HBs 的微量反应板试验孔中加待检血清 50μl，每块板设阳性、阴性对照各 1 孔，每孔分别加入阳性、阴性对照血清各 50μl，设空白对照 1 孔。

（2）除空白对照孔外，其余每孔各加酶标抗-HBs 50μl（1 滴）。

（3）充分混匀，封板，置 37℃ 温箱孵育 30 分钟。

（4）采用手工洗板：先甩去微孔中液体，在吸水纸上拍干。然后每孔均加满洗涤液，静置 15 秒后同样甩去、拍干，反复洗涤 5 次。

（5）每孔各加显色剂 A 液和 B 液（底物）各 50μl，充分混匀，封板。置 37℃ 温箱孵育 15 分钟。

（6）每孔各加终止液 50μl，终止反应。

［结果判断］ 目测：阳性对照孔呈棕黄色，阴性对照孔无色。待检血清孔呈棕黄色为试验阳性结果，无色为试验阴性结果。

［临床意义］ ELISA 夹心法若出现有色反应，则说明待检血清中有 HBsAg。颜色越深则标本所含 HBsAg 越多，可以通过比色进行定量测定。HBsAg（+）再结合肝功检查以确定是 HBV 现症感染还是携带者。

三、实验报告

1. 绘制钩端螺旋体、梅毒螺旋体、白假丝酵母菌、新生隐球菌形态图。
2. 记录 ELISA 实验结果并说出临床意义。

实验七　医学蠕虫实验

一、实验目的

1. 辨认并画出各种蠕虫虫卵的镜下形态。
2. 识别常见蠕虫成虫、幼虫的形态特征。
3. 初步识别吸虫中间宿主的形态特征。
4. 初步学会粪便直接涂片法、透明胶纸法检查蠕虫卵。

二、实验内容和方法

（一）蠕虫虫卵形态观察（示教）

镜下观察蠕虫虫卵玻片标本：线虫卵（蛔虫卵、钩虫卵、蛲虫卵）；吸虫卵（肝吸虫卵、肺吸虫卵、日本血吸虫卵）；绦虫卵（猪带绦虫卵）。观察虫卵的外形、颜色、大小、卵壳及卵内构造（实验表7-1）。

实验表7-1　蠕虫卵鉴别要点

虫卵	大小(μm)	形状	颜色	卵壳	构造
受精蛔虫卵	(45～75)×(35～50)	宽椭圆	棕黄色	厚	壳为凹凸不平的蛋白质膜，卵内有一个卵细胞
未受精蛔虫卵	(88～94)×(39～44)	长椭圆	黄色	薄	壳外蛋白质膜薄，易脱落，卵内充满折光颗粒
钩虫卵	(56～76)×(36～40)	椭圆	无色	薄	卵内有2～4个卵细胞，与壳之间有明显空隙
蛲虫卵	(50～60)×(20～30)	柿核形	无色	厚	两侧不对称，内含幼虫
肝吸虫卵	(27～35)×(12～20)	灯泡状	黄褐色	厚	卵盖明显，有肩峰和小疣，内含毛蚴
肺吸虫卵	(80～118)×(48～60)	椭圆	金黄色	厚薄不匀	卵盖倾斜明显，卵内有一个卵细胞及十余个卵黄细胞
血吸虫卵	89×67	椭圆	淡黄色	薄	无卵盖，有侧棘，内含一毛蚴，毛蚴与卵壳间有油滴状分泌物
猪带绦虫卵	31～43	圆球形	棕黄色	薄，易脱落	胚膜厚，有放射状条纹，内含六钩蚴

（二）蠕虫成虫观察（示教）

1. 肉眼观察蛔虫、钩虫、蛲虫成虫标本，注意其形态、颜色、大小及雌雄虫的区别。

2. 肉眼观察肝吸虫、肺吸虫、日本血吸虫成虫标本。注意各种吸虫的形态、颜色、大小、吸盘及日本血吸虫的雌雄合抱状态。

3. 肉眼观察猪带绦虫、牛带绦虫成虫标本，注意两者的形态、颜色、大小、节片数目及头节、颈部和链体（幼节、成节、孕节）的特征。

4. 肉眼观察猪带绦虫、牛带绦虫孕节的墨汁染色压片，注意两者形态及子宫侧支数。

5. 低倍镜下观察猪带绦虫、牛带绦虫头节标本，注意两者形状、吸盘、顶突和小钩。

（三）蠕虫幼虫观察（示教）

1. 肉眼观察猪、牛囊尾蚴的形状、大小、头节凹入囊内呈白色小点的特点。肉眼观察被囊尾蚴寄生的猪肉、牛肉病理标本，注意囊尾蚴呈米粒状的特点。

2. 日本血吸虫尾蚴低倍镜下观察尾蚴染色玻片标本。注意尾蚴分为体部和尾部，体部为长椭圆形，尾部分叉及尾叉的长度小于尾干长度的1/2的特点。

（四）吸虫中间宿主观察（示教）

肉眼观察肝吸虫的第一中间宿主豆螺、沼螺，第二中间宿主淡水鱼、虾的形态特征；肺吸虫的第一中间宿主川卷螺、第二中间宿主溪蟹及蝲蛄的形态特征；日本血吸虫的中间宿主钉螺的形态特征。

三、实 验 报 告

1. 绘出受精蛔虫卵、未受精蛔虫卵、钩虫卵、蛲虫卵、肝吸虫卵、肺吸虫卵、日本血吸虫卵、猪带绦虫卵的镜下形态。

2. 如何依据绦虫孕节的墨汁染色压片来区别猪带绦虫和牛带绦虫？

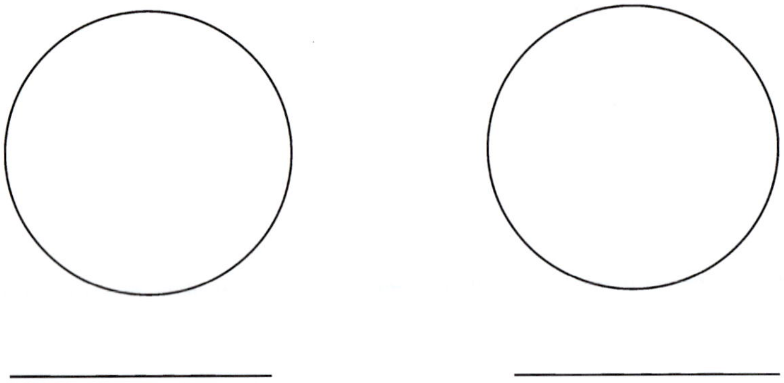

实验八　医学原虫和医学节肢动物实验

一、实 验 目 的

1. 辨认常见医学原虫的滋养体和包囊。
2. 比较间日疟原虫在红细胞内期各期的形态特征。
3. 观察常见医学节肢动物标本。

二、实验内容和方法

（一）医学原虫的形态观察（示教）

1. 油镜观察溶组织内阿米巴原虫标本

（1）大滋养体（铁苏木精染色）：大滋养体及其吞噬的红细胞均呈蓝黑色，类圆形，滋养体内、外质分界明显，伪足呈舌形。1 个核，核内缘可见排列整齐、细小的染色质粒。

（2）包囊（碘液染色）：呈圆球形，淡黄色，细胞核 1 ~4 个，4 核包囊为成熟包囊，未成熟包囊内有两端钝圆、呈棒状的拟染色体，在成熟的 4 核包囊中常消失。

2. 油镜观察阴道毛滴虫标本滋养体（铁苏木精或吉姆萨染色）　虫体呈梨形，前端有 4 根前鞭毛，1 根后鞭毛向后伸展，与波动膜外缘相连。波动膜位于虫体前半部一侧。细胞核呈椭圆形，紫红色，位于虫体前 1/3 处。虫体中央有 1 根轴柱不易染出，自前向后贯穿虫体并伸出体外。

3. 油镜观察刚地弓形虫的滋养体标本：滋养体（吉姆萨染色）呈香蕉形或半月形，一端较尖，一端钝圆，细胞质淡蓝色，细胞核红色，位于虫体中央，核仁较大。

4. 油镜观察疟原虫薄血片标本：观察间日疟原虫（瑞氏或吉姆萨染色）红细胞内期各期（滋养体、裂殖体、配子体）的细胞核、细胞质、疟色素的颜色和形态特征，被寄生的红细胞大小、颜色及薛氏小点等。

（二）医学节肢动物标本观察（示教）

1. 用放大镜观察按蚊、库蚊、伊蚊成虫的针插标本。注意各属蚊成虫的形态、体色、口器、触角、触须、翅、足及腹部特征。

2. 用体视显微镜或低倍镜观察三属蚊的幼虫玻片标本和成蚊的口器玻片标本，注意观察刺吸式口器结构。

3. 用放大镜观察家蝇、绿蝇等针插标本和蝇卵、幼虫、蛹的瓶装标本。注意外形大小、体色、胸背部条纹等。

4. 用体视显微镜或低倍镜观察蝇头、唇瓣、翅、足垫及黏毛。

5. 用体视显微镜或放大镜观察蚤、虱、蜱成虫的玻片标本。

6. 用低倍镜观察疥螨、蠕形螨成虫的玻片标本。

三、实验报告

1. 绘出痢疾阿米巴大滋养体及包囊、阴道毛滴虫滋养体、刚地弓形虫滋养体的镜下形态图。

2. 绘出间日疟原虫早期滋养体、晚期滋养体、裂殖体及配子体的镜下形态图。

（潘晓军）

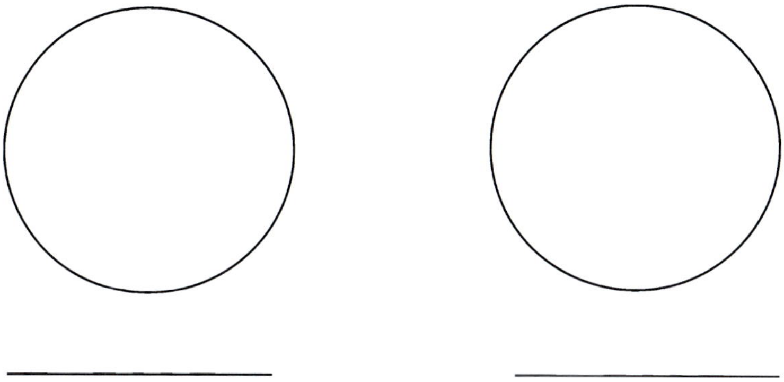

主要参考文献

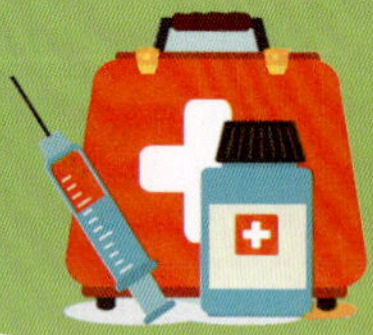

吕瑞芳 . 2010. 病原生物与免疫学基础 . 第 2 版 . 北京:高等教育出版社

肖运本 . 2005. 病原生物与免疫学基础 . 第 3 版 . 北京:人民卫生出版社

杨岸,潘运珍 . 2011. 病原生物与免疫学基础 . 北京:科学出版社

张宝恩,皮至明 . 2012. 病原生物与免疫学基础 . 第 3 版 . 北京:科学出版社

祖淑梅 . 2010. 医学免疫学与病原生物学基础 . 北京:科学出版社

病原生物与免疫学基础教学大纲

一、课程性质与任务

病原生物与免疫学基础是医学各专业的一门基础课程，其理论与技能操作对医学有重要的作用。其主要任务是使学生在具有一定科学文化素质的基础上，掌握本学科的基本理论知识，为今后医学其他课程的学习、全面素质的提高奠定基础。

二、课程教学目标

（一）知识教学目标

1. 应用免疫学基本知识，阐述其在维持人体与自然平衡关系中所起的作用；解释临床常见免疫现象及部分免疫性疾病的发病机制。

2. 将免疫学理论和技术应用于实际预防、治疗和诊断工作中。

3. 应用病原生物学理论与技术进行消毒、隔离、无菌操作、预防医院感染和采送检验标本。

4. 说出常见病原微生物与寄生虫的生物学特性、致病机制、传播途径、实验室检查和特异性防治原则。

（二）能力培养目标

1. 通过实验教学，使学生具备规范、熟练的基本操作能力。

2. 培养学生利用医学免疫学、病原微生物学、医学寄生虫学基本知识解释日常生活和临床工作中出现的问题的能力。

3. 培养学生举一反三、融会贯通的能力；发现问题、分析问题、解决问题的能力；终身学习、自学的能力。

（三）思想教育目标

1. 具有良好的医学生职业素质、行为习惯和职业道德修养。

2. 具有严谨求实的工作作风，养成正确的医疗行为意识。

3. 具有良好的人际沟通能力、团队合作精神和服务意识。

三、教学内容和要求

教学内容	教学要求			教学活动参考
	了解	理解	掌握	
一、微生物概述				
1. 微生物概念、类型、特点			√	理论讲授
2. 微生物与人类的关系		√		多媒体演示
3. 医学微生物学的概念及其学习目的		√		

教学内容	教学要求			教学活动参考
	了解	理解	掌握	
二、细菌				理论讲授
第一节 细菌的形态与结构				多媒体演示
1. 细菌的大小、形态、结构			√	情景分析讨论
2. 细菌的形态学检查法	√			

续表

教学内容	教学要求			教学活动参考
	了解	理解	掌握	
第二节　细菌的生长繁殖与新陈代谢				
1. 细菌的生长繁殖				
(1) 细菌生长繁殖的条件		√		
(2) 细菌个体繁殖的方式及速度	√			
2. 细菌的人工培养				
(1) 培养基及其种类		√		
(2) 细菌的群体生长现象			√	
(3) 人工培养细菌的实际应用		√		
3. 细菌的新陈代谢				
(1) 合成代谢	√			
(2) 分解代谢	√			
第三节　细菌的遗传与变异				
1. 细菌遗传变异的物质基础	√			
2. 细菌的变异现象		√		
3. 细菌遗传变异在医学上的应用		√		
第四节　细菌与外界环境				
1. 细菌的分布				
(1)细菌在自然中的分布		√		
(2)细菌在人体的分布		√		
2. 消毒灭菌				
(1) 相关的概念		√		
(2) 物理消毒灭菌法			√	
(3) 化学消毒灭菌法			√	
第五节　细菌的致病性				
1. 细菌的致病性				
(1) 细菌的毒力		√		
(2) 细菌的侵入数量	√			
(3) 细菌的侵入门户			√	
2. 细菌的感染				
(1) 感染的概念及来源		√		
(2) 感染的方式及途径			√	
(3) 感染的类型			√	
三、免疫学基础				理论讲授
第一节　概述				
1. 免疫的概念			√	多媒体演示
2. 免疫的功能			√	情景分析讨论
第二节　抗原				
1. 抗原的概念、特性、分类			√	
2. 构成抗原免疫原性的条件	√			
(1) 异物性				
(2)理化性质				
(3)机体因素				
3. 医学上重要的抗原物质			√	
(1) 微生物及其代谢产物				
(2) 动物免疫血清				
(3) 同种异型抗原				
(4) 异嗜性抗原				
(5) 自身抗原				
(6) 肿瘤抗原				
第三节　免疫系统				
1. 概述		√		
2. 免疫器官			√	
3. 免疫细胞			√	
4. 免疫球蛋白				
5. 补体系统	√			
(1) 概念、组成和性质				
(2) 补体的激活				
(3) 补体生物学功能				
第四节　免疫应答				
1. 概述		√		

续表

教学内容	教学要求			教学活动参考
	了解	理解	掌握	
（1）免疫应答概念、发生部位、类型				
（2）免疫应答基本过程				
（3）免疫应答的特点				
2. 体液免疫应答			√	
（1）概念				
（2）抗体产生的一般规律及生物学效应				
3. 细胞免疫应答			√	
（1）概念				
（2）细胞免疫的生物学效应				
4. 免疫耐受与免疫调节	√			
第五节　抗感染免疫			√	
1. 非特异性免疫				
（1）概念与特点				
（2）组成				
屏障结构				
免疫细胞				
体液中的免疫分子				
2. 特异性免疫				
（1）概念与特点				
（2）体液免疫的抗感染特点				
（3）细胞免疫的抗感染特点				
第六节　超敏反应				
1. Ⅰ型超敏反应			√	
（1）发生机制				
（2）常见的疾病				
（3）防治原则				
2. Ⅱ型超敏反应	√			
（1）发生机制				
（2）常见的疾病				
3. Ⅲ型超敏反应	√			
（1）发生机制				
（2）常见的疾病				
4. Ⅳ型超敏反应			√	
（1）发生机制				
（2）常见的疾病				
5. 四型超敏反应比较及特征			√	
第七节　免疫学应用				
1. 免疫学诊断应用	√			
（1）抗原抗体的检测				
（2）免疫细胞的检测				
2. 免疫学防治应用			√	
（1）人工自动免疫及其生物制品				
（2）人工被动免疫及其生物制品				
（3）人工自动免疫与人工被动免疫的比较				
四、常见的病原菌				理论讲授 多媒体演示 情景分析讨论
第一节　化脓性球菌				
1. 葡萄球菌属			√	
2. 链球菌属			√	
3. 奈瑟菌属		√		
第二节　肠道杆菌				
1. 大肠埃希菌			√	
2. 志贺菌属			√	
3. 沙门菌属			√	
4. 变形杆菌属	√			
第三节　弧菌属				
1. 霍乱弧菌	√			
2. 副溶血性弧菌	√			
第四节　厌氧性细菌				
1. 破伤风芽胞杆菌			√	
2. 产气荚膜杆菌	√			
3. 肉毒芽胞杆菌	√			
4. 无芽胞厌氧菌	√			
第五节　分枝杆菌属				

续表

教学内容	教学要求			教学活动参考
	了解	理解	掌握	
1. 结核分枝杆菌		√		
2. 麻风分枝杆菌	√			
第六节 动物源性细菌	√			
第七节 其他细菌	√			
五、病毒				理论讲授
第一节 病毒的基本性状				多媒体演示
1. 病毒的形态与大小			√	情景分析讨论
2. 病毒的结构、化学组成和功能		√		
3. 病毒的增殖		√		
4. 病毒的干扰现象与干扰素		√		
5. 影响病毒的因素			√	
第二节 病毒的致病性与感染				
1. 病毒的感染方式及途径			√	
2. 感染的类型及机制				
(1)感染的类型			√	
显性感染				
隐性感染				
持续性感染				
(2)病毒的致病机制	√			
受病毒感染的细胞损伤				
免疫病理损伤				
第三节 病毒的检查方法与防治原则		√		
(1) 病毒的检查方法				
(2) 病毒的防治原则				
六、常见病毒				理论讲授
第一节 呼吸道病毒			√	多媒体演示
第二节 肠道病毒			√	情景分析讨论
第三节 肝炎病毒			√	
第四节 人类免疫缺陷病毒		√		
第五节 其他病毒	√			
七、其他微生物				理论讲授
第一节 衣原体		√		多媒体演示

教学内容	教学要求			教学活动参考
	了解	理解	掌握	
第二节 支原体		√		
第三节 立克次体	√			
第四节 螺旋体	√			
第五节 放线菌	√			
第六节 真菌		√		
八、人体寄生虫学概述				理论讲授
1. 人体寄生虫学基本概念		√		多媒体演示
寄生现象 寄生虫 宿主 生活史 感染阶段				情景分析讨论
2. 寄生虫与宿主的相互作用		√		
(1) 寄生虫对宿主的致病作用				
(2) 宿主对寄生虫的免疫作用				
3. 寄生虫病的流行与防治原则	√			
(1) 寄生虫病流行的基本环节				
(2) 影响寄生虫病流行因素				
(3) 防治原则				
九、常见的人体寄生虫				理论讲授
第一节 医学蠕虫				多媒体演示
(1) 似蚓蛔线虫		√		
(2) 钩虫	√			
(3) 蠕形住肠线虫	√			
(4) 日本裂体吸虫	√			
(5) 华支睾吸虫	√			
(6) 卫氏并殖吸虫	√			
(7) 链状带绦虫	√			
第二节 医学原虫				
溶组织阿米巴		√		
疟原虫	√			
阴道毛滴虫	√			
刚地弓形虫	√			
第三节 医学节肢动物	√			

实验指导		
实验一　显微镜油镜的使用及细菌形态观察	示教操作	项目教学
实验二　细菌的革兰染色及观察		显微镜观察
实验三　细菌培养及其代谢产物观察		实验操作
实验四　细菌的分布检查与消毒灭菌		
实验五　免疫学基础实验		
实验六　微生物各论实验		
实验七　医学蠕虫实验		
实验八　医学原虫和医学节肢动物实验		

四、教学大纲说明

（一）适用对象与参考学时

本教学大纲适用于中职护理、助产、药剂、医学检验技术等医学相关专业使用。本课程在第二学期开设，总学时数为54学时，其中理论44学时，实验10学时。

（二）教学要求

1. 本课程对理论教学部分要求有掌握、理解、了解三个层次。掌握是指对《病原生物与免疫学基础》教材中所学的基本知识、基本理论具有深刻的认识，并能灵活地应用所学知识分析、解释生活现象和临床问题。理解是指能够解释、领会本教材中相关知识概念的基本含义并会应用所学技能。了解是指能够简单理解、记忆所学知识。

2. 本课程突出以培养能力为本位的教学理念，在实践技能方面分为熟练掌握和学会两个层次。熟练掌握是指能够独立娴熟地进行正确的实践技能操作。学会是指能够在教师指导下进行实践技能操作。

（三）教学建议

1. 在教学过程中要积极采用现代化教学手段，加强直观教学，理论联系实际，充分发挥教师的主导作用和学生的主体作用。注重理论联系实际，并组织学生开展必要的临床案例分析讨论，以培养学生的分析问题和解决问题的能力，使学生加深对教学内容的理解和掌握。

2. 实践教学要充分利用教学资源，通过情境案例、情境案例临床分析、链接、考点、思考等教学形式，充分调动学生学习的积极性和主观能动性，强化学生的动手能力和专业实践技能操作。

3. 教学评价应通过课堂提问、布置作业、单元目标测试、案例分析讨论、期末考试等多种形式，对学生进行学习能力、实践能力和应用新知识能力的综合评价，以期达到教学目标提出的各项任务。

《病原生物与免疫学基础》学时分配表

内容	学时		
	理论	实验	合计
第1章　微生物概述	1	0	1
第2章　细菌	8	4	12
第3章　免疫学基础	12	2	14
第4章　常见的病原菌	8	2	9
第5章　病毒	2	1	5
第6章　常见病毒	7	0	7
第7章　其他微生物	2	0	1
第8章　人体寄生虫学概述 第九章　常见的人体寄生虫	4	1	5
合计	44	10	54

自测题参考答案

第 1 章

1. C　2. B　3. A　4. E

第 2 章

第一节

1. A　2. D　3. B　4. C　5. B　6. E　7. B

第二节

1. B　2. A　3. E　4. C　5. D　6. B

第三节

1. C　2. A　3. A　4. B　5. C

第四节

1. C　2. B　3. D　4. B　5. D　6. A

第五节

1. C　2. A　3. D　4. D　5. C

第 3 章

第一节

1. C　2. A　3. D

第二节

1. E　2. E　3. C　4. D　5. E

第三节

1. C　2. D　3. A　4. D　5. E　6. C　7. E

第四节

1. C　2. E　3. E　4. D　5. B　6. C　7. E

第五节

1. E　2. E　3. D　4. D 5. B

第六节

1. A　2. D　3. B　4. E　5. A　6. B　7. C　8. D　9. B　10. A　11. E　12. C

第七节

1. E　2. B　3. B　4. E　5. A　6. A　7. D　8. C　9. B　10. A　11. E　12. C　13. B　14. D　15. E

第 4 章

第一节

1. C　2. B　3. C　4. D　5. B

第二节

1. B　2. D　3. C　4. E　5. C　6. E　7. B

第三节

1. E　2. D　3. C　4. E

第四节

1. B　2. D　3. C　4. B　5. E　6. B　7. A

第五节

1. A　2. A　3. D　4. E　5. E　6. B　7. B

第六节

1. E　2. B　3. B

第七节

1. A　2. D　3. C　4. D

第 5 章

1. B　2. D　3. D　4. B　5. D　6. B　7. B　8. C　9. E　10. C

第 6 章

第一节

1. D　2. D　3. A　4. E　5. C　6. D　7. B　8. C　9. D　10. A　11. E

第二节

1. C　2. E　3. D　4. C　5. C　6. E　7. D　8. A　9. C　10. B

第三节

1. C　2. B　3. B　4. D　5. B　6. D　7. C　8. B　9. D　10. B　11. C　12. A　13. E

第四节

1. D　2. D　3. B　4. D

第五节

1. D　2. C　3. C　4. A　5. D　6. B　7. A　8. C　9. D　10. E

第 7 章

1. B　2. A　3. C　4. E　5. A　6. E

第 8 章

1. C　2. C　3. A

第 9 章

第一节

1. D　2. D　3. C　4. D　5. E　6. D　7. C　8. A　9. C　10. A　11. D　12. A　13. D　14. C　15. B　16. E　17. B　18. E　19. B　20. A

第二节

1. A　2. D　3. E　4. A　5. C　6. C　7. A　8. E　9. A　10. C　11. D

第三节

1. A　2. B　3. D　4. D